Les Sujets
BAC 2001

Français

Premières
Toutes séries

NON CORRIGÉS

Éliane Itti

Agrégée des Lettres

NATHAN

Dans cet ouvrage,

≫ 54 sujets de juin 2000 et septembre 1999

Sont présentés dans cet ouvrage les sujets nationaux posés dans les séries générales et technologiques en France métropolitaine, ainsi qu'une large sélection de sujets donnés dans les DOM-TOM et dans les centres étrangers, entre septembre 1999 et juin 2000.

≫ 82 sujets complémentaires

Entièrement originaux ou empruntés aux sessions antérieures (de 1996 à 1999), ils sont tous conformes au programme du baccalauréat 2000.

≫ Au total, 136 sujets dont 54 sujets de dissertation sur le programme 2001

20 dissertations sur un roman naturaliste de Maupassant ou Zola (au programme de toutes les séries), 18 sur les rapports entre maîtres et valets dans une comédie du XVIIIᵉ siècle français (au programme des séries générales), et 16 sur un recueil de poèmes du XIXᵉ ou du XXᵉ siècle (au programme de la seule série L).

Maquette intérieure et couverture : Thierry Méléard
Édition : Marion Taillefer • Fabrication : Jacques Lannoy, Audrey Walter
I.S.B.N. : 2-09-184125-0 • © Nathan/HER, 2000 - 9 rue Méchain, 75014 Paris
Tous droits de reproduction et d'adaptation réservés pour tous pays.

➢ Un classement par type d'épreuve

Les énoncés sont regroupés en fonction des trois types d'exercices :
• étude d'un texte argumentatif ;
• commentaire ou étude littéraire ;
• dissertation ;
puis classés par thèmes et par séries.

➢ Des compléments pratiques

Pour les études de texte argumentatif et les commentaires et études littéraires, une rubrique « Pour approfondir » propose des questions supplémentaires sur le texte, et d'autres travaux d'écriture, pour s'entraîner.

ET EN PLUS...

➢ En début d'ouvrage :
• des conseils pratiques et méthodologiques ;
• un index des thèmes et un index des auteurs.

➢ En fin d'ouvrage :
• un tableau d'histoire littéraire ;
• un lexique.

SOMMAIRE

ÉTUDE D'UN TEXTE ARGUMENTATIF

Les débats d'idées

: ce symbole signifie que le sujet n° x est corrigé dans les *Sujets Nathan Français* n° 20 pour les séries L-ES-S, ou dans les *Sujets Nathan Français* n° 22 pour les séries STT-STI-STL-SMS.

Séries STT-STI-STL-SMS

Les faits de société

Séries L-ES-S

: ce symbole signifie que le sujet n° x est corrigé dans les *Sujets Nathan Français* n° 20 pour les séries L-ES-S, ou dans les *Sujets Nathan Français* n° 22 pour les séries STT-STI-STL-SMS.

COMMENTAIRE LITTÉRAIRE ET ÉTUDE LITTÉRAIRE

Le lyrisme et le sentiment amoureux

: ce symbole signifie que le sujet n° x est corrigé dans les *Sujets Nathan Français* n° 20 pour les séries L-ES-S, ou dans les *Sujets Nathan Français* n° 22 pour les séries STT-STI-STL-SMS.

L'autre et L'ailleurs

: ce symbole signifie que le sujet n° x est corrigé dans les *Sujets Nathan Français* n° 20 pour les séries L-ES-S, ou dans les *Sujets Nathan Français* n° 22 pour les séries STT-STI-STL-SMS.

: ce symbole signifie que le sujet n° x est corrigé dans les *Sujets Nathan Français* n° 22 pour les séries L-ES-S, ou dans les *Sujets Nathan Français* n° 24 pour les séries STT-STI-STL-SMS.

DISSERTATION LITTÉRAIRE

Le roman naturaliste

Séries L-ES-S ; STT-STI-STL-SMS

Maîtres et valets dans la comédie du XVIIIe siècle

Séries L-ES-S

Un recueil de poèmes du XIXe ou du XXe siècle

Séries L

: ce symbole signifie que le sujet n° x est corrigé dans les *Sujets Nathan Français* n° 20 pour les séries L-ES-S, ou dans les *Sujets Nathan Français* n° 22 pour les séries STT-STI-STL-SMS.

TABLEAU DES SUJETS
PAR ACADÉMIE

ACADÉMIE	L-ES-S		L	ES-S	STT-STI-STL-SMS		
National, juin 2000	1	42	103	96	32	59	38
Amérique du Nord, juin 2000	30	43		83			
Antilles-Guyane, juin 2000	24	67		89	18	78	84
Asie, juin 2000	27	47	97	104			
Centres étrangers I, juin 2000	2	56		105	33	74	98
Inde, avril 2000	5	72		99	16	85	
Liban, juin 2000	25	68		90	60		
Polynésie, juin 2000				106	37	52	86
National, septembre 1999	23	69			14	61	
Antilles-Guyane, session de remplacement, septembre 1999	3	44			36	76	
Nouvelle-Calédonie, décembre 1999	4	46					
Polynésie, septembre 1999	9	54			35	79	
Sportifs de haut niveau, octobre 1999	29	55			17	80	

INDEX DES THÈMES

Les nombres renvoient aux numéros des sujets.

INDEX DES AUTEURS

Les nombres renvoient aux numéros des sujets.

CONSEILS PRATIQUES

CONSEILS GÉNÉRAUX

1. Un choix décisif, mais rapide

L'épreuve de français laisse le candidat libre de choisir l'un des trois sujets proposés. Ce choix est décisif : il est en effet très fortement déconseillé de changer de sujet en cours d'épreuve ! Vous devez par conséquent consacrer une dizaine de minutes à la lecture de tous les énoncés et prendre, en connaissance de cause, la bonne décision.

2. Une gestion efficace du temps

Pour vous organiser efficacement, vous devez à la fois utiliser complètement le temps imparti et le répartir judicieusement.

Prévoyez environ :

• pour l'étude d'un texte argumentatif :

– 1 h 30 à 2 h pour répondre aux questions,

– 2 h à 2 h 30 pour le travail d'écriture ;

• pour le commentaire et l'étude littéraires :

– 2 h pour répondre aux questions ponctuelles (étude littéraire) ou pour la lecture méthodique du texte (comprenant les réponses aux questions) et pour l'élaboration d'un plan (commentaire littéraire),

– 2 h pour la rédaction soit du commentaire composé, soit des réponses aux questions de synthèse.

En aucun cas il ne faut rédiger au brouillon votre développement. C'est une perte de temps. Vous établirez en revanche un plan détaillé très précis qui vous servira de canevas pour le développement. Songez aussi à vous ménager quinze minutes, à la fin de cette épreuve de quatre heures, pour relire et traquer les fautes d'étourderie, d'accord et les répétitions de termes.

3. Une exigence de clarté

Enfin, ne perdez pas de vue que l'épreuve de français vous met aussi en situation de communication. Le correcteur attend de vous :

• une présentation claire de la copie (écriture soignée, alinéas, espaces blancs entre les grandes parties du devoir…) ;

• une expression précise, respectant les règles de la syntaxe, de l'orthographe, de l'accentuation et de la ponctuation.

CONSEILS PARTICULIERS

I. Étude d'un texte argumentatif

A - Première partie : les questions

Destinées à conduire à la compréhension du texte et au repérage des techniques argumentatives, les questions permettent d'explorer divers domaines :

1. L'énonciation : pronoms personnels, temps et modes des verbes.

2. Le vocabulaire : repérage des champs lexicaux, termes dépréciatifs ou mélioratifs, sens figuré, dénotation et connotation.

3. La syntaxe : phrase simple ou complexe, ponctuation, élucidation d'une difficulté syntaxique, identification d'un tour original.

4. La structure logique du texte : l'énonciation de la thèse (au début ou à la fin du texte), les connecteurs logiques.

5. La rhétorique : tous les moyens destinés à souligner un argument (répétition), à opposer deux arguments, à faire ressortir une conclusion.

6. La tonalité du texte : elle peut être didactique, polémique, etc.

Ces questions appellent des réponses courtes, mais entièrement rédigées. Il faut donc aller à l'essentiel et sacrifier ce qui est d'intérêt secondaire. Ainsi un inventaire – « Relevez les mots qui... » – pourra ne pas être exhaustif si le champ lexical est très riche : les mots les plus significatifs suffiront. Si la réponse comporte plusieurs éléments, il importe de les annoncer dans une phrase d'introduction. Il est déconseillé d'abuser du souligné.

B - Deuxième partie : les travaux d'écriture

1. Définition

Ils visent à **évaluer la capacité du candidat à entrer dans le débat fixé par le ou les textes fournis.** Plusieurs cas peuvent se présenter :

a) soit une argumentation ; elle peut revêtir trois formes différentes :
– enrichir une thèse : amplifier, développer celle qui vous est présentée,
– réfuter une thèse : détruire une thèse par des raisons solides,
– discuter une thèse : confronter deux points de vue, soit pour les opposer, soit pour corriger l'un par l'autre ;

b) soit la restitution du sens du texte ; ce travail peut revêtir deux formes :
– le résumé du texte ou d'une partie du texte,
– le commentaire de la stratégie argumentative ;

c) des questions diverses, notamment sur l'actualité d'un débat.

Remarque importante : Si, comme cela est souvent le cas, le travail d'écriture est unique, il est indispensable de bien le développer. On peut, dans ce cas, s'inspirer également des conseils donnés plus loin pour traiter la dissertation littéraire.

2. Le développement composé

Il commence par une phrase d'introduction qui présente le sujet et annonce le plan suivi.

Chaque affirmation sera illustrée par un exemple précis, même si les consignes n'y invitent pas expressément, car une assertion gratuite est dénuée de valeur.

Enfin, une ou deux phrases de conclusion permettront de résumer la position adoptée.

• Le plan énumératif conviendra dans la plupart des cas pour les sujets demandant l'enrichissement ou la réfutation d'une thèse, mais ce plan devra impérativement être progressif : du plus simple au plus complexe.

• La discussion présentera, au contraire, deux parties distinctes, de longueur sensiblement égale et fondées sur une opposition : la deuxième partie apportera des nuances, des réserves ou des limites.

II. Le commentaire littéraire et l'étude littéraire

Le commentaire littéraire et l'étude littéraire ont pour objet l'analyse des procédés mis en œuvre par l'écrivain pour exprimer un sentiment ou une idée avec la sensibilité et la culture qui lui appartiennent en propre.

Avant même de chercher à répondre aux questions posées, il est bon de soumettre le texte à un questionnement méthodique pour qu'il livre toutes ses richesses :

1. Quel est le thème du texte ?

2. Quel est son type (argumentatif, narratif, descriptif…) ?

3. Quelle est sa tonalité (lyrique, pathétique, ironique…) ?

4. Quel est son intérêt (psychologique, historique, philosophique…) ?

5. Quelles résonances éveille-t-il chez le lecteur ?

A - Première partie : les questions

Les questions de repérage attirent l'attention du candidat sur les particularités du texte et permettent au correcteur de vérifier les connaissances du candidat. Elles appellent des réponses brèves.

Elles portent sur la structure, le lexique, les connotations, la syntaxe, les figures de rhétorique, le rythme, etc., quel que soit le type de texte.

Elles peuvent également porter sur des points précis liés à la spécificité d'un texte littéraire : la versification pour les poèmes, le point de vue pour les textes narratifs, le pittoresque pour les textes descriptifs, la vivacité des répliques dans un dialogue dramatique…

Exemple : Comparez les rythmes des quatrains et des tercets.

B - Deuxième partie

1. Les questions d'analyse, d'interprétation ou de commentaire (pour l'étude littéraire)

2. Le commentaire composé (pour le commentaire littéraire)

Comment trouver un plan ? Les questions de la première partie permettent souvent de dégager au moins un axe de lecture, souvent même deux, autour desquels le commentaire pourra s'organiser.

a) Le plan fondé sur les structures du texte : si le texte a une composition très apparente, par exemple une narration suivie d'une description.

b) Le plan fondé sur l'observation du texte et son interprétation :
– le plan fondé sur les étapes successives de lecture : quand l'écrivain présente la réalité vue à travers son illusion particulière, par exemple quand il transfigure le réel ;
– le plan fondé sur les effets qui se développent dans un texte : par le recours à l'ironie l'auteur ridiculise ses adversaires ; par la confidence lyrique il suscite l'émotion, etc.

III. La dissertation littéraire

En choisissant la dissertation littéraire, le candidat aura l'occasion de montrer qu'il a une connaissance précise des œuvres inscrites au programme.

A - La compréhension du sujet

Il est essentiel d'analyser et de peser les termes du sujet afin de bien comprendre la question posée.
– Si le sujet est bref, il comporte en général un ou deux mots clés qui détermineront les grandes orientations du devoir.
– Si le sujet est plus long, le repérage des mots essentiels permet de trouver les axes principaux de la pensée de l'auteur.

Le libellé fournit souvent des indications de plan : « discutez » indique que l'auteur de la citation émet une opinion contestable, parce qu'elle est incomplète ou partiale. Un devoir comportant deux parties s'impose.

B - La mobilisation des connaissances

Une fois le sujet compris, notez vos réflexions en vrac sur une grande feuille, puis regroupez-les et classez-les. À ce moment-là vous verrez se dessiner un plan.

N'oubliez pas que l'ensemble des connaissances acquises non seulement sur l'œuvre au programme, mais aussi sur l'auteur, le mouvement littéraire et l'époque, éclaireront le sujet et enrichiront votre devoir.

C - Le plan

1. Le plan descriptif

Ce plan est recommandé pour traiter les sujets reposant sur une citation longue. Il suffit d'organiser le devoir en fonction des idées principales de la citation en suivant le même ordre que l'auteur.

2. Le plan « dialectique »

Le plan dialectique en tant que tel comporte trois parties : thèse, antithèse et synthèse. Mais il est ambitieux et difficile.

Deux parties suffiront soit pour confronter la thèse soutenue avec la thèse opposée, soit pour examiner le bien-fondé de l'opinion de l'auteur, puis émettre des réserves, pour esquisser une synthèse dans la conclusion.

3. Le plan analytique

Il permet d'aller du complexe au simple et répond à deux types de questions : la définition d'une notion *(exemple :* Qu'entend-on par le mélange des genres ?) ou une demande d'explication *(exemple :* Pourquoi les fables de La Fontaine n'ont-elles pas vieilli ?).

Dans le premier cas les idées seront présentées selon un ordre progressif ; dans le second cas, c'est une démarche logique qui s'impose : on partira d'un constat pour remonter aux causes et examiner les conséquences.

Le plan détaillé

Dès que vous aurez trouvé un plan, prenez deux feuilles (ou trois pour un devoir en trois parties) en haut desquelles vous noterez le titre de la partie, puis faites le plan détaillé de chaque partie en illustrant vos arguments par des citations ou des exemples pris dans l'œuvre.

D - La rédaction

Rédigez intégralement l'introduction et surtout la conclusion avant de mettre votre devoir au net. Rien n'indispose autant un correcteur qu'une introduction maladroite, rien ne dépare autant un devoir qu'une conclusion bâclée, dont on voit qu'elle a été improvisée dans la hâte.

• **L'introduction** établit le premier contact entre l'auteur du devoir et son lecteur, qui sera aussi son juge. Il faut donc tout mettre en œuvre pour qu'elle soit méthodique, courte et claire. Elle comporte obligatoirement trois éléments regroupés à l'intérieur d'un paragraphe :
– la présentation du thème du sujet ;
– la formulation de la problématique ;
– l'annonce du plan.

• **La conclusion** apporte au devoir la dernière touche personnelle. Elle permet aussi de prendre congé du lecteur ; de ce fait elle demande évidemment à être soignée pour lui laisser une impression favorable.

Elle comporte deux éléments :
– une prise de position claire sur la question posée par le sujet ;
– un élargissement du sujet.

• **Les transitions** : des mots de liaison (« en outre », « au contraire », « en effet »…) suffisent à relier les paragraphes, mais, pour passer d'une partie du devoir à l'autre, il est nécessaire d'écrire une ou deux phrases de transition, afin de résumer ce qui précède et d'annoncer ce qui suit.

CONSEILS POUR L'ORAL

1. Nature de l'épreuve

L'oral consiste en une épreuve de vingt minutes, précédée d'une préparation de vingt minutes.

L'épreuve proprement dite comprend une *explication de texte* suivie d'un *entretien*.

2. Explication de texte

Le candidat peut faire une étude *méthodique* ou *linéaire* du texte. Cela dépend de la nature du texte et de la méthode adoptée en classe.

Ce qui importe c'est qu'il annonce clairement sa méthode et les *axes de lecture* qu'il compte suivre. Qu'il montre la compréhension du texte, comme sa faculté de le situer, par des allusions ou références par exemple dans l'œuvre de laquelle il est tiré.

3. Entretien

À la fin de l'explication, l'examinateur pose des questions, guide la réflexion du candidat qui doit, par la pertinence de ses réponses, montrer qu'il connaît non seulement son texte mais l'œuvre dont il est tiré, le groupement thématique dont il fait partie, qu'il sait réfléchir à quelques notions littéraires, etc. Comme l'indique le nom de cette partie de l'épreuve *(entretien)*, il s'agit d'une conversation « naturelle » où le bon candidat utilise avec à propos ses connaissances, tirées principalement des textes étudiés, sans jamais « réciter » quoi que ce soit.

4. Conseils pratiques pour le temps de préparation

Une ou deux feuilles de brouillon suffisent pour noter, de manière visible et aérée, les axes de lecture, les termes importants à y rattacher, quelques repères éventuels pour l'entretien. Réfléchir calmement ; rassembler posément ses souvenirs ; ne pas s'imaginer que l'on doit tout écrire, que l'on doit composer quelque discours à réciter par cœur.

Étude d'un texte argumentatif

Les débats d'idées

SÉRIES L-ES-S

L'HOMME ET LA COULEUVRE

National, L-ES-S, juin 2000

L'homme et la couleuvre

Un Homme vit une Couleuvre :
« Ah ! méchante, dit-il, je m'en vais faire une œuvre
Agréable à tout l'univers ! »
À ces mots, l'animal pervers
5   (C'est le Serpent que je veux dire,
Et non l'Homme : on pourrait aisément s'y tromper),
À ces mots, le Serpent, se laissant attraper,
Est pris, mis en un sac ; et, ce qui fut le pire,
On résolut sa mort, fût-il coupable ou non.
10   Afin de le payer toutefois de raison[1],
     L'autre lui fit cette harangue :
« Symbole des ingrats ! être bon aux méchants,
C'est être sot ; meurs donc : ta colère et tes dents
Ne me nuiront jamais. » Le Serpent, en sa langue,
15   Reprit du mieux qu'il put : « S'il fallait condamner
     Tous les ingrats qui sont au monde,
     À qui pourrait-on pardonner ?
Toi-même tu te fais ton procès : je me fonde
Sur tes propres leçons ; jette les yeux sur toi.
20   Mes jours sont en tes mains, tranche-les ; ta justice,
C'est ton utilité, ton plaisir, ton caprice :
     Selon ces lois, condamne-moi ;
     Mais trouve bon qu'avec franchise
     En mourant au moins je te dise
25   Que le symbole des ingrats

Ce n'est point le Serpent, c'est l'Homme. » Ces paroles
Firent arrêter l'autre ; il recula d'un pas.
Enfin il repartit : « Tes raisons sont frivoles.
Je pourrais décider, car ce droit m'appartient ;
30   Mais rapportons-nous-en. – Soit fait », dit le Reptile.
Une Vache était là : l'on l'appelle ; elle vient :
Le cas est proposé. « C'était chose facile :
Fallait-il pour cela, dit-elle, m'appeler ?
La Couleuvre a raison : pourquoi dissimuler ?
35   Je nourris celui-ci depuis longues années ;
Il n'a sans mes bienfaits passé nulles journées :
Tout n'est que pour lui seul ; mon lait et mes enfants
Le font à la maison revenir les mains pleines :
Même j'ai rétabli sa santé, que les ans
40   Avaient altérée ; et mes peines
Ont pour but son plaisir ainsi que son besoin.
Enfin me voilà vieille ; il me laisse en un coin
Sans herbe : s'il voulait encor me laisser paître !
Mais je suis attachée ; et si j'eusse eu pour maître
45   Un Serpent, eût-il su jamais pousser si loin
L'ingratitude ? Adieu : j'ai dit ce que je pense. »
L'Homme, tout étonné d'une telle sentence,
Dit au Serpent : « Faut-il croire ce qu'elle dit ?
C'est une radoteuse, elle a perdu l'esprit.
50   Croyons ce Bœuf. – Croyons », dit la rampante bête.
Ainsi dit, ainsi fait. Le Bœuf vient à pas lents.
Quand il eut ruminé tout le cas en sa tête,
        Il dit que du labeur des ans
Pour nous seuls il portait les soins les plus pesants,
55   Parcourant sans cesser ce long cercle de peines
Qui, revenant sur soi, ramenait dans nos plaines
Ce que Cérès[2] nous donne, et vend aux animaux ;
        Que cette suite de travaux
Pour récompense avait, de tous tant que nous sommes,
60   Force coups, peu de gré ; puis, quand il était vieux,
On croyait l'honorer chaque fois que les hommes
Achetaient de son sang l'indulgence des Dieux.
Ainsi parla le Bœuf. L'Homme dit : « Faisons taire
        Cet ennuyeux déclamateur ;
65   Il cherche de grands mots, et vient ici se faire,
        Au lieu d'arbitre, accusateur.
Je le récuse aussi. » L'Arbre étant pris pour juge,

Ce fut bien pis encore. Il servait de refuge
Contre le chaud, la pluie, et la fureur des vents ;
70   Pour nous seuls il ornait les jardins et les champs ;
L'ombrage n'était pas le seul bien qu'il sût faire :
Il courbait sous les fruits. Cependant pour salaire
Un rustre l'abattait : c'était là son loyer ;
Quoique, pendant tout l'an, libéral il nous donne,
75   Ou des fleurs au printemps, ou du fruit en automne,
L'ombre l'été, l'hiver les plaisirs du foyer.
Que ne l'émondait-on, sans prendre la cognée³ ?
De son tempérament, il eût encor vécu.
L'Homme, trouvant mauvais que l'on l'eût convaincu⁴,
80   Voulut à toute force avoir cause gagnée.
« Je suis bien bon, dit-il, d'écouter ces gens-là ! »
Du sac et du Serpent, aussitôt il donna
                Contre les murs, tant qu'il tua la bête.

                On en use ainsi chez les grands :
85   La raison les offense ; ils se mettent en tête
Que tout est né pour eux, quadrupèdes et gens,
                Et serpents.
                Si quelqu'un desserre les dents,
C'est un sot. – J'en conviens : mais que faut-il donc faire ?
90   – Parler de loin, ou bien se taire.

Jean DE LA FONTAINE, Livre X, fable 1.

1. Payer de raison : donner des justifications.
2. Cérès : chez les Latins, déesse de la fécondité et de la terre cultivée.
3. Émonder : ôter les branches ; prendre la cognée : abattre l'arbre entier.
4. Convaincre : le verbe a aussi le sens de « donner des preuves de la culpabilité de quelqu'un ».

QUESTIONS *(10 points)*

1. *Du vers 1 au vers 30, relevez les termes appartenant au champ lexical de la justice. Qui les utilise et pourquoi ?*   `3 pts`

2. *Quelle est la thèse défendue par la vache, le bœuf et l'arbre ?* `2 pts`

3. *Comparez les discours de la vache et de l'arbre : quels sont leurs arguments ? Comment sont-ils présentés ?*   `3 pts`

4. *Qui désigne le pronom « nous » du vers 54 au vers 74 ?*   `2 pts`

TRAVAIL D'ÉCRITURE *(10 points)*

« Mais que faut-il donc faire ? – Parler de loin, ou bien se taire. »
Les mots seraient-ils donc sans pouvoir contre la force ? Exposez votre
point de vue dans un développement argumenté.

─────── *Pour approfondir* ───────

Questions supplémentaires

1. Commentez l'emploi de la parenthèse aux vers 5 et 6. Quelle est l'intention du fabuliste ?

2. Précisez la nature de la « raison » dont l'homme « paie » la couleuvre (v. 10-14).

3. Reformulez l'argumentation soutenue par le serpent pour sa défense (v. 15-26).

4. « (…) ce droit m'appartient » (v. 29) : quelle est la question fondamentale soulevée par cette affirmation ?

5. Relevez et commentez un trait d'humour.

Autres travaux d'écriture

1. En quels termes se pose aujourd'hui la question soulevée par le vers 29 : « (…) ce droit m'appartient » ?

2. Dans un développement argumenté, vous vous efforcerez de montrer la grandeur de l'homme.

DE L'ASTROLOGIE

Centres étrangers I, L-ES-S, juin 2000

Le passage d'une comète en décembre 1680 inspira à Fontenelle une comédie : M. de La Forest se prépare à épouser Florice, la fille d'un astrologue, lorsque celui-ci s'oppose soudain au mariage, parce que la comète est de mauvais augure.

L'ASTROLOGUE – Tout est perdu. Je viens de voir une affreuse Comète qui passe sur nos têtes.

M. DE LA FOREST – Hé bien, il faut la laisser passer.

L'ASTROLOGUE – Comment ! la laisser passer. Oui, de par le diable, il faut
5 la laisser passer ; mais elle ne passera pas sans nous le faire savoir. Que je te plains, pauvre genre humain !

FLORICE – Hé ! mon père, de quoi est-il tant à plaindre ?

L'ASTROLOGUE – Jamais le Ciel ne versa sur lui de si malignes influences. C'est mille fois pis que si Saturne et la Lune étaient conjoints, ou que Mars
10 et Mercure fussent en aspect sextil[1]. Ne songez pas à vous marier, Monsieur de La Forest ; voici un temps trop funeste.

[…]

M. DE LA FOREST – Hélas ! Monsieur, croyez-vous tout de bon que les astres s'inquiètent de notre mariage ? Vous leur donnez bien de la pratique[2] si vous
15 voulez qu'ils se mêlent de tous les menus tracas qui occupent les hommes.

L'ASTROLOGUE – Que voulez-vous dire ? Ce grand livre du Ciel, imprimé en caractères de feu, ne contient-il pas les destinées de tous les hommes ?

M. DE LA FOREST – Permettez-moi de vous dire que ce grand livre n'est pas fort aisé à déchiffrer, et qu'avec toutes vos lunettes, vous avez bien de
20 la peine à en lire quelques mots.

L'ASTROLOGUE – Non, ce n'est pas pour vous sans doute qu'il est écrit. Il n'appartient qu'à nous, descendants du fameux Nostradamus[3], de développer ces mystères. À quoi serviraient, à votre avis, tous ces aspects des Astres, sextil, trin[1] et quadrat[1] ? À quoi serviraient ces conjonctions, ces
25 oppositions, ces stations, ces directions, ces rétrogradations ?

Maturin[4], *prenant ses tablettes* – Mettons ceci sur nos tablettes. La peste, que me voilà riche !

M. DE LA FOREST – Tout cela sert à faire rouler les Planètes dans le ciel, et à les faire aller et venir. Elles vont leur train, et nous laissent aller le nôtre.
30 L'ASTROLOGUE – Il suffit de vous faire regarder une Comète pour vous confondre, sa figure extraordinaire, sa lumière rougeâtre, cette queue, cette barbe, cette chevelure, tout cela ne vous inspire-t-il pas naturellement de la frayeur ?

M. DE LA FOREST – À moi ? non. Je trouve cela fort beau ; c'est un nouvel
35 Astre dont le Ciel nous favorise. Et pourquoi ne veut-on pas croire qu'il nous
annonce par là quelque bonheur ? N'y a-t-il pas présentement mille gens
heureux qui ont autant de droit de remercier la Comète de leur félicité, que
les malheureux ont droit de se prendre à elle de leur infortune ?

L'ASTROLOGUE – Pour vous, M. de La Forest, vous n'aurez pas de remer-
40 ciement à lui faire, et vous ne vous moquerez pas d'elle entre les bras de ma
fille.

M. DE LA FOREST – Mais, Monsieur, écoutez-moi, je vous en conjure ; et
rendons-nous un peu de justice. Sommes-nous des gens si importants, que
nous puissions nous imaginer que le Ciel fasse pour nous la dépense d'une
45 Comète ? Si elle avait à menacer quelqu'un, au lieu que je suis persuadé
qu'elle ne menace personne, serait-ce vous et moi qu'elle menacerait ? Voilà
un feu plus gros que toute la terre qui s'allume dans le Ciel, et pourquoi
cela ? pour empêcher le mariage de Mademoiselle Florice et de moi.

L'ASTROLOGUE – Taisez-vous, petit esprit ; car je sens que ma bile
50 s'échauffe ; et si jamais…

M. DE LA FOREST – Je cède, puisqu'il le faut ; mais enfin…

L'Astrologue – Et dites-moi, a-t-on jamais vu de Comète, sans qu'il soit
arrivé de grands malheurs ?

M. DE LA FOREST – Si vous voulez bien que je vous réponde, ne
55 m'avouerez-vous pas qu'il est bien arrivé de grands malheurs sans Comète,
ou plutôt qu'ils sont presque tous arrivés sans Comète ? Pourquoi les uns
sont-ils annoncés, lorsque d'autres, et même plus considérables, ne le sont
pas ? Quand il n'y a point de Comète, il faut bien que l'on s'en passe, et
que l'on croie que tout est arrivé selon l'ordre naturel ; mais dès que le hasard
60 veut qu'il en paraisse une, c'est justement elle qu'on rend responsable de
tout le mal.

FONTENELLE , *La Comète*, comédie, 1681.

1. Termes savants utilisés par les astrologues pour désigner la position respective des
astres dans le ciel. Ces termes ne sont pas faits pour être compris du spectateur, ce pédant
verbiage n'a d'autre fin que de ridiculiser la fausse science du personnage.
2. De la clientèle.
3. Célèbre astrologue du XVIᵉ siècle.
4. Le valet de l'astrologue, qui s'inspire des propos de son maître pour fabriquer des
almanachs qu'il vend pour son compte.

QUESTIONS *(10 points)*

*1. Observez le lexique et la ponctuation dans les premières répliques de
l'Astrologue, l. 1 à 25 : quels effets celui-ci cherche-t-il à produire sur ses
interlocuteurs ?*

3 pts

2. *En rapprochant les trois répliques de M. de La Forest l. 13 à 15, l. 28-29, l. 42 à 48, reformulez brièvement sa thèse* 2 pts

3. *Que pensez-vous des trois derniers « arugments » utilisés par l'Astrologue ?* 2 pts

4. *Quel argument nouveau introduit M. de La Forest aux lignes 54 à 61 ? Exprimez-le brièvement.* 2 pts

TRAVAIL D'ÉCRITURE *(10 points)*

Florice, entrant dans le jeu, tente de convaincre son père que tout plaide pour son mariage avec La Forest, y compris la comète.

Votre texte pourra prendre la forme d'un dialogue, ou la forme d'une argumentation suivie, à votre choix.

Pour approfondir

Questions supplémentaires

1. Par quel moyen l'astrologue pense-t-il convaincre M. de La Forest quand il se réclame de Nostradamus ?

2. Observez les phrases interro-négatives dans les répliques de M. de La Forest, à partir de la ligne 34. Lesquelles contiennent la réponse à la question posée ?

3. Étudiez le jeu des oppositions dans les mêmes répliques.

4. La position de l'astrologue varie-t-elle entre le début et la fin de la scène ?

Autres travaux d'écriture

1. Pourquoi, à votre avis, le rationalisme n'a-t-il pas réussi à détruire la croyance à l'astrologie ? Vous répondrez à cette question sous la forme d'un avis argumenté et illustré d'exemples.

2. Dans un développement composé, vous direz comment vous expliquez le succès toujours actuel de l'astrologie et des autres « sciences occultes ».

L'HOMME DE LETTRES

Antilles-Guyane, L-ES-S, septembre 1999

Considérée dans la personne de l'auteur, la littérature est une profession singulière. Le matériel est réduit à une plume et à quelques feuilles de papier ; l'apprentissage, le métier est ce que l'on veut : de durée nulle ou infinie. La matière première est aussi tout ce que l'on veut, elle se trouve
5 partout ; dans la rue, dans le cœur, dans le bien et dans le mal. Et quant au travail lui-même, il est indéfinissable, car chacun peut dire qu'il appartient à cette profession et qu'il prétend d'y être maître.
Mais considérons à présent d'un œil sans complaisance cette bizarre situation sociale. Dépouillons l'écrivain du lustre que lui conserve encore la
10 tradition et regardons-le dans la réalité de sa vie d'artisan d'idées et de praticien du langage écrit. À quoi, à qui fait donc songer cet homme occupé sous sa lampe, enfermé entre ses livres et ses murs, étrangement absorbé ou agité ; en proie à je ne sais quels débats dont les objets sont invisibles ; animé, arrêté tout à coup, mais, finalement, toujours revenant à son établi,
15 et griffonnant ou frappant la machine ? Écartons l'image romantique du poète échevelé, au front fatal, qui se sent devenir lyre ou harpe au milieu des tempêtes ou dans la nuit, sous la lune, au bord d'un lac... Rien de bon ne se fait en ces circonstances extraordinaires. Les beaux vers se mûrissent au lendemain de l'inspiration.

20 Voyons donc l'auteur d'un ouvrage. À quoi ressemble la condition de ce travailleur ?
En vérité, la littérature, telle qu'elle est, se rapproche singulièrement de quelqu'un de ces petits métiers en chambre[1], comme il y en a encore tant à Paris ; et elle en est un par bien des aspects. Le poète fait songer à ces indus-
25 triels ingénieux qui fabriquent, en vue de la Noël ou du Jour de l'an, des jouets remarquables par l'invention, par la surprise organisée, et qui sont faits avec des matériaux de fortune. Le poète puise les siens dans le langage ordinaire. Il a beau évoquer le ciel et la terre, soulever des tempêtes, ranimer nos émotions, suggérer ce qu'il y a de plus délicieux ou de plus tragique dans la pro-
30 fondeur des êtres, disposer de la nature, de l'infini, de la mort, des dieux et des beautés, il n'en est pas moins, aux yeux de l'observateur de ses faits et gestes, un citoyen, un contribuable, qui s'enferme à telle heure devant un cahier blanc, et qui le noircit, parfois silencieusement, parfois donnant de la voix, et marchant de long en large entre porte et fenêtre. Vers 1840, un Victor Hugo est
35 un auteur très rangé, qui habite bourgeoisement un appartement dans le Marais[2] ; il paye son loyer, ses impôts ; c'est un producteur modèle. Mais que

fait-il ? Que produit-il ? Et quel est le type de son industrie ? Le même observateur, froidement exact, constatera que les produits de cette petite industrie
ont une valeur variable, aussi précaire que celle des produits du fabricant de
40 jouets, de l'article de Paris, qui travaille lui aussi en chambre, à deux pas de
là, dans la rue des Archives ou dans la rue Vieille-du-Temple.

   Mais cette valeur, celle qui sortira des mains du poète, est complexe,
elle est double, et, dans les deux cas, elle est essentiellement incertaine.
Elle se compose d'une part qui est réelle (c'est-à-dire qui s'échange quel-
45 quefois contre de l'argent), et d'une part qui est fumée – fumée étrange en
vérité, fumée qui se condensera un jour, peut-être, en quelque œuvre monu-
mentale de marbre ou de bronze, créant autour d'elle un rayonnement puissant et durable, la gloire. Mais encore, réelle ou idéale, cette valeur est
incommensurable : elle ne peut pas être mesurée par les unités de mesure
50 dont dispose la société. Une œuvre de l'art vaut un diamant pour les uns, un
caillou pour les autres. On ne peut pas l'évaluer en heures de travail ; elle ne
peut donc figurer comme monnaie universellement utilisable dans l'ensemble
des échanges.

Paul VALÉRY, *Regards sur le monde actuel*, « Notre destin et les lettres »,
© Éditions Gallimard, 1937.

1. Quelqu'un de ces petits métiers en chambre : l'un de ces métiers artisanaux pratiqués
autrefois dans une pièce d'appartement (exemple : couturière, chapelier…).
2. Marais : quartier de Paris.

QUESTIONS *(10 points)*

*1. En vous appuyant sur les lignes 8 à 34, relevez les diverses expres-
sions qui caractérisent l'écrivain. Classez-les et justifiez votre classement.*

3 pts

*2. Dans le deuxième paragraphe (ligne 8 à 19), reformulez les deux
conceptions de l'écrivain évoquées par Paul Valéry.*

2 pts

3. Comment Paul Valéry implique-t-il le lecteur ?

2 pts

*4. Dans le dernier paragraphe, par quels moyens Paul Valéry montre-t-il
que la « valeur » de l'œuvre est « complexe » et « incertaine » ?*

3 pts

TRAVAIL D'ÉCRITURE *(10 points)*

*« La matière première est […] tout ce que l'on veut, elle se trouve par-
tout ; dans la rue, dans le cœur, dans le bien et dans le mal. » (lignes 4 et
5). Développez l'idée exprimée ici par Paul Valéry.*

───── *Pour approfondir* ─────

Questions supplémentaires

1. Quelle comparaison structure le quatrième paragraphe (« En vérité […] la rue Vieille-du-Temple » ?

2. Observez les images du dernier paragraphe. Quelle est leur rôle dans l'argumentation ?

3. Relevez un cliché, analysez-le et interrogez-vous sur sa fonction dans l'argumentation.

4. Dégagez la stratégie argumentative de ce texte.

Autres travaux d'écriture

1. Valéry attribue au poète le pouvoir de « suggérer ce qu'il y a de plus délicieux ou de plus tragique dans la profondeur des êtres ». Vous développerez ce point de vue en vous appuyant sur votre connaissance de la poésie française.

2. « Une œuvre de l'art vaut un diamant pour les uns, un caillou pour les autres ».

Quelles réflexions vous inspire ce propos ?

3. « Les beaux vers se mûrissent au lendemain de l'inspiration », écrit Valéry à la fin du deuxième paragraphe.

Vous justifierez cette affirmation dans un développement argumenté et illustré d'exemples.

LA PRESSE

Nouvelle-Calédonie, L-ES-S, décembre 1999

Texte A

Chateaubriand lit, dans le journal Le Moniteur, *les ordonnances du 25 juillet 1830, textes législatifs imposés par le pouvoir royal, qui limitaient notamment la liberté de la presse. Ces ordonnances furent à l'origine de la Révolution de juillet 1830.*

J'emportai *Le Moniteur*. Aussitôt qu'il fit jour, le 28, je lus, relus et commentai les ordonnances. Le rapport au Roi servant de prolégomènes[1] me frappait de deux manières : les observations sur les inconvénients de la presse étaient justes ; mais en même temps l'auteur de ces observations montrait une ignorance com-
5 plète de l'état de la société actuelle. Sans doute les ministres, depuis 1814, à quelque opinion qu'ils aient appartenu, ont été harcelés par les journaux ; sans doute la presse tend à subjuguer la souveraineté, à forcer la royauté et les Chambres à lui obéir ; sans doute, dans les derniers jours de la Restauration, la presse, n'écoutant que sa passion, a, sans égard aux intérêts et à l'honneur de
10 la France, attaqué l'expédition d'Alger[2], développé les causes, les moyens, les pré-paratifs, les chances d'un non-succès ; elle a divulgué les secrets de l'armement, instruit l'ennemi de l'état de nos forces, compté nos troupes et nos vaisseaux, indiqué jusqu'au point de débarquement. Le cardinal de Richelieu et Bonaparte auraient-ils mis l'Europe aux pieds de la France, si l'on eût révélé ainsi d'avance
15 le mystère de leurs négociations, ou marqué les étapes de leurs armées ?
Tout cela est vrai et odieux ; mais le remède ? La presse est un élément jadis ignoré, une force autrefois inconnue, introduite maintenant dans le monde ; c'est la parole à l'état de foudre ; c'est l'électricité sociale. Pouvez-vous faire qu'elle n'existe pas ? Plus vous prétendrez la comprimer, plus
20 l'explosion sera violente. Il faut donc vous résoudre à vivre avec elle, comme vous vivez avec la machine à vapeur. Il faut apprendre à vous en servir, en la dépouillant de son danger, soit qu'elle s'affaiblisse peu à peu par un usage commun et domestique, soit que vous assimiliez graduellement vos mœurs et vos lois aux principes qui régiront désormais l'humanité. Une preuve de
25 l'impuissance de la presse dans certains cas se tire du reproche même que vous lui faites à l'égard de l'expédition d'Alger ; vous l'avez prise, Alger, malgré la liberté de la presse, de même que j'ai fait faire la guerre d'Espagne en 1823 sous le feu le plus ardent de cette liberté.

CHATEAUBRIAND, *Mémoires d'Outre-Tombe* (XXXII, 8)
(publication posthume de 1848 à 1850).

1. Prolégomènes (l. 2) : Introduction. Le roi a pris la décision de faire publier ces ordon-
nances suite au rapport d'un ministre sur les inconvénients de la presse. *2.* « L'expédition d'Alger » (l. 10) : le 8 juillet 1830, les troupes françaises se sont empa-
rées de la ville d'Alger ; ce fut le début de la colonisation de l'Algérie.

Texte B

*Au cours d'un repas, un groupe d'amis journalistes s'interroge sur « l'in-
fluence et le pouvoir du journal ».*

– L'influence et le pouvoir du journal n'est qu'à son aurore, dit Finot, le jour-
nalisme est dans l'enfance, il grandira. Tout, dans dix ans d'ici, sera soumis à la
publicité. La pensée éclairera tout, elle...
    – Elle flétrira tout, dit Blondet en interrompant Finot.
5   – C'est un mot, dit Claude Vignon.
    – Elle fera des rois, dit Lousteau.
    – Et défera les monarchies, dit le diplomate.
    – Aussi, dit Blondet, si la Presse n'existait point, faudrait-il ne pas l'in-
venter ; mais la voilà, nous en vivons.
10   [...]
    – Blondet a raison, dit Claude Vignon. Le journal au lieu d'être un sacer-
doce[1] est devenu un moyen pour les partis ; de moyen, il s'est fait commerce ; et comme tous les commerces, il est sans foi ni loi. Tout journal est,
comme le dit Blondet, une boutique où l'on vend au public des paroles de
15 la couleur dont il les veut. S'il existait un journal des bossus, il prouverait
soir et matin la beauté, la bonté, la nécessité des bossus. Un journal n'est
plus fait pour éclairer, mais pour flatter les opinions. Ainsi, tous les journaux
seront dans un temps donné, lâches, hypocrites, infâmes, menteurs, assassins ; ils tueront les idées, les systèmes, les hommes, et fleuriront par cela
20 même. Ils auront le bénéfice de tous les êtres de raison : le mal sera fait
sans que personne en soit coupable. Je serai moi Vignon, vous serez toi
Lousteau, toi Blondet, toi Finot, des Aristide, des Platon, des Caton, des
hommes de Plutarque[2], nous serons tous innocents, nous pourrons nous
laver les mains de toute infamie. Napoléon a donné la raison de ce phéno-
25 mène moral ou immoral, comme il vous plaira, dans un mot sublime que lui
ont dicté ses études sur la Convention : *Les crimes collectifs n'engagent
personne.* Le journal peut se permettre la conduite la plus atroce, personne
ne s'en croit sali personnellement.

BALZAC, *Illusions perdues*, 1843.

1. Sacerdoce (l. 12) : vocation réclamant un dévouement total et désintéressé de l'individu.
2. Des Aristide, des Platon, des Caton, des hommes de Plutarque (l. 22 et 23) : grands
hommes de l'Antiquité connus pour leur honnêteté et leur rigueur morale.

QUESTIONS *(10 points)*

1. *Quel est, dans le texte de Chateaubriand, le rôle de la phrase : « Tout cela est vrai et odieux ; mais le remède ? » (l. 16) ? Retrouvez à partir de cette phrase les grandes étapes du raisonnement de l'auteur dans l'ensemble du texte.* 3 pts

2. *Chateaubriand utilise à deux reprises l'exemple de l'expédition d'Alger (l. 10 et 26). Que cherche-t-il à montrer dans chacun de ces cas ?* 2 pts

3. *Dans le texte de Balzac, quelles sont les deux critiques essentielles formulées par Claude Vignon à l'encontre de la presse dans les lignes 16 à 23 ?* 3 pts

4. *Quels constats sont communs aux deux auteurs ? Justifiez votre réponse par des citations précises.* 2 pts

TRAVAIL D'ÉCRITURE *(10 points)*

Imaginez la réponse que pourrait aujourd'hui opposer à Claude Vignon un fervent défenseur de la presse écrite.

── Pour approfondir ──

Questions supplémentaires
1. Relevez des exemples de concession dans le premier paragraphe du texte de Chateaubriand et commentez-les.
2. Dégagez dans chaque texte les liens entre la presse et le pouvoir politique.
3. Les deux écrivains ont-ils la même conception du rôle social de la presse ?
4. Des accusations portées contre la presse dans ces deux textes, laquelle vous paraît la plus grave ?

Autres travaux d'écriture
1. Chateaubriand définit la presse comme « la parole à l'état de foudre » et « l'électricité sociale ».
Dans un développement argumenté, vous vous demanderez si la presse contemporaine répond bien à cette définition.
2. Claude Vignon porterait-il aujourd'hui les mêmes accusations contre la presse télévisuelle ?
3. « Un journal n'est plus fait pour éclairer, mais pour flatter les opinions » : dans un devoir organisé et illustré d'exemples, vous réfuterez cette affirmation de Claude Vignon.

L'ÉDUCATION DU REGARD

Inde, L-ES-S, avril 2000

Nous avons tous appris à lire et à écrire, mais nous n'avons jamais appris à voir, n'estimant pas, à cet égard, qu'une initiation fût nécessaire. Aussi a-t-on constaté que le visiteur ordinaire d'un musée n'arrête pas son regard sur le plus beau tableau du monde pendant plus de cinq secondes. Et nous
5 ne prêtons pas plus d'attention aux monuments célèbres ou aux paysages prestigieux que nous rencontrons en voyage. Nous ne soupçonnons pas que devant ces objets ou ces spectacles notre regard ait une habitude à prendre, un art à exercer, un plaisir à recevoir ; et qu'à partir du moment où nous en comprendrons la nature, la signification et le but, nous commen-
10 cerons à les rechercher pour eux-mêmes et à les aimer.
C'est un accord de sentiment qui nous pousse à parcourir plus volontiers les pages d'un nouveau roman que les salles d'une exposition de peinture abstraite, à écouter sans impatience le dialogue d'une pièce, à suivre avec sympathie les gestes des acteurs sur la scène. Tandis que les tableaux d'un
15 musée, les œuvres d'art qui s'y entassent nous demeurent bien souvent lointains et mystérieux, immobiles et muets. Comme il est naturel, nous ne prenons intérêt qu'aux choses ou aux personnes que nous aimons intime-ment, par vocation, profession ou passion. Si, devant une jolie femme ren-contrée dans la rue, un coiffeur remarque inconsciemment sa chevelure, un
20 couturier sa robe, un médecin sa diathèse[1], tous sont frappés, et nous avec eux, par la qualité la plus générale, la plus universelle à laquelle l'œil et l'âme soient sensibles : sa beauté. La question qui se pose est de savoir si nous sommes capables de déceler la beauté sous ses formes les plus différentes et les plus hautes, autant que sous sa plus ordinaire apparence.
25 Nous nous promenons dans un jardin public et, au tournant d'une allée, part devant nous un vol de colombes. C'est un incident sans importance. Mais il a permis à bien des peintres d'évoquer avec vérité les oiseaux consa-crés à Vénus. On nous appelle pour goûter une collation servie sur un coin de table. C'est un mince sujet, mais Chardin ou Matisse en auraient tiré un
30 chef-d'œuvre. Nous entrevoyons une autre fois une femme brossant ses cheveux : Degas et Bonnard l'ont vue avant nous et, bien souvent, l'ont peinte. Monet s'est promené le long de cette rivière bordée de peupliers. Van Gogh, Courbet se sont assis avant nous sur cette grève et Utrillo a passé dans cette rue de Montmartre, où nous voyons se découper au loin
35 le dôme du Sacré-Cœur. L'attention infaillible de ces artistes a transformé en spectacle exceptionnel un sujet si banal que nous ne l'avions pas vu, encore moins regardé et pas du tout goûté. Pourtant nous vivons comme eux au

milieu de la même nature, du même monde, auquel ils ont tout emprunté, leur répertoire, leur technique, leurs matériaux, leurs couleurs, toutes les formes
40 des choses combinées de mille façons. La matière première de l'art est inépuisable. Elle se rencontre partout. Mais il faut ouvrir les yeux et savoir regarder.

En effet tous les spectacles offerts par l'art ou la nature ne sont pas toujours faciles à saisir ou à comprendre du premier coup d'œil, et l'artiste,
45 qui ne fait que transcrire les apparences, a pu hésiter comme nous. Aussi nous arrive-t-il parfois de nous demander si nous avons affaire à un objet naturel ou fait de main humaine. On a longtemps refusé d'admettre que les haches de silex, découvertes par Boucher de Perthes[2], avaient été taillées par des hommes dans le lointain de la préhistoire. Ou bien le jeu
50 des illusions et l'inversion des échelles peuvent nous pousser à confondre sous la même forme des choses étrangères les unes aux autres. Nous prêtons à la courbe d'une colline le galbe d'une hanche humaine, retrouvant sans le vouloir le mythe du dieu égyptien Geb, dont le corps allongé représentait la terre. Ne nous est-il jamais arrivé de rêver à un obélisque devant
55 une cheminée d'usine ? L'œil, comme un poète, crée journellement de nouvelles métaphores. Car, dans le domaine de l'art, comparer constitue un moyen habituel de connaissance. Sans cesse notre regard va d'un objet à l'autre et, cette comparaison nécessaire, nous souhaitons la favoriser et la commenter. Nous espérons susciter l'exercice d'un choix parmi les images
60 d'un monde qui nous offre tous les spectacles adaptés à nos états d'âme, à nos imaginations, à nos rêves. L'œuvre d'art est le meilleur moyen d'apprendre à faire ce choix, puisque l'artiste a déjà choisi pour nous. Il nous apprend à voir comme lui.

Luc BENOIST, *Regarde ou les Clefs de l'art*, © Hazan, 1962.

1. Diathèse : la maladie à laquelle elle semble prédisposée.
2. Boucher de Perthes : préhistorien français (1788-1868).

QUESTIONS *(10 points)*

1. *Quelle est la thèse exprimée dans le premier paragraphe ? En quoi est-elle paradoxale ? Justifiez votre réponse.* | 3 pts |

2. *Étudiez la progression de l'argumentation dans le troisième paragraphe* | 4 pts |

3. *« L'œil, comme un poète [...] connaissance. » (lignes 55 à 57) Quels éléments du quatrième paragraphe vous permettent d'expliquer ces deux phrases ?* | 4 pts |

TRAVAIL D'ÉCRITURE *(10 points)*

« La matière première de l'art est inépuisable. Elle se rencontre partout. »
Dans quelle mesure pensez-vous que la vie quotidienne puisse être le point de départ d'une œuvre d'art ? Vous répondrez dans un développement organisé en vous appuyant sur des exemples de votre choix, tirés de différentes formes d'art (photographie, cinéma, peinture, littérature…)

── *Pour approfondir* ──

Questions supplémentaires

1. Distinguez avec précision le sens des verbes « voir » et « regarder » en vous appuyant sur le texte.

2. Précisez l'utilité des exemples employés dans les deuxième et troisième paragraphes.

3. Dégagez la progression argumentative de ce texte.

4. Quels sont les points communs, d'après le texte, entre la critique littéraire et la critique artistique ? Appuyez-vous, dans votre réponse, sur des références précises au texte.

Autres travaux d'écriture

1. Dans un développement composé et nourri d'exemples, vous direz quelle conception de l'art et de l'artiste se dégage de ce texte.

2. À quelles conditions serons-nous, selon vous, « capables de déceler la beauté sous ses formes les plus différentes et les plus hautes, autant que sous sa plus ordinaire apparence » ?

L'empereur de Chine a fait arrêter un vieux peintre, Wang-Fô. Celui-ci a demandé la raison de son arrestation. L'empereur lui répond.

Mon père avait rassemblé une collection de tes peintures dans la chambre la plus secrète du palais, car il était d'avis que les personnages des tableaux doivent être soustraits à la vue des profanes, en présence de qui ils ne peuvent baisser les yeux. C'est dans ces salles que j'ai été élevé, vieux Wang-
5 Fô, car on avait organisé autour de moi la solitude pour me permettre d'y grandir. Pour éviter à ma candeur l'éclaboussure des âmes humaines, on avait éloigné de moi le flot agité de mes sujets futurs, et il n'était permis à personne de passer devant mon seuil, de peur que l'ombre de cet homme ou de cette femme ne s'étendît jusqu'à moi. Les quelques vieux serviteurs
10 qu'on m'avait octroyés se montraient le moins possible ; les heures tournaient en cercle ; les couleurs de tes peintures s'avivaient avec l'aube et pâlissaient avec le crépuscule. La nuit, quand je ne parvenais pas à dormir, je les regardais, et pendant près de dix ans, je les ai regardées toutes les nuits. Le jour, assis sur un tapis dont je savais par cœur le dessin, reposant mes
15 paumes vides sur mes genoux de soie jaune, je rêvais aux joies que me procurerait l'avenir. Je me représentais le monde, le pays de Han[1] au milieu, pareil à la plaine monotone et creuse de la main que sillonnent les lignes fatales des cinq fleuves. Tout autour, la mer où naissent les monstres et, plus loin encore, les montagnes qui supportent le ciel. Et, pour m'aider à
20 me représenter toutes ces choses, je me servais de tes peintures. Tu m'as fait croire que la mer ressemblait à la vaste nappe d'eau étalée sur tes toiles, si bleue qu'une pierre en y tombant ne peut que se changer en saphir, que les femmes s'ouvraient et se refermaient comme des fleurs, pareilles aux créatures qui s'avancent, poussées par le vent, dans les allées de tes jardins,
25 et que les jeunes guerriers à la taille mince qui veillent dans les forteresses des frontières étaient eux-mêmes des flèches qui pouvaient vous transpercer le cœur. À seize ans, j'ai vu se rouvrir les portes qui me séparaient du monde : je suis monté sur la terrasse du palais pour regarder les nuages, mais ils étaient moins beaux que ceux de tes crépuscules. J'ai commandé
30 ma litière : secoué sur des routes dont je ne prévoyais ni la boue ni les pierres, j'ai parcouru les provinces de l'empire sans trouver tes jardins pleins de femmes semblables à des lucioles, tes femmes dont le corps est lui-même un jardin. Les cailloux des rivages m'ont dégoûté des océans ; le sang des suppliciés est moins rouge que la grenade figurée sur tes toiles ;
35 la vermine des villages m'empêche de voir la beauté des rizières ; la chair des

femmes vivantes me répugne comme la viande morte qui pend aux crocs des bouchers, et le rire épais de mes soldats me soulève le cœur. Tu m'as menti, Wang-Fô, vieil imposteur : le monde n'est qu'un amas de taches confuses, jetées sur le vide par un peintre insensé, sans cesse effacées par nos larmes.
40 Le royaume de Han n'est pas le plus beau des royaumes, et je ne suis pas l'empereur. Le seul empire sur lequel il vaille la peine de régner est celui où tu pénètres, vieux Wang, par le chemin des Mille Courbes et des Dix Mille Couleurs. Toi seul règnes en paix sur des montagnes couvertes d'une neige qui ne peut fondre et sur des champs de narcisses qui ne peuvent pas
45 mourir. Et c'est pourquoi, Wang-Fô, j'ai cherché quel supplice te serait réservé, à toi dont les sortilèges m'ont dégoûté de ce que je possède, et donné le désir de ce que je ne posséderai pas. Et, pour t'enfermer dans le seul cachot dont tu ne puisses sortir, j'ai décidé qu'on te brûlerait les yeux, puisque tes yeux, Wang-Fô, sont les deux portes magiques qui t'ouvrent
50 ton royaume. Et puisque tes mains sont les deux routes aux dix embranchements qui te mènent au cœur de ton empire, j'ai décidé qu'on te couperait les mains. M'as-tu compris, vieux Wang-Fô ?

Marguerite YOURCENAR, *Nouvelles orientales*, © Éditions Gallimard, 1963.

1. Désigne la Chine.

QUESTIONS *(10 points)*

1. *Relevez la phrase qui indique le changement décisif survenu dans la vie de l'empereur.* \[1 pt \]

2. *Dans les lignes 1 à 20 («Mon père avait rassemblé... je me servais de tes peintures»), quelle expression répétée fait pressentir la responsabilité de Wang-Fô aux yeux de l'empereur ?* \[2 pts \]

3. *Dans les lignes 20 à 43 («Tu m'as fait croire... pas mourir») : Montrez sur quelle opposition se fonde le réquisitoire de l'empereur.* \[3 pts \]

4. *L'empereur dit : «...je ne suis pas l'empereur.» (ligne 39) Comment comprenez-vous cette phrase ?* \[4 pts \]

TRAVAIL D'ÉCRITURE *(10 points)*

Quels arguments développeriez-vous pour prendre la défense de l'art ? Vous pourrez emprunter vos exemples à toutes les formes d'art. \[4 pts \]

━━━━━ *Pour approfondir* ━━━━━

Questions supplémentaires

1. Observez le champ lexical du pouvoir. Quels sont les deux « empires » mis en opposition dans ce texte ?

2. Étudiez la distribution des termes mélioratifs et dépréciatifs dans les lignes 20 à 48.

3. Relevez les marques d'insistance dans l'emploi des pronoms et adjectifs possessifs de la deuxième personne, de la ligne 36 à la ligne 50 et précisez-en l'effet.

4. Repérez les principales charnières de l'argumentation dans ce texte monolithique.

Autres travaux d'écriture

1. Quels sont, d'après ce texte, les pouvoirs de l'art ? Vous répondrez à cette question dans un développement argumenté et illustré d'exemples précis.

2. Vous analyserez la stratégie argumentative de l'empereur en montrant la variété des moyens mis en œuvre.

L'ART EN QUESTION

Groupement I, L-ES-S, 1996

Le moment artistique

4 mai [1]

J'aurais dû peut-être, avant de porter le plus mince jugement, expliquer catégoriquement quelles sont mes façons de voir en art, quelle est mon esthétique. Je sais que les bouts d'opinion que j'ai été forcé de donner, d'une manière incidente, ont blessé les idées reçues, et qu'on m'en veut
5 pour ces affirmations carrées que rien ne paraissait établir.

J'ai ma petite théorie comme un autre, et, comme un autre, je crois que ma théorie est la seule vraie. Au risque de n'être pas amusant, je vais donc poser cette théorie. Mes tendresses et mes haines en découleront tout naturellement.

10 Pour le public – et je ne prends pas ici ce mot en mauvaise part – pour le public, une œuvre d'art, un tableau est une suave chose qui émeut le cœur d'une façon douce et terrible ; c'est un massacre, lorsque les victimes pantelantes gémissent et se traînent sous les fusils qui les menacent ; ou c'est encore une délicieuse jeune fille, toute de neige, qui rêve au clair de lune,
15 appuyée sur un fût de colonne. Je veux dire que la foule voit dans une toile un sujet qui la saisit à la gorge ou au cœur, et qu'elle ne demande pas autre chose à l'artiste qu'une larme ou qu'un sourire.

Pour moi – pour beaucoup de gens, je veux l'espérer – une œuvre d'art est, au contraire, une personnalité, une individualité.

20 Ce que je demande à l'artiste, ce n'est pas de me donner de tendres visions ou des cauchemars effroyables ; c'est de se livrer lui-même, cœur et chair, c'est d'affirmer hautement un esprit puissant et particulier, une nature qui saisisse largement la nature en sa main et la plante tout debout devant nous, telle qu'il la voit. En un mot, j'ai le plus profond dédain pour les petites
25 habiletés, pour les flatteries intéressées, pour ce que l'étude a pu apprendre et ce qu'un travail acharné a rendu familier, pour tous les coups de théâtre historiques de ce monsieur et pour toutes les rêveries parfumées de cet autre monsieur. Mais j'ai la plus profonde admiration pour les œuvres individuelles, pour celles qui sortent d'un jet d'une main vigoureuse et unique.

30 Il ne s'agit donc plus ici de plaire ou de ne pas plaire, il s'agit d'être soi, de montrer son cœur à nu, de formuler énergiquement une individualité.

Je ne suis pour aucune école, parce que je suis pour la vérité humaine, qui exclut toute coterie et tout système. Le mot « art » me déplaît ; il contient en lui je ne sais quelles idées d'arrangements nécessaires, d'idéal absolu.

35 Faire de l'art, n'est-ce pas faire quelque chose qui est en dehors de l'homme et de la nature ? Je veux qu'on fasse de la vie, moi ; je veux qu'on soit vivant, qu'on crée à nouveau, en dehors de tout, selon ses propres yeux et son propre tempérament. Ce que je cherche avant tout dans un tableau, c'est un homme et non pas un tableau.

40 Il y a, selon moi, deux éléments dans une œuvre : l'élément réel, qui est la nature, et l'élément individuel, qui est l'homme.

L'élément réel, la nature, est fixe, toujours le même ; il demeure égal pour tout le monde ; je dirais qu'il peut servir de commune mesure pour toutes les œuvres produites, si j'admettais qu'il puisse y avoir une commune mesure.

45 L'élément individuel, au contraire, l'homme, est variable à l'infini ; autant d'œuvres et autant d'esprits différents ; si le tempérament n'existait pas, tous les tableaux devraient être forcément de simples photographies.

Donc, une œuvre d'art n'est jamais que la combinaison d'un homme, élément variable, et de la nature, élément fixe. Le mot « réaliste » ne signifie 50 rien pour moi, qui déclare subordonner le réel au tempérament. Faites vrai, j'applaudis ; mais surtout faites individuel et vivant, et j'applaudis plus fort. Si vous sortez de ce raisonnement, vous êtes forcé de nier le passé et de créer des définitions que vous serez forcé d'élargir chaque année.

Émile ZOLA, *Écrits sur l'art.*

1. Article paru dans le journal *L'Événement* le 4 mai 1866.

QUESTIONS *(10 points)*

1. *À quels indices (énonciation, lexique…) reconnaît-on que Zola formule ici une théorie personnelle ? (lignes 1 à 19).* $\boxed{3\ pts}$

2. *Analysez le rôle de chacun des emplois de « donc » (lignes 7, 30 et 48) dans le développement de l'argumentation.* $\boxed{3\ pts}$

3. *Par quels procédés s'expriment les oppositions entre les deux conceptions de l'œuvre d'art aux lignes 10 à 17 et 48 à 53.* $\boxed{4\ pts}$

TRAVAUX D'ÉCRITURE *(10 points)*

1. *Résumez (en une quarantaine de mots) les lignes 18 à 28 en respectant le système énonciatif.* $\boxed{4\ pts}$

2. *Dans un développement argumenté, dites ce que vous attendez personnellement d'une œuvre d'art.* $\boxed{6\ pts}$

Pour approfondir

Questions supplémentaires

1. Relevez les termes dépréciatifs d'une part, mélioratifs de l'autre, dans les lignes 20 à 29. Que remarquez-vous ?

2. Observez l'enchaînement des idées dans le quatrième paragraphe en indiquant clairement les relations logiques.

3. Quelle est la phrase qui vous paraît exprimer le plus nettement la conception que Zola se fait de l'œuvre d'art ?

4. Regroupez les paragraphes afin de dégager la progression argumentative du texte, puis donnez un titre à chaque partie du texte.

Autres travaux d'écriture

1. Tout le monde s'accorde aujourd'hui à reconnaître la photographie comme un art, alors que, pour Zola, la supériorité des tableaux sur de « simples photographies » était incontestable. Dans un développement argumenté et illustré d'exemples, vous direz si vous considérez la photographie comme un art mineur ou non et à quelles attentes de votre part elle devrait répondre.

2. Vous montrerez, en vous appuyant sur le texte, que l'œuvre d'art n'est muette qu'en apparence et qu'elle suggère l'invisible au-delà du visible.

LA LECTURE

Antilles-Guyane, L-ES-S, juin 1996

La lecture est le fléau de l'enfance, et presque la seule occupation qu'on lui sait donner. À peine à douze ans Émile [1] saura-t-il ce que c'est qu'un livre. Mais il faut bien au moins, dira-t-on, qu'il sache lire. J'en conviens : il faut qu'il sache lire quand la lecture lui est utile ; jusqu'alors elle n'est bonne
5 qu'à l'ennuyer.

Si l'on ne doit rien exiger des enfants par obéissance, il s'ensuit qu'ils ne peuvent rien apprendre dont ils ne sentent l'avantage actuel et présent, soit d'agrément, soit d'utilité ; autrement quel motif les porterait à l'apprendre ? L'art de parler aux absents et de les entendre, l'art de leur communiquer au
10 loin nos sentiments, nos volontés, nos désirs, est un art dont l'utilité peut être rendue sensible à tous les âges. Par quel prodige cet art si utile et si agréable est-il devenu un tourment pour l'enfance ? Parce qu'on la contraint de s'y appliquer malgré elle, et qu'on le met à des usages auxquels elle ne comprend rien. Un enfant n'est pas fort curieux de perfectionner l'instrument
15 avec lequel on le tourmente ; mais faites que cet instrument serve à ses plaisirs, et bientôt il s'y appliquera malgré vous.

On se fait une grande affaire de chercher les meilleures méthodes d'apprendre à lire ; on invente des bureaux, des cartes ; on fait de la chambre d'un enfant un atelier d'imprimerie. Locke [2] veut qu'il apprenne à lire avec des
20 dés. Ne voilà-t-il pas une invention bien trouvée ? Quelle pitié ! Un moyen plus sûr que tout cela, et celui qu'on oublie toujours, est le désir d'apprendre. Donnez à l'enfant ce désir, puis laissez là vos bureaux et vos dés, toute méthode lui sera bonne.

L'intérêt présent, voilà le grand mobile, le seul qui mène sûrement et
25 loin. Émile reçoit quelquefois de son père, de sa mère, de ses parents, de ses amis, des billets d'invitation pour un dîner, pour une promenade, pour une partie sur l'eau, pour voir quelque fête publique. Ces billets sont courts, clairs, nets, bien écrits. Il faut trouver quelqu'un qui les lui lise ; ce quelqu'un, ou ne se trouve pas toujours à point nommé, ou rend à l'enfant le
30 peu de complaisance que l'enfant eut pour lui la veille. Ainsi l'occasion, le moment se passe. On lui dit enfin le billet, mais il n'est plus temps. Ah ! si l'on eût su lire soi-même ! On en reçoit d'autres : ils sont si courts ! Le sujet en est si intéressant ! on voudrait essayer de les déchiffrer ; on trouve tantôt de l'aide et tantôt des refus. On s'évertue, on déchiffre enfin la moitié d'un
35 billet : il s'agit d'aller demain manger de la crème... on ne sait où ni avec qui... Combien on fait d'effort pour lire le reste ! Je ne crois pas qu'Émile ait besoin du bureau. Parlerai-je à présent de l'écriture ? Non, j'ai honte de m'amuser à ces niaiseries dans un traité de l'éducation.

J'ajouterai ce seul mot qui fait une importante maxime : c'est que, d'or-
40 dinaire, on obtient très sûrement et très vite ce qu'on n'est pas pressé d'obtenir. Je suis presque sûr qu'Émile saura parfaitement lire et écrire avant
l'âge de dix ans, précisément parce qu'il m'importe fort peu qu'il le sache
avant quinze ; mais j'aimerais mieux qu'il ne sût jamais lire que d'acheter
cette science au prix de tout ce qui peut la rendre utile : de quoi lui servira
45 la lecture quand on l'en aura rebuté pour jamais ?
Plus j'insiste sur ma méthode inactive, plus je sens les objections se
renforcer. Si votre élève n'apprend rien de vous, il apprendra des autres. Si
vous ne prévenez l'erreur par la vérité, il apprendra des mensonges ; les
préjugés que vous craignez de lui donner, il les recevra de tout ce qui l'en-
50 vironne, ils entreront par tous ses sens ; ou ils corrompront sa raison, même
avant qu'elle soit formée, ou son esprit, engourdi par une longue inaction,
s'absorbera dans la matière. L'inhabitude de penser dans l'enfance en ôte
la faculté durant le reste de la vie.
Il me semble que je pourrais aisément répondre à cela.

ROUSSEAU, *Émile ou de l'Éducation*, Livre II, 1762.

1. C'est le prénom que donne Rousseau, dans son traité sur l'éducation, à un élève imaginaire.
2. Philosophe anglais du début du XVIIIᵉ siècle, auteur d'un traité sur l'éducation.

QUESTIONS *(10 points)*

1. *Dans le deuxième paragraphe, sur quelle motivation se fonde le désir d'apprendre ? Quels sont les deux mots qui explicitent cette motivation ?* ⎡ 3 pts ⎤

2. *Que désignent les périphrases des lignes 9 à 12 ?* ⎡ 1 pts ⎤

3. *« Émile reçoit quelquefois… du bureau » (lignes 25 à 37) :
Quel rôle joue ce passage dans l'argumentation ? Quels procédés le rendent particulièrement vivant ?* ⎡ 4 pts ⎤

4. *À partir de la ligne 47 (« Si votre élève… »), qui est désigné par l'adjectif possessif et les pronoms de la deuxième personne ?* ⎡ 2 pts ⎤

TRAVAIL D'ÉCRITURE *(10 points)*

*« L'intérêt présent » est-il, à votre avis, le seul mobile qui incite à
apprendre ? Quelle que soit votre réponse, vous l'exposerez dans un
développement argumenté.*

—————— *Pour approfondir* ——————

Questions supplémentaires

1. Relevez deux valeurs différentes de « on » dans ce passage.

2. Quel soutien les phrases exclamatives et interrogatives apportent-elles à l'argumentation ?

3. Rousseau exprime volontiers sa pensée par des maximes dans ce texte. Relevez-en une et commentez-la brièvement.

4. Dégagez la progression argumentative de ce texte.

Autres travaux d'écriture

1. Rousseau se moque des pédagogues qui prétendent instruire en amusant. Dans un développement argumenté et illustré d'exemples précis, vous vous demanderez dans quelle mesure cette méthode est critiquable.

2. La méthode inactive préconisée par Rousseau exige tout un art d'éveiller la curiosité sans en avoir l'air. Vous vous demanderez, en vous fondant sur le texte si, malgré sa fécondité, elle ne présente pas divers inconvénients.

DE LA LIBERTÉ DES JEUNES FEMMES

Polynésie, L-ES-S, septembre 1999

Sganarelle et Ariste sont frères. Avant sa mort, un de leurs amis leur a demandé d'éduquer ses filles, Isabelle et Léonor, avant de les épouser. Lisette, la suivante de Léonor, vient de déclarer que les femmes doivent jouir d'une certaine liberté.

SGANARELLE

Voilà, beau précepteur, votre éducation,
Et vous souffrez cela sans nulle émotion.

ARISTE

Mon frère, son discours ne doit que faire rire.
Elle a quelque raison en ce qu'elle veut dire :
5   Leur sexe aime à jouir d'un peu de liberté ;
On le retient fort mal par tant d'austérité ;
Et les soins défiants, les verrous et les grilles
Ne font pas la vertu des femmes ni des filles.
C'est l'honneur qui les doit tenir dans le devoir,
10 Non la sévérité que nous leur faisons voir.
C'est une étrange chose, à vous parler sans feinte,
Qu'une femme qui n'est sage que par contrainte.
En vain sur tous ses pas nous prétendons régner :
Je trouve que le cœur est ce qu'il faut gagner ;
15 Et je ne tiendrais, moi, quelque soin qu'on se donne,
Mon honneur guère sûr aux mains d'une personne
À qui, dans les désirs qui pourraient l'assaillir,
Il ne manquerait rien qu'un moyen de faillir.

SGANARELLE

Chansons que tout cela.

ARISTE

Soit ; mais je tiens sans cesse
20 Qu'il nous faut en riant instruire la jeunesse,
Reprendre ses défauts avec grande douceur,
Et du nom de vertu ne lui point faire peur.
Mes soins pour Léonor ont suivi ces maximes :
Des moindres libertés je n'ai point fait des crimes.
25 À ses jeunes désirs j'ai toujours consenti,
Et je ne m'en suis point, grâce au Ciel, repenti.
J'ai souffert[1] qu'elle ait vu les belles compagnies,

Les divertissements, les bals, les comédies ;
Ce sont choses, pour moi, que je tiens de tout temps
30 Fort propres à former l'esprit des jeunes gens ;
Et l'école du monde, en l'air dont il faut vivre
Instruit mieux, à mon gré, que ne fait aucun livre.
Elle aime à dépenser en habits, linge et nœuds :
Que voulez-vous ? Je tâche à contenter ses vœux ;
35 Et ce sont des plaisirs qu'on peut, dans nos familles,
Lorsque l'on a du bien, permettre aux jeunes filles.
Un ordre paternel l'oblige à m'épouser ;
Mais mon dessein n'est pas de la tyranniser.
Je sais bien que nos ans ne se rapportent guère,
40 Et je laisse à son choix liberté tout entière.
Si quatre mille écus de rente bien venants,
Une grande tendresse et des soins complaisants
Peuvent, à son avis, pour un tel mariage,
Réparer entre nous l'inégalité d'âge,
45 Elle peut m'épouser ; sinon, choisir ailleurs.
Je consens que sans moi ses destins soient meilleurs ;
Et j'aime mieux la voir sous un autre hyménée[2],
Que si contre son gré sa main m'était donnée.

SGANARELLE

Hé ! qu'il est doucereux ! c'est tout sucre et tout miel.

ARISTE

50 Enfin, c'est mon humeur, et j'en rends grâce au Ciel.
Je ne suivrais jamais ces maximes sévères,
Qui font que les enfants comptent les jours des pères.

SGANARELLE

Mais ce qu'en la jeunesse on prend de liberté
Ne se retranche pas avec facilité ;
55 Et tous ses sentiments suivront mal votre envie,
Quand il faudra changer sa manière de vie.

ARISTE

Et pourquoi la changer ?

SGANARELLE

Pourquoi ?

ARISTE

Oui.

SGANARELLE

Je ne sais.

ARISTE

Y voit-on quelque chose où l'honneur soit blessé ?

SGANARELLE

Quoi ? si vous l'épousez, elle pourra prétendre
60 Les mêmes libertés que fille on lui voit prendre ?

ARISTE

Pourquoi non ?

SGANARELLE

Vos désirs lui seront complaisants,
Jusques à lui laisser et mouches³ et rubans ?

ARISTE

Sans doute.

SGANARELLE

À lui souffrir, en cervelle troublée,
De courir tous les bals et les lieux d'assemblée ?

ARISTE

65 Oui, vraiment.

SGANARELLE

Et chez vous iront les damoiseaux⁴ ?

ARISTE

Et quoi donc ?

SGANARELLE

Qui joueront et donneront cadeaux ?

ARISTE

D'accord.

SGANARELLE

Et votre femme entendra les fleurettes⁵ ?

ARISTE

Fort bien.

SGANARELLE

Et vous verrez ces visites muguettes⁶
D'un œil à témoigner de n'en être point soû⁷ ?

ARISTE

70 Cela s'entend.

SGANARELLE

Allez, vous êtes un vieux fou.

MOLIÈRE, *L'École des maris*, 1661, I, 3, vers 161-230.

1. J'ai souffert : j'ai accepté ; *2. Hyménée* : mariage ; *3. Mouche* : morceau de tissu noir destiné à rehausser la blancheur du teint ; *4. Damoiseaux* : masculin de demoiselles ; *5. Fleurettes* : propos galants ; *6. Muguettes* : légères ; *7. Soû* : orthographe ancienne de saoul ; a ici le sens d'excédé.

QUESTIONS *(10 points)*

1. *Étudiez les indices personnels de l'énonciation dans la première tirade d'Ariste (v. 3-18).*
Comment mettent-ils en valeur la fonction des différents person-
nages ? 3 pts

2. *Reformulez en une phrase les thèses en présence.* 2 pts

3. *Dégagez les grandes idées sur lesquelles repose l'argumentation d'Ariste. Qu'est-ce qui fait la force de sa démonstration ?* 3 pts

4. *Précisez le ton des premières répliques de Sganarelle (v. 1, 19, 49). Qu'est-ce qui fait la faiblesse de son attitude ?* 2 pts

TRAVAIL D'ÉCRITURE *(10 points)*

Selon Ariste, « L'école du monde [...] instruit mieux [...] que ne fait aucun livre ». Étayez ou réfutez cette pensée en proposant des exemples précis.

Pour approfondir

Questions supplémentaires

1. Étudiez le jeu des pronoms personnels de la première et de la troisième personnes dans les vers 19 à 48.

2. Les derniers vers (57 à 70) ont-ils une fonction argumentative ou dramatique ?

3. Quelle est l'idée maîtresse de ce texte ? Quel en est le mot clé ?

Autres travaux d'écriture

1. Dans un développement composé et illustré d'exemples précis, vous vous demanderez dans quelle mesure l'éthique du mariage proposée ici par Molière est toujours actuelle.

2. Quels sont, aujourd'hui, les enjeux de l'émancipation féminine ?

L'AMBITION

Inde, L-ES-S, 1996

Tous les dictionnaires, depuis Trévoux, insistent sur l'aspect «excessif[1]», «déréglé[2]», «immodéré[3]» de cette passion[4]. La qualifier, comme *Le Robert,* de «désir ardent» paraît encore la façon la plus neutre d'en parler. Et pourtant, avant même d'aborder le contenu d'un tel désir, le lecteur sait déjà que
5 l'ambition ne révèle pas la meilleure part de l'être humain. Trois siècles avant l'ère chrétienne, les premiers stoïciens ont enseigné la méfiance à l'égard des passions, excessives et douloureuses par définition. La grandeur de l'homme ne réside pas dans cet état de soumission et d'aveuglement mais dans le détachement calme et lucide qui est le propre de la raison. Tous les stoïciens
10 depuis Zénon ont dénoncé ce «pathos», cette tendance tyrannique, irrationnelle et antinaturelle. La théologie chrétienne, à cet égard, ne les démentira pas. Le désir est du côté du péché et de l'animalité. En lui accolant l'idée de démesure, redondance volontaire, on accuse encore son caractère péjoratif.

Pourtant, la condamnation traditionnelle de l'ambition ne tient pas tant
15 à sa forme qu'à son contenu. L'ambition, dit-on, est un désir immodéré «de gloire, de fortune, d'honneurs et de puissance». Et certains dictionnaires insistent plus que d'autres sur l'orgueil répréhensible d'une telle démarche. Trévoux remarque que l'ambitieux «a une passion excessive de s'agrandir». Quillet définit l'ambition comme une aspiration «à tout ce qui peut nous
20 élever au-dessus des autres», et *Le Robert* qui se veut plus clair cite parmi les antonymes de l'ambition : le désintéressement, l'humilité et la modestie. On ne peut mieux dire où est le vice et où est la vertu.

Cette poursuite de la gloire – surtout lorsqu'elle est immodérée – paraît d'autant plus méprisable qu'elle est accolée, à une virgule près, aux concepts
25 de fortune, d'honneurs et de puissance. Tout ce qui donne la supériorité dans notre monde est par avance condamné depuis Platon. Les vraies valeurs sont ailleurs. L'âme vertueuse n'a que faire de tels trompe-l'œil. Elle ne cherche pas à dépasser ou à soumettre les autres. Cela n'est bon que pour les aveugles et les ignorants. Son seul désir est de faire son salut en imitant la Sagesse divine.
30 Pour y parvenir, la modestie est préférable à l'orgueil. L'indifférence aux choses de ce monde trompeur plus recommandable que la course effrénée aux illusions terrestres. Nul ne peut emporter sa fortune ou sa gloire dans le monde éternel et divin. Enfin, la puissance acquise sur les autres ne fait pas figure d'atout pour entrer au paradis. Bien au contraire. Mieux vaut se faire pardonner.
35 L'ambition, telle qu'elle est définie, n'est donc pas un avantage pour l'homme. Elle constitue plutôt un risque moral considérable. Elle choque la Raison et la Justice. Elle dénature le cœur. Et tous s'accordent pour dire que le mot

« Ambition », quand il est seul, se prend ordinairement en mauvaise part. Il ne peut être pris dans un sens favorable que lorsqu'il est joint à quelque épithète qui le
40 modifie. On parle alors d'une « noble », « généreuse » ou « louable » ambition. Il ne s'agit plus de viser la fortune, la gloire, les honneurs ou la puissance mais un objet collectif, un idéal qui transcende la personne de l'ambitieux.

L'ambitieux honorable n'a que faire de sa propre gloire. Il est prêt à se dévouer pour une cause d'intérêt général, à tout sacrifier pour elle, voire à
45 lui offrir sa vie sans espérance de reconnaissance.

On voit donc que le tort majeur de l'ambitieux est de travailler pour son seul compte. Il est non seulement coupable d'indifférence au sort des autres, mais, pire encore, il veut s'échapper de la condition commune et s'élever au-dessus de ses semblables. Là aussi est le mal pour toutes les philosophies
50 qui proclament que le Bien et la Vertu consistent justement à rester à sa place. Sortir de la condition dans laquelle Dieu nous a fait naître est une erreur fondamentale qui défie l'ordre établi.

Élisabeth BADINTER, *Émilie, Émilie ou l'Ambition féminine au* XVIIIe *siècle*,
© Éditions Flammarion, 1983.

1. Dictionnaire de Trévoux, 1704.
2. Dictionnaire Larousse du XXe siècle et Dictionnaire Quillet.
3. Dictionnaire Larousse du XXe siècle.
4. L'auteur parle de l'ambition.

QUESTIONS *(10 points)*

1. *L'auteur utilise divers procédés pour exprimer dans ces lignes un juge-ment traditionnel et universel sur l'ambition. Quels sont ces moyens ? Citez précisément le texte.* | 2 pts |

2. *À partir du deuxième paragraphe, une répétition d'un mot de la même famille assure la cohérence du propos ; laquelle ? D'autre part, dans la suite du texte, une expression indique explicitement que l'auteur fait une transition vers la troisième partie. Laquelle ?* | 2 pts |

3. *En étudiant les champs lexicaux du texte, reformulez les arguments par lesquels l'ambition est traditionnellement condamnée. Comme le fait l'auteur à la ligne 21, dégagez les antonymes qui définissent au fil du texte le contraire de l'ambition.* | 3 pts |

4. *Reformulez en une courte phrase l'idée générale du premier para-graphe, en une courte phrase l'idée générale de la deuxième partie du texte, en une courte phrase l'idée générale de la fin du texte.* | 3 pts |

TRAVAIL D'ÉCRITURE *(10 points)*

En vous fondant, entre autres, sur vos lectures de l'année, répondez au jugement traditionnel exprimé dans ce texte en présentant une défense de l'ambition.

───── **Pour approfondir** ─────

Questions supplémentaires

1. Quelles distinctions établissez-vous entre « le désintéressement, l'humilité et la modestie » ?

2. Combien d'idées différentes discernez-vous dans le troisième paragraphe ? Reformulez chacune d'elles dans une courte phrase.

3. Quel changement remarquez-vous à partir de la ligne 43 et comment a-t-il été préparé à la fin du quatrième paragraphe ? Vous paraît-il significatif ?

4. Relevez, dans le paragraphe de votre choix (1, 3 ou 4), un exemple significatif de parataxe et analysez l'effet produit par ce procédé.

Autres travaux d'écriture

1. Dans un développement organisé comme un diptyque, vous opposerez, en vous appuyant sur le texte, un ambitieux à un partisan de l'attitude qui consiste à « rester à sa place » (lignes 50-51).

2. Dans un développement argumenté et illustré d'exemples précis, vous vous demanderez dans quelle mesure « l'ambition choque la Raison et la Justice » (lignes 36-37).

TISSER L'AMITIÉ

Polynésie L-ES-S, septembre 1997

Tisser l'amitié

Le sentiment de communauté qui est au cœur de l'amitié se retrouve également dans le lien familial. Pour un Grec, il y a dans l'amitié civique quelque chose d'assez semblable à la famille. Les membres d'une même famille se disputent, se font les pires coups, mais ils sont unis en même
5 temps par une sorte de solidarité fondamentale. J'ai souvent dit que, dans la Résistance aussi, il y avait quelque chose de ce type. Quand je rencontre quelqu'un que je ne connais pas et dont je sais qu'il a été un résistant actif, même si c'est un adversaire politique, j'éprouve un sentiment d'appartenance analogue à celui que je peux avoir en retrouvant un arrière-cousin : « Il
10 est des nôtres… » Dans une famille, les histoires qui circulent, les traditions qu'on a entendu raconter, les souvenirs d'enfance forment une espèce d'horizon commun que l'on partage. Quand quelqu'un s'y inscrit, cela ne signifie pas que ce soit un ami ou un copain, ni qu'on ait envie de se précipiter dans ses bras, mais on l'embrasse quand même sur les deux joues, ce qui est une
15 façon de le reconnaître comme proche. Les racines communes, les liens familiaux viennent tout d'un coup renforcer votre identité et on se reconstruit soi-même en retrouvant des membres de la famille à laquelle on appartient. Les sentiments qu'on éprouve à l'égard de soi et à l'égard des autres sont liés à ce qu'on a ressenti autrefois. C'est, au fond, le problème du temps :
20 on n'est plus le même, les choses se défont, et on refait son tissu personnel avec la présence de ceux qu'on n'a pas vus depuis longtemps, quand on peut évoquer avec eux toute une série de souvenirs auxquels on ne pense jamais. Le passé revient, et revient partagé. Si on y pense tout seul, on ne sait même pas s'il est vrai, mais, à partir du moment où il est intégré au
25 folklore familial, il devient une partie de votre histoire.
   D'un autre côté, la solidarité familiale évoque aussi l'idée de clan, et le clan suppose l'exclusion, le secret ; les parties rapportées ne sont pas dans le coup. Dans l'amitié, c'est autre chose, puisqu'il ne s'agit pas d'un rapport généalogique, mais d'un choix. Certes, il y a toujours dans le choix un élé-
30 ment qui ne dépend pas de soi, mais des hasards de la vie ou de pressions de toutes sortes ; malgré tout, on a quand même le sentiment de choisir ses amis. Les parents, au contraire, on ne les a pas choisis, on les a reçus. Il est vrai que les amis peuvent constituer une espèce de famille et qu'on peut faire avec eux ce qu'on ne ferait pas avec d'autres, y compris, parfois, des
35 choses qu'on n'approuve pas. Mais l'amitié implique toujours des affinités relatives aux choses essentielles […]

L'amitié a aussi ceci de particulier qu'elle nous change. Pour revenir à la Résistance, c'est une expérience qui a changé ceux qui l'ont vécue. Avant-guerre, j'avais mes groupes d'amis qui pensaient comme moi. Pendant la
40 guerre, je me suis trouvé proche de gens qui étaient des militants catholiques, ou même qui avaient été membres de l'Action française [1]. Le fait d'avoir pris ensemble, avec passion, des risques très grands m'a conduit à ne plus les voir de la même façon, et moi, je ne suis plus exactement le même depuis. Je n'ai plus porté le même regard sur les chrétiens ni même sur les nationalistes,
45 à certains égards, dès lors qu'ils sont devenus presque automatiquement mes amis, c'est-à-dire mes proches, de par notre engagement commun dans des choses d'une importance affective considérable. De même, ceux qui étaient communistes et qui ont participé activement à la Résistance à côté de non-communistes ont été profondément modifiés dans leur façon d'être com-
50 munistes ; ils ont, à mes yeux, cessé de croire qu'il s'agissait soit de conquérir les autres, soit de les éliminer. Ils ont été amenés à penser qu'il devait exister un moyen de s'entendre avec les autres pour créer quelque chose ensemble. Et l'amitié, c'est aussi cela : s'accorder avec quelqu'un qui est différent de soi pour construire quelque chose de commun. C'est la raison pour laquelle
55 la plupart des communistes qui ont été dans la Résistance, spécialement dans la Résistance non communiste, se sont trouvés exclus assez rapide-ment dans les années qui ont suivi : ils ne pouvaient plus voir les choses comme auparavant. Mais ceux qui ne veulent ou ne peuvent pas changer, qu'il s'agisse d'individus ou de groupes politiques ou sociaux, ceux qui n'ac-
60 ceptent pas l'idée que le changement est une manière de constituer sa propre identité édifient autour d'eux des murs de Berlin.

Jean-Pierre VERNANT, *Entre mythe et politique*, © Éditions du Seuil, 1996.

1. *Action française :* c'est le nom d'un mouvement politique d'extrême-droite fondé en 1908 par Charles Maurras, se caractérisant par un nationalisme exacerbé et par un roya-lisme faisant de l'Église catholique la garante de l'ordre.

QUESTIONS *(10 points)*

1. *Précisez l'utilité des exemples employés dans le premier para-graphe.*
$\boxed{3\ pts}$

2. « *...il y a dans l'amitié civique quelque chose d'assez semblable à la famille* » *(lignes 2-3).*
Quel type de raisonnement est ici mis en œuvre ?
Trouvez-en un autre exemple dans les paragraphes suivants. $\boxed{3\ pts}$

3. *Dégagez la thèse du texte.*
Relevez quelques éléments qui font apparaître ce texte comme un éloge.
$\boxed{4\ pts}$

TRAVAIL D'ÉCRITURE *(10 points)*

Partagez-vous l'opinion de J.-P. Vernant lorsqu'il affirme que « l'amitié […] nous change » (ligne 37) ?

————— *Pour approfondir* —————

Questions supplémentaires

1. Observez le champ lexical de l'exclusion. À quel autre champ lexical est-il opposé ?

2. Relevez les emplois des pronoms « je » et « moi ». Quel rôle jouent-ils dans l'argumentation ?

3. Étudiez la progression argumentative du texte.

4. Combien de définitions de l'amitié trouvez-vous dans ce texte ?

Autres travaux d'écriture

Dans ce texte, Jean-Pierre Vernant propose plusieurs définitions de l'amitié. Laquelle préférez-vous ?

Vous justifierez votre choix dans un développement argumenté et illustré d'exemples.

CONTRE UN ENNEMI DE LA SOCIÉTÉ

Amérique du Nord, L-ES-S, juin 1996

Tous les hommes qu'on a découverts dans les pays les plus incultes et les plus affreux vivent en société comme les castors, les fourmis, les abeilles, et plusieurs autres espèces d'animaux.

On n'a jamais vu de pays où ils vécussent séparés, où le mâle ne se joi-
5 gnît à la femelle que par hasard, et l'abandonnât le moment d'après par dégoût ; où la mère méconnût ses enfants après les avoir élevés, où l'on vécût sans famille et sans aucune société. Quelques mauvais plaisants ont abusé de leur esprit jusqu'au point de hasarder le paradoxe étonnant que l'homme est originairement fait pour vivre seul comme un loup-cervier, et que c'est la
10 société qui a dépravé la nature. Autant vaudrait-il dire que dans la mer les harengs sont originairement faits pour nager isolés, et que c'est par un excès de corruption qu'ils passent en troupe de la mer Glaciale sur nos côtes ; qu'anciennement les grues volaient en l'air chacune à part, et que par une violation du droit naturel elles ont pris le parti de voyager en compagnie.
15 Chaque animal a son instinct ; et l'instinct de l'homme, fortifié par la raison, le porte à la société comme au manger et au boire. Loin que le besoin de la société ait dégradé l'homme, c'est l'éloignement de la société qui le dégrade. Quiconque vivrait absolument seul perdrait bientôt la faculté de penser et de s'exprimer ; il serait à charge à lui-même ; il ne parviendrait qu'à se méta-
20 morphoser en bête. L'excès d'un orgueil impuissant, qui s'élève contre l'orgueil des autres, peut porter une âme mélancolique à fuir les hommes. C'est alors qu'elle s'est dépravée. Elle s'en punit elle-même. Son orgueil fait son supplice ; elle se ronge dans la solitude du dépit secret d'être méprisée et oubliée ; elle s'est mise dans le plus horrible esclavage pour être libre.
25 Le grand défaut de tous ces livres à paradoxes, n'est-il pas de supposer toujours la nature autrement qu'elle n'est ? (…)

Le même auteur [1] ennemi de la société, semblable au renard sans queue, qui voulait que tous ses confrères se coupassent la queue, s'exprime ainsi d'un style magistral :
30 Le premier qui ayant enclos un terrain s'avisa de dire : « Ceci est à moi » et trouva des gens assez simples pour le croire, fut le vrai fondateur de la société civile. Que de crimes, de guerres, de meurtres, que de misères et d'horreurs n'eût point épargnés au genre humain celui qui, arrachant les pieux ou comblant le fossé, eût crié à ses semblables : « Gardez-vous
35 d'écouter cet imposteur ; vous êtes perdus si vous oubliez que les fruits sont à tous, et que la terre n'est à personne ! »

Ainsi, selon ce beau philosophe, un voleur, un destructeur aurait été le bienfaiteur du genre humain ; et il aurait fallu punir un honnête homme qui aurait dit à ses enfants : « Imitons notre voisin, il a enclos son champ, les
40 bêtes ne viendront plus le ravager ; son terrain deviendra plus fertile ; travaillons le nôtre comme il a travaillé le sien, il nous aidera et nous l'aiderons. Chaque famille cultivant son enclos, nous serons mieux nourris, plus sains, plus paisibles, moins malheureux. Nous tâcherons d'établir une justice distributive qui consolera notre pauvre espèce, et nous vaudrons mieux
45 que les renards et les fouines à qui cet extravagant veut nous faire ressembler. »

Ce discours ne serait-il pas plus sensé et plus honnête que celui du fou sauvage qui voulait détruire le verger du bonhomme ?

Quelle est donc l'espèce de philosophie qui fait dire des choses que le
50 sens commun réprouve du fond de la Chine jusqu'au Canada ? N'est-ce pas celle d'un gueux qui voudrait que tous les riches fussent volés par les pauvres, afin de mieux établir l'union fraternelle entre les hommes ?

VOLTAIRE, *Questions sur l'Encyclopédie*, 1770, Article « Homme ».

1. Il s'agit de Jean-Jacques Rousseau dans *Discours sur l'origine de l'inégalité parmi les hommes.*

QUESTIONS *(10 points)*

1. À quel règne Voltaire emprunte-t-il ses exemples dans les deux premiers paragraphes ? Quel but poursuit-il à travers cette comparaison ?
[2 pts]

2. Quel est le rôle des questions posées directement dans les lignes 47 à 52 ?
[2 pts]

3. Recherchez par quelles expressions, parfois très agressives, Rousseau est ici explicitement et implicitement désigné.

Étudiez, en particulier, les figures de style employées pour le caractériser. Qu'en concluez-vous sur la tonalité générale du texte ?
[3 pts]

4. Quelle est la thèse réfutée par Voltaire ? Quelle thèse soutient-il au contraire ? Par quels indices d'énonciation ce débat est-il mis en évidence ?
[3 pts]

TRAVAIL D'ÉCRITURE *(10 points)*

1. Résumez le troisième paragraphe (lignes 15 à 24). `4 pts`

2. Vous analyserez les procédés par lesquels Voltaire discrédite la thèse de Rousseau et vous les apprécierez. `6 pts`

Pour approfondir

Questions supplémentaires

1. Donnez une définition précise du mot « paradoxe ».

2. La coupure indiquée à la ligne 26 gêne-t-elle la compréhension ? Quelle idée Voltaire a-t-il vraisemblablement développée dans le passage supprimé ?

3. Vous dégagerez la progression argumentative du texte en prenant soin d'indiquer les liaisons logiques.

Autres travaux d'écriture

1. Dans un développement composé et illustré d'exemples pris dans le texte, vous montrerez la valeur polémique de cette page en répertoriant les différents procédés responsables de cette tonalité.

2. « Loin que le besoin de société ait dégradé l'homme, c'est l'éloignement de la société qui le dégrade », affirme Voltaire.
Vous développerez la deuxième partie de cette phrase en prenant soin d'illustrer vos propos par des exemples précis.

L'INSTINCT SOCIAL

Amérique du Nord, L-ES-S, juin 1997

Tant qu'un homme ne s'intéresse qu'à soi, à sa fortune, à son avan-
cement, à son succès personnel propre, il s'intéresse à bien peu de chose :
tout cela est de médiocre importance et de courte durée, comme lui-même.
À côté de cette barque qu'il conduit avec tant de soin, il y en a des milliers
5 et des millions d'autres, de structure pareille et de taille à peu près égale :
aucune d'elles ne vaut beaucoup, et la sienne ne vaut pas davantage. De
quelque façon qu'il l'approvisionne et la manœuvre, elle restera toujours ce
qu'elle est, étroite et fragile ; il a beau la pavoiser, la décorer, la pousser aux
premiers rangs : en trois pas, il en fait le tour. C'est en vain qu'il la répare et
10 la ménage ; au bout de quelques années, elle fait eau ; un peu plus tôt, un
peu plus tard, elle s'effondre, elle va s'engloutir, et avec elle périra tout le travail qu'elle a coûté. Est-il raisonnable de tant travailler pour elle, et un si
mince objet vaut-il la peine d'un si grand effort ?... Heureusement, pour
mieux placer son effort, l'homme a d'autres objets plus vastes et plus solides,
15 une famille, une commune, une église, une patrie, toutes les associations dont
il est ou devient membre, toutes les entreprises collectives de science,
d'éducation, de bienfaisance, d'utilité locale ou générale, la plupart pourvues
d'un statut légal et constituées en corps ou même en personnes civiles,
aussi bien définies et protégées que lui, mais plus précieuses et plus viables,
20 car elles servent beaucoup d'hommes et durent indéfiniment ; même
quelques-unes ont une histoire séculaire, et la longueur de leur passé pré-
sage la longueur de leur avenir. Dans l'innombrable flotille des esquifs qui
sombrent incessamment, et incessamment sont remplacés par d'autres,
elles subsistent comme des vaisseaux de haut bord : sur ces gros bâti-
25 ments, chaque homme de la flotille monte de temps en temps pour y travailler,
et cette fois l'œuvre qu'il produit n'est pas caduque, éphémère, comme
l'ouvrage qu'il fait chez lui ; elle surnagera après qu'il aura disparu, lui et
son esquif ; elle est entrée dans une œuvre commune et totale qui se défend
par sa masse. Sans doute, ce qu'il y insère pourra plus tard être remanié ;
30 mais la substance en demeure, et parfois aussi la forme : tel précepte de
Jésus, tel théorème d'Archimède reste une acquisition définitive, intacte et
clouée en place depuis deux mille ans, immortelle dès le premier jour. – Par
suite, l'individu peut s'intéresser, non plus seulement à sa barque, mais
encore à un navire, à tel ou tel navire, à telle société ou communauté, selon
35 ses préférences et ses aptitudes, selon l'attrait, la proximité ou la commo-
dité d'accès, et voilà un nouveau ressort d'action antagoniste au premier. Si
fort que soit le premier, parfois le second prévaut ; c'est que l'âme est très

généreuse ou préparée par une longue discipline spéciale : de là tous les sacrifices, la donation de soi-même à une œuvre ou à une cause, le dévoue-
40 ment de la sœur de charité et du missionnaire, l'abnégation du savant qui s'ensevelit pendant vingt ans dans les minuties d'une besogne ingrate, l'héroïsme de l'explorateur qui risque sa vie dans le désert ou parmi les sauvages, le courage du soldat qui se fait tuer pour défendre son drapeau. Mais ces cas sont rares ; chez le plus grand nombre des hommes et dans le plus
45 grand nombre de leurs actes, l'intérêt personnel l'emporte sur l'intérêt commun, et, contre l'instinct égoïste, l'instinct social est faible. – C'est pourquoi il est dangereux de l'affaiblir ; l'individu n'est que trop tenté de préférer sa barque au navire ; si l'on veut qu'il y monte et qu'il y travaille, il faut lui fournir des facilités et des motifs pour y monter et pour y travailler ; à tout le
50 moins, il ne faut pas lui en ôter. Or cela dépend de l'État, sorte de vaisseau amiral et central, seul armé, qui tient sous ses canons tous les navires subordonnés ; car, quelle que soit la société, provinciale ou municipale, enseignante ou hospitalière, religieuse ou laïque, c'est l'État qui en fabrique ou en adopte le statut, bon ou mauvais, et qui, par ses lois, ses tribunaux et ses
55 gendarmes, en procure l'exécution, stricte ou lâche. Partant [1] sur cet article, il est responsable ; à lui d'agréer ou d'imposer le bon statut, la forme sociale la plus propre à fortifier l'instinct social, à entretenir le zèle désintéressé, à encourager le travail volontaire ou gratuit.

Hippolyte TAINE, *Les Origines de la France contemporaine*, « Le Régime moderne », Livre quatrième, chapitre 1, 1890.

1. Partant : par conséquent.

QUESTIONS *(10 points)*

1. *Identifiez et mettez en évidence la figure de style qui structure le texte dans son entier.* | 2 pts |

2. *Quelles sont les trois étapes de l'argumentation dans ce texte ?* | 4 pts |

3. *Comment Taine justifie-t-il la mission de l'État ?* | 4 pts |

TRAVAIL D'ÉCRITURE *(10 points)*

« *Tant qu'un homme ne s'intéresse qu'à soi [...], il s'intéresse à bien peu de chose.* » *Êtes-vous de cet avis ?*

━━━━━ *Pour approfondir* ━━━━━

Questions supplémentaires

1. Sur quelle opposition le texte est-il bâti ? Justifiez votre réponse à partir de deux indices significatifs.

2. Étudiez la valeur des exemples dans l'ensemble du texte.

3. Relevez un exemple d'emploi du point-virgule et justifiez-le. Que révèle l'usage intensif de ce signe de ponctuation dans le texte ?

Autres travaux d'écriture

Dans un développement argumenté et illustré d'exemples, vous direz quels sont, selon vous, les moyens les plus efficaces pour fortifier « l'instinct social ».

SÉRIES STT-STI-STL-SMS

L'AMOUR ET LE DEVOIR

National, STT, STI-STL-SMS, septembre 1999

Les héros du roman, Paul et Virginie, ont été élevés comme frère et sœur par leurs mères respectives dans l'île Maurice. Mme de La Tour, la mère de Virginie, a prévu le départ de cette dernière vers l'Europe pour assurer son avenir.

« Il faut, répondit Virginie, que j'obéisse à mes parents, à mon devoir. – Vous nous quittez, reprit Paul, pour une parente éloignée que vous n'avez jamais vue ! – Hélas ! dit Virginie, je voulais rester ici toute ma vie ; ma mère ne l'a pas voulu. Mon confesseur m'a dit que la volonté de Dieu était que je
5 partisse ; que la vie était une épreuve... Oh ! c'est une épreuve bien dure !
 – Quoi, repartit Paul, tant de raisons vous ont décidée, et aucune ne vous a retenue ! Ah ! il en est encore que vous ne me dites pas. La richesse a de grands attraits. Vous trouverez bientôt, dans un nouveau monde, à qui donner le nom de frère, que vous ne me donnez plus. Vous le choisirez, ce frère,
10 parmi des gens dignes de vous par une naissance et une fortune que je ne peux vous offrir. Mais, pour être plus heureuse, où voulez-vous aller ? Dans quelle terre aborderez-vous qui vous soit plus chère que celle où vous êtes née ? Où formerez-vous une société plus aimable que celle qui vous aime ? Comment vivrez-vous sans les caresses de votre mère, auxquelles vous êtes
15 si accoutumée ? Que deviendra-t-elle elle-même, déjà sur l'âge, lorsqu'elle ne vous verra plus à ses côtés, à la table, dans la maison, à la promenade où elle s'appuyait sur vous ? Que deviendra la mienne, qui vous chérit autant qu'elle ? Que leur dirai-je à l'une et à l'autre quand je les verrai pleurer de votre absence ? Cruelle ! je ne vous parle point de moi : mais que deviendrai-je moi-même
20 quand le matin je ne vous verrai plus avec nous, et que la nuit viendra sans nous réunir ; quand j'apercevrai ces deux palmiers plantés à notre naissance, et si longtemps témoins de notre amitié mutuelle ? Ah ! puisqu'un nouveau sort te touche, que tu cherches d'autres pays que ton pays natal, d'autres biens que ceux de mes travaux, laisse-moi t'accompagner sur le vaisseau où tu
25 pars. Je te rassurerai dans les tempêtes, qui te donnent tant d'effroi sur la

terre. Je reposerai ta tête sur mon sein, je réchaufferai ton cœur contre mon cœur ; et en France, où tu vas chercher de la fortune et de la grandeur, je te servirai comme ton esclave. Heureux de ton seul bonheur, dans ces hôtels où je te verrai servir et adorée, je serai encore assez riche et assez noble pour te
30 faire le plus grand des sacrifices, en mourant à tes pieds. »

Les sanglots étouffèrent sa voix, et nous entendîmes aussitôt celle de Virginie qui lui disait ces mots entrecoupés de soupirs... « C'est pour toi que je pars..., pour toi que j'ai vu chaque jour courbé par le travail pour nourrir deux familles infirmes. Si je me suis prêtée à l'occasion de devenir
35 riche, c'est pour te rendre mille fois le bien que tu nous as fait. Est-il une fortune digne de ton amitié ? Que me dis-tu de ta naissance ? Ah ! s'il m'était encore possible de me donner un frère, en choisirais-je un autre que toi ? Ô Paul ! Ô Paul ! tu m'es beaucoup plus cher qu'un frère ! Combien m'en a-t-il coûté pour te repousser loin de moi ! Je voulais que tu m'aidasses à
40 me séparer de moi-même jusqu'à ce que le Ciel pût bénir notre union. Maintenant je reste, je pars, je vis, je meurs ; fais de moi ce que tu veux. Fille sans vertu ! j'ai pu résister à tes caresses, et je ne peux soutenir ta douleur ! »

À ces mots Paul la saisit dans ses bras, et la tenant étroitement serrée, il s'écria d'une voix terrible : « Je pars avec elle, rien ne pourra m'en détacher. »
45 Nous courûmes tous à lui. Mme de La Tour lui dit : « Mon fils, si vous nous quittez, qu'allons-nous devenir ? »

Il répéta en tremblant ces mots : « Mon fils... mon fils... Vous ma mère, lui dit-il, vous qui séparez le frère d'avec la sœur ! Tous deux nous avons sucé votre lait ; tous deux, élevés sur vos genoux, nous avons appris de
50 vous à nous aimer ; tous deux, nous nous le sommes dit mille fois. Et maintenant vous l'éloignez de moi ! Vous l'envoyez en Europe, dans ce pays barbare qui vous a refusé un asile, et chez des parents cruels qui vous ont vous-même abandonnée. Vous me direz : Vous n'avez plus de droits sur elle, elle n'est pas votre sœur. Elle est tout pour moi, ma richesse, ma famille,
55 ma naissance, tout mon bien. Je n'en connais plus d'autre. »

Bernardin DE SAINT-PIERRE, *Paul et Virginie*, 1788.

QUESTIONS *(10 points)*

1. *En vous appuyant sur l'observation des pronoms dans les lignes 11 à 23 (« Mais, pour être [...] amitié mutuelle ? »), dégagez les arguments de Paul en les reformulant.* 4 pts

2. *Quel rôle jouent dans le débat les propos tenus par Paul aux lignes 44-45 ? (« À ces mots [...] m'en détacher. »)* 3 pts

3. *Précisez le raisonnement que tient Paul pour répondre à Madame de la Tour dans les lignes 48 à 56 (« Mon fils [...] plus d'autre. »)* 3 pts

TRAVAUX D'ÉCRITURE *(10 points)*

1. *Étudiez comment l'attitude de Virginie évolue face aux arguments présentés par Paul.* ☐ *4 pts*

2. *« Pour être plus heureuse, où voulez-vous allez ? dit Paul à Virginie. Partir ou rester : aujourd'hui aussi, la question peut se poser pour vous. Qu'est-ce qui motiverait en définitive votre choix ?* ☐ *6 pts*

Pour approfondir

Questions supplémentaires

1. « Vous n'avez plus de droits sur elle elle n'est pas votre sœur Elle est tout pour moi ma richesse ma famille ma naissance tout mon bien. » Rétablissez les signes de ponctuation qui manquent et précisez l'identité des locuteurs ainsi que la nature du lien logique qui existe entre ces deux phrases.

2. Relevez les termes péjoratifs et classez-les. Que remarquez-vous ?

3. Reformulez les arguments opposés par Virginie à Paul.

4. Examinez dans l'ensemble du texte l'exploitation de l'argument de la fortune.

Autre travail d'écriture

De nombreux jeunes gens et jeunes filles cherchent aujourd'hui à assurer leur avenir en s'expatriant. Quels sont, selon vous, les avantages d'un emploi à l'étranger, voire d'une carrière internationale ?

LE POUVOIR DES LIVRES

Nouvelle-Calédonie, STT-STI-SMS-STL, décembre 1997

Adolescents, nous vivons en partie par procuration, à travers les auteurs que nous aimons et auxquels nous nous identifions. Adultes, nous avons parfois l'impression que les livres qui jadis ne quittaient pas notre table de chevet ne nous sont plus nécessaires ; que nous devons les oublier et voler
5 de nos propres ailes ; imiter ce moine qui, après avoir passé vingt ans à s'adonner nuit et jour à la lecture, se leva un matin, distribua tous les livres qu'il possédait et s'enfuit au désert.

C'est vrai, je lis moins que du temps de ma fiévreuse jeunesse, mais cela ne signifie pas que la reconnaissance affectueuse que j'éprouve à
10 l'égard des maîtres qui m'ont enfanté à la vie de l'esprit se soit, avec le temps, affaiblie ou fanée. Il n'en est rien, et je demeure opiniâtrement attaché aux écrivains qui m'ont révélé à moi-même, aidé à devenir celui que je suis. Chaque fois que j'entends prononcer le nom de l'un d'eux, j'ai le cœur qui bat le tambour. Je me souviens du dégoût qui m'envahit lorsqu'une amie, à
15 laquelle je conseillais de lire un essai récemment paru de Cioran [1], me répondit : «Oh! Cioran, je l'aimais beaucoup en terminale, il y a deux ans, mais c'est fini, ça ne m'intéresse plus.» Cette réponse imbécile fut déterminante dans ma décision de rompre avec une si médiocre créature. Pour moi, jamais je ne tournerai le dos à mes maîtres, jamais je n'en parlerai avec
20 légèreté ou désinvolture, et aujourd'hui encore je ne supporterai pas qu'on osât, en ma présence, dénigrer l'un deux. Au chapitre XXXV de ses *Mémoires*, Saint-Simon [2] raconte que, se promenant en carrosse autour du canal de Fontainebleau avec les ducs de Beauviller, de Chevreuse et de Béthune, il les menaça de quitter la voiture, ne voulant pas entendre les propos inami-
25 caux, les «amertumes», que ceux-ci tenaient sur l'abbé de Rancé [3].

Tolstoï [4] a soixante ans lorsqu'en novembre 1888 il note dans son journal intime : «Si le Christ arrivait et donnait à imprimer l'Évangile, les dames s'efforceraient d'obtenir ses autographes et ce serait tout.» Je ne suis pas de cet avis. Je ne partage pas le désabusement de Tolstoï en ce qui touche le
30 pouvoir des livres, l'influence de l'écriture sur les esprits et les âmes. La rencontre d'un grand livre et d'un jeune être peut s'avérer décisive. Nos maîtres agissent sur nous comme des révélateurs, ils nous accouchent de nous-mêmes. Certes, nous ne découvrons chez eux que ce qui déjà existait, à l'état latent, dans notre propre cœur, mais l'aurions-nous jamais décou-
35 vert si nous ne les avions pas pas lus ? Serais-je celui que je suis si, adolescent, puis jeune homme, je n'avais pas eu la chance de rencontrer les *praeclara ingenia* [5] qu'avec piété filiale je salue dans le présent ouvrage ?

Répondre à cette question n'est pas aisé. J'ai, pour ma part, tendance à penser que la lecture d'un livre peut changer le cours d'une vie. Si je n'avais
40 lu aucun de ceux que je nomme mes éducateurs, si j'avais grandi dans un monde où leurs livres eussent été inconnus, sans doute, oui, serais-je *le même*, mais il est probable que certaines de mes qualités seraient demeurées en jachère : qu'elles n'auraient pas produit de fruits.

Gabriel MATZNEFF, *Maîtres et complices*, pp. 12-13,
© Éd. J.C. Lattès, 1994.

1. Cioran : philosophe contemporain, d'origine roumaine.
2. Saint-Simon : mémorialiste français (1675-1755).
3. Rancé : religieux français (1626-1700), réformateur de la Trappe.
4. Tolstoï : écrivain russe (1828-1910).
5. Praeclara ingenia : expression latine signifiant « les esprits illustres ».

QUESTIONS *(10 points)*

1. *Étudiez le système énonciatif : quelles sont les valeurs respectives des pronoms « nous « et « je » dans le texte ?* 4 pts

2. *Étudiez le rôle des exemples dans l'ensemble du texte.* 3 pts

3. *Quelle thèse Gabriel Matzneff réfute-t-il dans le troisième paragraphe (« Tolstoï a soixante ans… produit de fruits ») ? Quelle thèse défend-il ?* 3 pts

TRAVAIL D'ÉCRITURE *(10 points)*

« J'ai, pour ma part, tendance à penser que la lecture d'un livre peut changer le cours d'une vie. »

En vous référant à votre expérience et à des exemples précis, dites si vous partagez l'opinion de Gabriel Matzneff.

━━━━━ *Pour approfondir* ━━━━━

Questions supplémentaires

1. Quelles sont les deux oppositions sur lesquelles est bâti le deuxième paragraphe ?

2. Faites un relevé exact des mots péjoratifs du troisième paragraphe, puis classez-les. Que remarquez-vous ?

3. Cherchez, dans le troisième paragraphe, une phrase qui énonce une éventuelle objection du lecteur, puis montrez comment l'auteur la réfute.

4. Relevez trois procédés servant à renforcer une affirmation.

Autres travaux d'écritures

« Nos maîtres agissent sur nous comme des révélateurs, ils nous accouchent de nous-mêmes ».

Vous justifierez cette affirmation en donnant au mot « maîtres » soit le sens qu'il a dans le texte, soit un sens plus large, et en vous appuyant sur des exemples précis.

LE BONHEUR D'APPRENDRE

Inde, STT-STI-STL-SMS, avril 2000

Le Bonheur d'apprendre

APPRENDRE, c'est un effort. Aucune machine, aucune recette, aucune pilule ne peut le faire à notre place. Au jeu de l'apprentissage, il faut toujours payer de sa personne. Ce qui est donné instantanément, qui ne requiert aucun entraînement, aucune recherche, aucune étude, n'apporte rien. Des
5 maîtres peuvent nous guider ; des méthodes nous aider, des machines nous assister, des professeurs nous instruire, mais il nous faudra toujours parcourir le chemin si nous voulons arriver au but.

APPRENDRE, c'est un enrichissement. Non pas de l'avoir, mais de l'être. Jouer d'un instrument, pratiquer un sport, maîtriser une langue, comprendre
10 une philosphie, connaître un pays ou cultiver les roses de son jardin, peu importe le *hobby* ; dès lors que nous le pratiquons avec constance et passion, c'est notre personne qui prend de la valeur, pas notre patrimoine. Et ce profit-là, nul impôt, nulle dévaluation ne nous le reprendra.

APPRENDRE, c'est une aventure. Certainement pas un voyage orga-
15 nisé dont les étapes et le point d'arrivée sont annoncés sur le programme des agences. Impossible de prévoir les plaisirs, les émotions, les étonnements et, pourquoi pas, les répulsions. Il faut prendre ses risques et ne pas lâcher à la première difficulté. La montagne est toujours la même quand on la découvre depuis le belvédère ou s'arrêtent les cars de touristes le temps
20 d'une photo, elle ne sera jamais pareille pour ceux qui tenteront de l'escalader à pied. Pour les uns, ce sera une image ; pour les autres, une histoire.

APPRENDRE, c'est une initiation. L'apprenti s'engage sur une route tracée par d'autres : en mettant ses pas dans les leurs, il rejoint leur communauté. Celle des astronomes amateurs ou des chercheurs de fossiles,
25 des fous d'opéra ou des accros d'Internet, des passionnés d'histoire ou des peintres du dimanche, celle d'autres hommes qui partagèrent la même passion. Toute culture nous fait pénétrer dans un savoir constitué, un art élaboré. Apprendre, c'est toujours s'approprier une parcelle d'un patrimoine immense, celui de l'humanité.

30 APPRENDRE, c'est un plaisir. Dans nos souvenirs scolaires, le bonheur est associé à la réussite, pas au travail. Nous nous sommes embêtés pendant des années et puis, un jour, nous avons sauté de joie en découvrant notre nom sur une liste de reçus. En l'absence de cette gratification, nos efforts n'auraient eu aucun sens, ne nous auraient procuré aucune satis-
35 faction. À ce jeu, nous avons oublié que le plaisir de découvrir existe en soi et pour soi, qu'il ne dépend pas de sa rémunération. Certes, l'apprentis-

sage comporte des étapes fastidieuses, répétitives, harassantes. Il faut faire des gammes pour assouplir son corps et son esprit, et le noviciat n'est guère gratifiant. Il vaut mieux le savoir. Mais quel bonheur à chaque pro-
40 grès ! Un bonheur ignoré de ceux qui, rebutés par les premières difficultés, ont préféré le plaisir clé en main des services gadgétisés.

APPRENDRE, c'est beaucoup plus qu'apprendre. Car cette initiation n'est pas un cul-de-sac, elle nous conduit à un point de départ. Une fois maître de son art, qu'il s'agisse d'informatique ou de musique, de yoga ou
45 d'équitation, de philosophie ou de mécanique, chacun en use à sa façon. L'apprentissage ouvre une infinité de voies, peut-être inexplorées. On n'apprend jamais que pour la suite.

APPRENDRE, c'est un art de vivre. L'art d'entretenir dans son âge adulte ce feu que Montaigne voulait allumer chez l'enfant. Voilà qu'on nous propose
50 chauffage et climatisation, pelisses et palais, lampes et fluos pour nous baigner de lumière et nous tenir au chaud. C'est fort bien, je n'aime pas les engelures. Mais ce confort-là ne réchauffe pas le cœur. Seule la flamme vive d'une attente aux aguets, d'une rencontre inespérée, d'une envie renaissante, d'une quête sereine et déraisonnable, nous tient éveillés dans ce
55 monde hypnotique. C'est elle qui, face aux plaisirs mercantiles, nous garde à la bonne distance : non pas celle qui nous inflige la pénitence, mais celle, au contraire, qui nous procure la vraie jouissance. Lorsqu'on porte en soi ses propres passions, on ne se laisse plus abuser par les réclames tapageuses, on attend du progrès ce qu'il peut nous donner : des commodités
60 et rien de plus.

François DE CLOSETS, *Le Bonheur d'apprendre*,
© Éditions du Seuil, 1996,
pp. 405-407.

QUESTIONS *(10 points)*

1. *Caractérisez avec la précision nécessaire la figure d'insistance qui structure le texte et analysez son effet sur le lecteur.* ⎡ *3 pts* ⎤

2. *Vous montrerez comment, à travers le vocabulaire et les images, l'auteur voit le fait d'apprendre comme un long parcours.* ⎡ *3 pts* ⎤

3. *Au troisième paragraphe (l. 21), l'auteur prend l'exemple de la montagne, écrivant : « Pour les uns, ce sera une image ; pour les autres, une histoire. » Expliquez cette phrase.* ⎡ *2 pts* ⎤

4. *Relevez et analysez deux exemples différents du caractère polémique de ce texte.* ⎡ *3 pts* ⎤

TRAVAUX D'ÉCRITURE *(10 points)*

1. *Des différents arguments développés par l'auteur, dites quel est celui qui vous semble le plus important en donnant avec précision les raisons de votre choix.* [4 pts]

2. *Réfutez la thèse de François de Closets selon laquelle « on attend du progrès ce qu'il peut nous donner : des commodités et rien de plus ».* [6 pts]

N.B. : Toutes les réponses doivent être rédigées.

Pour approfondir

Questions supplémentaires

1. Relevez les occurrences du mot « passion » et demandez-vous, pour chacune, si le mot a un sens péjoratif ou mélioratif.

2. Quel est le thème du premier paragraphe ? Dans quels autres paragraphes et sous quelle forme le retrouve-t-on ?

3. Vous montrerez la valeur argumentative de l'énumération en analysant un exemple précis.

4. Comment l'auteur s'y prend-il pour élargir l'argumentation en fin de paragraphe ? Vous justifierez votre réponse en vous appuyant sur l'argument de votre choix.

Autres travaux d'écriture

1. Développez cette thèse de François de Closets en l'illustrant par des exemples pertinents : « Apprendre, c'est toujours s'approprier une parcelle d'un patrimoine immense, celui de l'humanité ».

2. Vous traiterez au choix l'un des sujets suivants :
A. Votre expérience personnelle vous a-t-elle permis de partager une passion avec d'autres et de rejoindre ainsi une communauté d'esprit (*cf.* paragraphe 4) ?
B. Justifiez et illustrez par des exemples précis l'affirmation suivante : « Nous avons oublié que le plaisir de découvrir existe en soi et pour soi, qu'il ne dépend pas de sa rémunération. »

LA RAISON D'ÉTAT

Sportifs de haut niveau, STT-STI-STL-SMS, octobre 1999

L'action se passe au Portugal, au XIVe siècle. Pour des raisons politiques, le roi Ferrante souhaite marier son fils Pedro à l'Infante de Navarre. Mais le jeune homme refuse cette union, car il a épousé en secret une dame de la cour, Inès de Castro, qui attend un enfant de lui. Furieux, le roi donne l'ordre d'arrêter Don Pedro.

Au début du deuxième acte, Ferrante s'entretient avec son premier ministre, Egas Cœhlo, et un conseiller, Alvar Gonçalvès.

EGAS CŒHLO

[...] Votre majesté nous demande notre avis. En notre âme et conscience, nous faisons le vœu que doña Inès ne puisse plus être à l'avenir une cause de trouble dans le royaume.

FERRANTE

Qu'elle soit emprisonnée ? exilée ?

EGAS CŒHLO

5 Qu'elle passe promptement de la justice du Roi à la justice de Dieu.

FERRANTE

Quoi ! la faire mourir ! Quel excès incroyable ! Si je tue quelqu'un pour avoir aimé mon fils, que ferais-je donc à qui l'aurait haï ? Elle a rendu amour pour amour, et elle l'a fait avec mon consentement. L'amour payé par la mort ! Il y aurait grande injustice.

EGAS CŒHLO

10 L'injustice, c'est de ne pas infliger un châtiment mérité.

ALVAR GONÇALVÈS

Et les offenses publiques ne supportent pas de pardon.

FERRANTE

Le Prince et Inès sont également coupables. Mais Inès seule serait tuée !

ALVAR GONÇALVÈS

Tacite[1] écrit : « Tous deux étaient coupables. Cumanus seul fut exécuté, et tout rentra dans l'ordre. »

FERRANTE

15 N'est-ce pas cruauté affreuse, que tuer qui n'a pas eu de torts ?

ALVAR GONÇALVÈS

Des torts ! Elle en a été l'occasion.

EGAS CŒHLO

Quand une telle décision ne vient pas d'un mouvement de colère, mais du conseil de la raison, elle n'est pas une cruauté, mais une justice.

FERRANTE

Oh ! l'impossible position de la raison et de la justice !

EGAS CŒHLO

20 D'ailleurs, y aurait-il ici injustice, la création de Dieu est un monceau d'innombrables injustices. La société des hommes aurait-elle l'orgueil infernal de prétendre être plus parfaite ?

FERRANTE

Je suis prêt à mettre doña Inès dans un monastère.

EGAS CŒHLO

Dont le Prince, en prison ou non, l'aura fait enlever avant trois mois.

FERRANTE

25 Je puis l'exiler.

EGAS CŒHLO

Où elle sera, elle sera un foyer de sédition [2]. Le Prince groupera autour d'elle tous vos ennemis. Ils attendront votre mort, ou peut-être la hâteront, puisqu'il suffit de cette mort pour qu'Inès règne. Non : tout ou rien. Ou le pardon avec ses folles conséquences, ou la mort.

ALVAR GONÇALVÈS

30 Sans compter que – monastère ou exil – on penserait que Votre Majesté, a eu peur de verser le sang. Ce qui conviendrait mal à l'idée qu'on doit se faire d'un roi.

FERRANTE

Si j'étais homme à me vanter du sang que j'ai répandu, je rappellerais que j'en ai fait couler assez, dans les guerres et ailleurs.

EGAS CŒHLO

35 Le sang versé dans les guerres ne compte pas.

FERRANTE

J'ai dit : et ailleurs. Il me semble que, sous mon règne, les exécutions n'ont pas manqué.

EGAS CŒHLO

On dira, que, ce coup, vous avez bien osé tuer un ministre de Dieu ; mais non une femme, seulement parce que femme.

FERRANTE

40 La nature ne se révolte-t-elle pas, à l'idée qu'on ôte la vie à qui la donne ? Et doña Inès, de surcroît, est une femme bien aimable.

ALVAR GONÇALVÈS

D'innombrables femmes sont aimables.

EGAS CŒHLO

Plus d'un monarque a sacrifié au bien de l'État son propre enfant, c'est-à-dire ce qu'il y avait de plus aimable pour lui, et Votre Majesté hésiterait à 45 sacrifier une étrangère, une bâtarde qui a détourné votre fils de tout ce qu'il doit à son peuple et à Dieu ! Mais la question est encore plus haute. Des centaines de milliers d'hommes de ce peuple sont morts pour que les Africains ne prennent pas pied au Portugal. Et vous seriez arrêté par la mort d'un seul être !

FERRANTE

50 Il n'y a pas de proportion !

EGAS CŒHLO

Non, en effet, il n'y a pas de proportion ! et ce sont toujours les hommes qui sont tués, jamais les femmes : cela n'est pas juste. Bien plus, à égalité de crime devant la loi, une femme n'est pas tuée : cela n'est pas juste. Une femme, par sa trahison, livre l'armée : elle est emprisonnée à vie, et, s'ac-55 commodant peu à peu, puisqu'il est dans la nature que tout ce qui dure se relâche, elle en vient à tirer une vie qui n'est pas dénuée de tout agrément. Mais un homme, pour le même forfait, est retranché d'un coup. Si doña Inès vous disait : « Pourquoi me tuez-vous ? », Votre Majesté pourrait lui répondre : « Pourquoi ne vous tuerais-je pas ? »

FERRANTE

60 Je ne puis croire que la postérité me reproche de n'avoir pas fait mourir une femme qui est innocente quasiment.

EGAS CŒHLO

La postérité appellerait cet acte une clémence, s'il se plaçait dans une suite d'actes énergiques. Dans le cas présent, elle l'appellera faiblesse.

Henri DE MONTHERLANT, *La Reine morte*, 1942, Acte II, scène 1,
© Éditions Gallimard.

---

1. Tacite : historien latin (55-120 ap. J.C.).
2. Sédition : trouble, révolte contre l'ordre établi.

QUESTIONS *(10 points)*

1. *Par quels arguments Alvar Gonçalvès et Egas Cœlho justifient-ils l'assassinat de doña Inès ?* 3 pts

2. *Identifiez trois procédés rhétoriques par lesquels s'expriment les hésitations de Ferrante face à la requête de ses conseillers* 3 pts

3. *Quelles sont les conceptions de la justice qui s'affrontent ? Vous vous appuierez sur le texte pour justifier votre réponse.* 4 pts

TRAVAIL D'ÉCRITURE *(10 points)*

« Pourquoi me tuez-vous ? » (1.58). Imaginez l'argumentation que développerait Dona Inès pour plaider sa cause.

Pour approfondir

Questions supplémentaires

1. De quelle figure de rhétorique Egas Cœhlo use-t-il dans ses deux premières répliques ?

2. À quel type d'argument Egas Cœhlo a-t-il recours aux lignes 13-14 (« Tacite écrit [...] l'ordre » ?

3. Comment comprenez-vous l'exclamation de Ferrante : « Oh ! l'impossible position de la raison et de la justice ! » (l. 19)

4. Quel est, parmi les arguments de Ferrante, celui qui vous paraît le plus convaincant ? Vous justifierez votre choix.

Autres travaux d'écriture

1. Vous réfuterez ou vous justifierez, à votre choix, cette affirmation d'Egas Cœhlo : « Il est dans la nature que tout ce qui dure se relâche. »

2. Don Pedro a recouvré sa liberté. Il intercède auprès de son père en faveur de Dona Inès. Vous composez son plaidoyer.

LES CONVENTIONS SOCIALES

Antilles-Guyane, STT-STI-STL-SMS, juin 2000

Au début de cette scène, deux amis, Alceste et Philinte, échangent avec vivacité leur point de vue sur l'attitude à tenir à l'égard des hommes et de la société.

PHILINTE
Mais, sérieusement, que voulez-vous qu'on fasse ?

ALCESTE
Je veux qu'on soit sincère, et qu'en homme d'honneur
On ne lâche aucun mot qui ne parte du cœur.

PHILINTE
Lorsqu'un homme vous vient embrasser avec joie,
5 Il faut bien le payer de la même monnoie,
Répondre, comme on peut, à ses empressements,
Et rendre offre pour offre, et serments pour serments.

ALCESTE
Non, je ne puis souffrir cette lâche méthode
Qu'affectent la plupart de vos gens à la mode,
10 Et je ne hais rien tant que les contorsions
De tous ces grands faiseurs de protestations :
Ces affables donneurs d'embrassades frivoles,
Ces obligeants diseurs d'inutiles paroles ;
Qui de civilités avec tous font combat,
15 Et traitent du même air l'honnête homme et le fat [1].
Quel avantage a-t-on qu'un homme vous caresse,
Vous jure amitié, foi, zèle, estime, tendresse,
Et vous fasse de vous un éloge éclatant,
Lorsqu'au premier faquin il court en faire autant ?
20 Non, non, il n'est point d'âme un peu bien située
Qui veuille d'une estime ainsi prostituée ;
Et la plus glorieuse a des régals peu chers,
Dès qu'on voit qu'on nous mêle avec tout l'univers ;
Sur quelque préférence une estime se fonde,
25 Et c'est n'estimer rien qu'estimer tout le monde.
Puisque vous y donnez, dans ces vices du temps,
Morbleu ! Vous n'êtes pas pour être de mes gens ;
Je refuse d'un cœur la vaste complaisance
Qui ne fait de mérite aucune différence ;

30 Je veux qu'on me distingue et pour le trancher net,
L'ami du genre féminin n'est point du tout mon fait.

PHILINTE

Mais, quand on est du monde[2], il faut bien que l'on rende
Quelques dehors civils que l'usage demande.

ALCESTE

Non, vous dis-je ; on devrait châtier sans pitié
35 Ce commerce honteux de semblants d'amitié.
Je veux que l'on soit homme, et qu'en toute rencontre
Le fond de notre cœur dans son discours se montre.
Que ce soit lui qui parle, et que nos sentiments
Ne se masquent jamais sous de vains compliments.

PHILINTE

40 Il est bien des endroits où la pleine franchise
Deviendrait ridicule et serait peu permise ;
Et parfois, n'en déplaise à votre austère honneur,
Il est bon de cacher ce qu'on a dans le cœur.
Serait-il à propos, et de la bienséance,
45 De dire à mille gens tout ce que d'eux on pense ?
Et quand on a quelqu'un qu'on hait ou qui déplaît,
Lui doit-on déclarer la chose comme elle est ?

ALCESTE

Oui.

PHILINTE

Quoi ! vous iriez dire à la vieille Émilie
Qu'à son âge il sied mal de faire la jolie,
50 Et que le blanc qu'elle a scandalise chacun ?

ALCESTE

Sans doute.

PHILINTE

À Dorilas, qu'il est trop importun ;
Et qu'il n'est, à la cour, oreille qu'il ne lasse
À conter sa bravoure et l'éclat de sa race ?

ALCESTE

Fort bien.

PHILINTE

Vous vous moquez.

ALCESTE

Je ne me moque point ;
55 Et je vais n'épargner personne sur ce point.
Mes yeux sont trop blessés, et la cour et la ville
Ne m'offrent rien qu'objets à m'échauffer la bile ;
J'entre en une humeur noire, en un chagrin profond,
Quand je vois vivre entre eux les hommes comme ils font.
60 Je ne trouve partout que lâche flatterie,
Qu'injustice, intérêt, trahison, fourberie ;
Je n'y puis plus tenir, j'enrage ; et mon dessein
Est de rompre en visière ³ à tout le genre humain.

MOLIÈRE, *Le Misanthrope*,
Acte I, scène 1.

1. L'honnête homme et le fat : l'homme honorable et celui qui, sans raison, est toujours satisfait de lui-même.
2. Quand on est du monde : quand on appartient à la haute société ou quand on vit en société.
3. Rompre en visière : attaquer violemment (terme d'escrime).

QUESTIONS *(10 points)*

1. *Reformulez en une phrase la thèse d'Alceste.* | 2 pts |

2. *Donnez les différents sens de « on » dans les trois premières répliques de Plilinte.* | 2 pts |

3. *Étudiez les procédés par lesquels s'exprime la colère d'Alceste dans les vers 8 à 31.* | 4 pts |

4. *Dans la réplique des vers 34 à 39, montrez, en vous appuyant sur le texte, sur quelle opposition se fonde l'indignation d'Alceste.* | 2 pts |

TRAVAIL D'ÉCRITURE *(10 points)*

Dites en un développement construit et illustré d'exemples à laquelle des deux opinions, celle d'Alceste ou celle de Philinte, vous vous range-riez aujourd'hui.

───── *Pour approfondir* ─────

Questions supplémentaires

1. Quel est le sujet de la discussion entre les deux amis ?

2. Quelle est la thèse de Philinte ?

3. Faites la part de la vérité et de l'exagération dans la tirade d'Alceste (v. 8-31).

4. À quoi tient la pertinence des exemples pris par Philinte dans les vers ?

Autres travaux d'écriture

1. Comme Alceste, vous remettez en cause les conventions de la vie sociale d'aujourd'hui.

2. Pour Georges Duhamel, « la marche triomphante de la civilisation technicienne, au XIXᵉ siècle et pendant le début du XXᵉ siècle, a contribué grandement à ruiner le sentiment de la politesse ». Partagez-vous cet avis et, plus généralement, pensez-vous que le progrès matériel menace les vertus morales traditionnelles ?

3. Vous composerez un éloge de la politesse.

LA JUSTICE

Groupe IV, STT-STI-STL-SMS, juin 1996

Le dedans du désespoir

Jean Valjean a été condamné, pour avoir volé un pain alors qu'il était au chômage avec trois enfants, à 5 ans de bagne, portés à 19 ans après des tentatives d'évasion. Il repense à son sort, et le narrateur commente :
« Il faut bien que la société regarde ces choses puisque c'est elle qui les fait... C'était, nous l'avons dit, un ignorant ; mais ce n'était pas un imbécile... Sous l'ardent soleil du bagne, sur le lit de planches des forçats, il se replia en sa conscience et réfléchit. »

Il se constitua tribunal.
Il commença par se juger lui-même.
Il reconnut qu'il n'était pas un innocent injustement puni. Il s'avoua qu'il avait commis une action extrême et blâmable ; qu'on ne lui eût peut-être
5 pas refusé ce pain ; que ce n'est pas tout à fait une raison sans réplique de dire : peut-on attendre quand on a faim ? que d'abord il est très rare qu'on meure littéralement de faim ; ensuite que, malheureusement ou heureusement, l'homme est ainsi fait qu'il peut souffrir longtemps et beaucoup, moralement et physiquement, sans mourir ; qu'il fallait donc de la patience ; que
10 cela eût mieux valu même pour ces pauvres petits enfants ; que c'était un acte de folie, à lui, malheureux homme chétif, de prendre violemment au collet la société tout entière et de se figurer qu'on sort de la misère par le vol ; que c'était, dans tous les cas, une mauvaise porte pour sortir de la misère que celle par où l'on entre dans l'infamie ; enfin qu'il avait eu tort.
15 Puis il se demanda :
S'il était le seul qui avait eu tort dans sa fatale histoire ? Si d'abord ce n'était pas une chose grave qu'il eût, lui travailleur, manqué de travail, lui laborieux, manqué de pain. Si, ensuite, la faute commise et avouée, le châtiment n'avait pas été féroce et outré. S'il n'y avait pas plus d'abus de la
20 part de la loi dans la peine qu'il n'y avait eu d'abus de la part du coupable dans la faute. S'il n'y avait pas excès de poids dans un des plateaux de la balance, celui où est l'expiation. Si la surcharge de la peine n'était point l'effacement du délit, et n'arrivait pas à ce résultat : de retourner la situation, de remplacer la faute du délinquant par la faute de la répression, de faire du cou-
25 pable la victime et du débiteur le créancier, et de mettre définitivement le droit du côté de celui-là même qui l'avait violé. Si cette peine, compliquée des aggravations successives pour les tentatives d'évasion, ne finissait pas par être une sorte d'attentat du plus fort sur le plus faible, un crime de la

société sur l'individu, un crime qui recommençait tous les jours, un crime qui
30 durait dix-neuf ans.

Il se demanda si la société humaine pouvait avoir le droit de faire également subir à ses membres, dans un cas son imprévoyance déraisonnable,
et dans l'autre cas sa prévoyance impitoyable, et de saisir à jamais un pauvre
homme entre un défaut et un excès, défaut de travail, excès de châtiment.
35 S'il n'était pas exorbitant que la société traitât ainsi précisément ses membres
les plus mal dotés dans la répartition de biens que fait le hasard, et par
conséquent les plus dignes de ménagements.

Ces questions faites et résolues, il jugea la société et la condamna.

Il la condamna à sa haine.
40 Il la fit responsable du sort qu'il subissait, et se dit qu'il n'hésiterait peut-
être pas à lui en demander compte un jour. Il se déclara à lui-même qu'il
n'y avait pas équilibre entre le dommage qu'il avait causé et le dommage
qu'on lui causait ; il conclut enfin que son châtiment n'était pas, à la vérité
une injustice, mais qu'à coup sûr c'était une iniquité [1].
45 La colère peut être folle et absurde ; on peut être irrité à tort ; on n'est
indigné que lorsqu'on a raison au fond, par quelque côté. Jean Valjean se
sentait indigné.

Et puis, la société humaine ne lui avait fait que du mal. Jamais il n'avait
vu d'elle que ce visage courroucé qu'elle appelle sa justice et qu'elle montre
50 à ceux qu'elle frappe. Les hommes ne l'avaient touché que pour le meurtrir.
Tout contact avec eux lui avait été un coup. Jamais, depuis son enfance,
depuis sa mère, depuis sa sœur, jamais il n'avait rencontré une parole amie
et un regard bienveillant. De souffrance en souffrance il arriva peu à peu à
cette conviction que la vie était une guerre ; et que dans cette guerre il était
55 le vaincu. Il n'avait d'autre arme que sa haine.

Victor HUGO, Les Misérables (1862).

1. L'injustice consiste à punir un innocent, l'iniquité est un manquement à la notion d'égalité.

QUESTIONS (10 points)

1. *Dans les lignes 3 à 30, par quelle figure de style et quelles tournures syntaxiques, Jean Valjean présente-t-il d'abord les éléments de sa propre
accusation, puis ses circonstances atténuantes ?* 3 pts

2. *Dans les lignes 15 à 22 (« ...l'expiation »), quels sont les reproches
de Jean Valjean à la société ? Relevez dans les lignes 26 à 30 les expressions qui les résument le mieux.* 4 pts

3. *Non seulement le forçat condamne la société, mais il la condamne à sa haine. Quel champ lexical, de la ligne 40 à la fin, justifie ce sentiment ?* | 3 pts |

TRAVAIL D'ÉCRITURE *(10 points)*

En transposant à l'époque actuelle situation et arguments, écrivez, d'après les lignes 3 à 14, le réquisitoire que pourrait prononcer contre Jean Valjean l'avocat général représentant la société.

Puis imaginez, en utilisant, si vous le désirez, les arguments du texte, le plaidoyer de l'avocat pour la défense de l'accusé.

Pour approfondir

Questions supplémentaires

1. Comparez les deux phrases commençant par « si » dans les lignes 16 à 19 : le point d'interrogation qui termine la première n'est-il pas surprenant ? Justifiez votre réponse.

2. Relevez les éléments lexicaux, syntaxiques et stylistiques qui marquent une gradation dans les lignes 16 à 30.

3. Quelle est la fonction des oppositions dans les lignes 31 à 37 ?

4. Quel est le paragraphe qui fait office de charnière dans l'argumentation ?

Autres travaux d'écriture

1. a. Dégagez la progression argumentative du texte.

   b. Résumez les lignes 1 à 38 en cinquante mots, avec une marge de plus ou moins 10 %.

2. Dans un développement argumenté et illustré d'exemples, vous montrerez que « la vie est une guerre ». Vous pourrez élargir le champ de votre réflexion, au lieu de vous restreindre au domaine social comme Jean Valjean.

SOLITUDE ET AMITIÉ

Groupe II, STT-STI-STL-SMS, juin 1996

La solitude pour être utile

Ce texte est extrait d'une série d'entretiens, poursuivis au cours des années,
entre Marguerite Yourcenar et Matthieu Galey, et rassemblés en 1980
dans un ouvrage, Les Yeux ouverts.
L'auteur répond ici à cette question précise de son interlocuteur :
(Matthieu Galey) – Même s'il est constamment accompagné dans la vie
par ses personnages, l'écrivain est par nature un solitaire, en principe.
L'êtes-vous ?

(Marguerite Yourcenar) – Nous sommes tous solitaires, solitaires devant
la naissance (comme l'enfant qui naît doit se sentir seul !) ; solitaires devant
la mort ; solitaires dans la maladie, même si nous sommes convenablement
soignés ; solitaires au travail, car même au milieu d'un groupe, même à la
5 chaîne, comme les forçats ou l'ouvrier moderne, chacun travaille seul. Mais
je ne vois pas que l'écrivain soit plus seul qu'un autre. Considérez cette
petite maison : il s'y fait presque continuellement un va-et-vient d'êtres :
c'est comme une respiration. Ce n'est qu'à de très rares périodes de ma
vie que je me suis sentie seule, et encore jamais tout à fait. Je suis seule
10 au travail, si c'est être seule qu'être entourée d'idées ou d'êtres nés de son
esprit ; je suis seule, le matin, de très bonne heure, quand je regarde l'aube
de ma fenêtre ou de la terrasse ; seule le soir quand je ferme la porte de la
maison en regardant les étoiles. Ce qui veut dire qu'au fond je ne suis pas
seule.
15 Mais dans la vie courante, de nouveau, nous dépendons des êtres et ils
dépendent de nous. J'ai beaucoup d'amis dans le village ; les personnes
que j'emploie, et sans lesquelles j'aurais du mal à me maintenir dans cette
maison après tout assez isolée, et manquant du temps et des forces phy-
siques qu'il faudrait pour faire tout le travail ménager et celui du jardin, sont
20 des amies ; sans quoi elles ne seraient pas là. Je ne conçois pas qu'on se
croie quitte envers un être parce qu'on lui a donné (ou qu'on en a reçu) un
salaire ; ou, comme dans les villes, qu'on ait obtenu de lui un objet (un
journal mettons) contre quelques sous, ou des aliments contre une coupure. (C'est d'ailleurs l'idée de base de *Denier du rêve* [1] : une pièce de mon-
25 naie passe de main en main, mais ses possesseurs successifs sont seuls.)
Et c'est ce qui me fait aimer la vie dans les très petites villes ou au village.
Le marchand de comestibles, quand il vient livrer sa marchandise, prend
un verre de vin ou de cidre avec moi, quand il en a le temps. Une maladie

30 dans la famille de ma secrétaire m'inquiète comme si cette personne malade, que je n'ai jamais vue, était ma parente ; j'ai pour ma femme de ménage autant d'estime et de respect qu'on pourrait en avoir pour une sœur. L'été, les enfants de l'école maternelle viennent de temps en temps jouer dans le jardin ; le jardinier de la propriété d'en face est un ami qui me rend visite quand il fait froid pour boire une tasse de café ou de thé. Il y a aussi bien
35 entendu, hors du village, des amitiés fondées sur des goûts en commun (telle musique, telle peinture, tels livres), sur des opinions ou des sentiments en commun, mais l'amitié, quelles qu'en soient les autres raisons, me paraît surtout née de la sympathie spontanée, ou parfois lentement acquise, envers un être humain comme nous, et de l'habitude de se rendre service les uns
40 aux autres. Quand on accueille beaucoup les êtres, on n'est jamais ce qui s'appelle seul. La classe (mot détestable, que je voudrais voir supprimer comme le mot caste) ne compte pas ; la culture, au fond, très peu : ce qui n'est certes pas dit pour rabaisser la culture. Je ne nie pas non plus le phé-nomène qu'on appelle « la classe », mais les êtres sans cesse le transcen-
45 dent.

Marguerite YOURCENAR, *Les Yeux ouverts*,
© Le Centurion (Bayard) 1980, pp. 243 à 245.

1. Le Denier du rêve : roman de Marguerite Yourcenar publié en 1934.

QUESTIONS *(10 points)*

Les réponses à ces questions doivent être entièrement rédigées.

1. *Étudiez les marques de l'énonciation. Que révèlent-elles ?* | 4 pts |

2. *Relevez les répétitions du premier paragraphe (lignes 1 à 14). Quel est l'effet produit ?* | 3 pts |

3. *Quels exemples Marguerite Yourcenar a-t-elle privilégiés dans le second paragraphe pour illustrer son argumentation ? Pourquoi ?* | 3 pts |

TRAVAIL D'ÉCRITURE *(10 points)*

À la fin du texte, Marguerite Yourcenar affirme n'accorder qu'une place modeste à « la classe » et à « la culture » dans ses relations avec les autres. Pensez-vous que dans le monde de 1996 on puisse facilement dépasser les différences de « classe » et de « culture » ? Vous répondrez dans un développement argumenté illustré d'exemples précis.

———— Pour approfondir ————

Questions supplémentaires

1. Examinez la répartition des adjectifs « solitaire » et « seule » dans le premier paragraphe et demandez-vous si elle conduit à établir une distinction de sens entre les deux.

2. Relevez trois emplois différents de la parenthèse dans ce passage en citant le texte et en expliquant ces différences.

3. Quelles sont ici les marques textuelles du discours oral ?

Autres travaux d'écriture

1. Qu'attendez-vous de l'amitié ?

Vous répondrez à cette question dans un développement organisé et illustré d'exemples précis.

2. En vous fondant sur vos lectures, notamment celle du théâtre romantique, vous montrerez le drame de la solitude humaine.

APPEL À LA JEUNESSE

Groupe I, STT-STI-STL-SMS, juin 1996

Ô jeunesse, jeunesse ! je t'en supplie, songe à la grande besogne qui t'attend. Tu es l'ouvrière future, tu vas jeter les assises de ce siècle prochain, qui, nous en avons la foi profonde, résoudra les problèmes de vérité et d'équité, posés par le siècle finissant. Nous les vieux, les aînés, nous te lais-
5 sons le formidable amas de notre enquête, beaucoup de contradictions et d'obscurités peut-être, mais à coup sûr l'effort le plus passionné que jamais siècle ait fait vers la lumière, les documents les plus honnêtes et les plus solides, les fondements mêmes de ce vaste édifice de la science que tu dois continuer à bâtir pour ton honneur et pour ton bonheur. Et nous ne te
10 demandons que d'être encore plus généreuse, plus libre d'esprit, de nous dépasser par ton amour de la vie normalement vécue, par ton effort mis entier dans le travail, cette fécondité des hommes et de la terre qui saura bien faire enfin pousser la débordante moisson de joie, sous l'éclatant soleil. Et nous te céderons fraternellement la place, heureux de disparaître et de nous
15 reposer de notre part de tâche accomplie, dans le bon sommeil de la mort, si nous savons que tu continues et que tu réalises nos rêves.

Jeunesse, jeunesse ! souviens-toi des souffrances què tes pères ont endurées, des terribles batailles où ils ont dû vaincre, pour conquérir la liberté dont tu jouis à cette heure. Si tu te sens indépendante, si tu peux
20 aller et venir à ton gré, dire dans la presse ce que tu penses, avoir une opinion et l'exprimer publiquement, c'est que tes pères ont donné de leur intelligence et de leur sang. Tu n'es pas née sous la tyrannie, tu ignores ce que c'est que de se réveiller chaque matin avec la botte d'un maître sur la poitrine, tu ne t'es pas battue pour échapper au sabre du dictateur, aux poids
25 faux du mauvais juge. Remercie tes pères, et ne commets pas le crime d'acclamer le mensonge, de faire campagne avec la force brutale, l'intolérance des fanatiques et la voracité des ambitieux. La dictature est au bout.

Jeunesse, jeunesse ! sois toujours avec la justice. Si l'idée de justice s'obscurcissait en toi, tu irais à tous les périls. Et je ne te parle pas de la
30 justice de nos Codes, qui n'est que la garantie des liens sociaux. Certes, il faut la respecter, mais il est une notion plus haute, la justice, celle qui pose en principe que tout jugement des hommes est faillible et qui admet l'innocence possible d'un condamné, sans croire insulter les juges. N'est-ce donc pas là une aventure qui doive soulever ton enflammée passion du droit ?
35 Qui se lèvera pour exiger que justice soit faite, si ce n'est toi qui n'es pas dans nos luttes d'intérêts et de personnes, qui n'es encore engagée ni compromise dans aucune affaire louche, qui peux parler haut, en toute pureté et en toute bonne foi ?

Jeunesse, jeunesse ! sois humaine, sois généreuse. Si même nous nous
40 trompons, sois avec nous, lorsque nous disons qu'un innocent subit une
peine effroyable, et que notre cœur révolté s'en brise d'angoisse. Que l'on
admette un seul instant l'erreur possible, en face d'un châtiment à ce point
démesuré, et la poitrine se serre, les larmes coulent des yeux. Certes, les
gardes-chiourme restent insensibles, mais toi, toi, qui pleures encore, qui dois
45 être acquise à toutes les misères, à toutes les pitiés ! Comment ne fais-tu pas
ce rêve chevaleresque, s'il est quelque part un martyr succombant sous la
haine, de défendre sa cause et de le délivrer ? Qui donc, si ce n'est toi, ten-
tera la sublime aventure, se lancera dans une cause dangereuse et superbe,
tiendra tête à un peuple, au nom de l'idéale justice ? Et n'es-tu pas hon-
50 teuse, enfin, que ce soient des aînés, des vieux, qui se passionnent, qui
fassent aujourd'hui ta besogne de généreuse folie ?

Où allez-vous, jeunes gens, où allez-vous, étudiants, qui battez les rues,
manifestant, jetant au milieu de nos discordes la bravoure et l'espoir de vos
55 vingt ans ?
– Nous allons à l'humanité, à la vérité, à la justice !

Émile Zola, *La Vérité en marche*
(recueil d'articles concernant l'affaire Dreyfus), 1901.

![hachures] **QUESTIONS** *(10 points)*

1. *Quels sont, dans les deux premiers paragraphes, les termes qui dési-gnent le groupe au nom duquel Zola s'adresse à la jeunesse ? Dans quelle mesure l'adverbe « fraternellement » (ligne 14) est-il compatible avec ces termes ?* 2 pts

2. *Le premier paragraphe comporte deux métaphores principales. En vous appuyant sur celles-ci, dégagez les caractéristiques de la mission que Zola attribue à la jeunesse dans ce paragraphe.* 3 pts

3. *Dans le troisième paragraphe (lignes 28 à 38), à quels types de phrase Zola a-t-il recours pour faire prendre conscience à la jeunesse de l'im-portance de sa mission ?* 2 pts

4. *Dégagez, en suivant l'ordre du texte, les différentes étapes de l'argu-mentation dans le quatrième paragraphe (lignes 39 à 51).* 3 pts

TRAVAIL D'ÉCRITURE *(10 points)*

Quelle est, selon vous, la « grande besogne » qui attend votre généra-tion ? Vous en développerez les aspects essentiels en veillant à organiser votre propos.

Pour approfondir

Questions supplémentaires

1. Quelle différence relevez-vous dans l'opposition du présent et du passé entre le premier paragraphe et le deuxième ?

2. Montrez la force de la courte phrase finale du deuxième para-graphe (l. 27) en la mettant en relation avec la progression argu-mentative de ce paragraphe.

3. Quel vous paraît être l'argument le plus probant en faveur de la foi en l'avenir ?

4. Définissez la tonalité de ce texte après avoir identifié deux pro-cédés responsables de cette tonalité.

Autres travaux d'écriture

1. Zola vous apparaît-il ici comme un idéaliste ?

2. Dans un développement composé et illustré d'exemples précis, vous chercherez quels démentis l'Histoire a donnés à l'optimisme de Zola.

LA JEUNESSE

Centres étrangers I, STT-STI-STL-SMS, juin 1998

L'enfant vivait au pays des merveilles[1], à l'ombre de ses parents, demi-dieux pleins de perfections. Mais voici l'adolescence, et soudain, autour de lui, se rétrécit, s'obscurcit le monde. Plus de demi-dieux : le père se mue en un despote blessant ; la mère n'est qu'une pauvre femme. Non plus hors de lui, mais
5   en lui, l'adolescent découvre l'infini : il avait été un petit enfant dans le monde immense ; il admire, dans un univers rétréci, son âme démesurée. Il porte en lui le feu, un feu qu'il nourrit de mille lectures et que tout excite. Certes les examens le brident : « On a tant d'examens à passer avant l'âge de vingt ans, dit Sainte-Beuve, que cela coupe la veine. » Mais, enfin muni de diplômes, que fera-t-il ?
10   Il sent en lui sa jeunesse comme un mal, ce mal du siècle[2] qui est, au vrai, le mal de tous les siècles depuis qu'il existe des jeunes hommes et qui souffrent. Non, ce n'est pas un âge « charmant ». Donnons un sens grave, peut-être tragique, au vieux proverbe : « Il faut que jeunesse se passe. » Il faut guérir de sa jeunesse ; il faut traverser sans périr ce dangereux passage.
15   Un jeune homme est une immense force inemployée, de partout contenue, jugulée par les hommes mûrs, les vieillards. Il aspire à dominer, et il est dominé ; toutes les places sont prises, toutes les tribunes occupées. Il y a le jeu sans doute, et nous jetons à la jeunesse un ballon pour qu'elle se fatigue. Le jeu n'est d'ailleurs que le simulacre du divertissement[3]
20   essentiel : la guerre.
Il y aura des guerres tant qu'il y aura des jeunes gens. Ces grandes tueries seraient-elles possibles sans leur complicité ? D'anciens combattants parlent de leur martyre avec une nostalgie dont nous demeurons confondus. C'est que, dans le temps de la guerre, les vieillards veulent bien que les
25   jeunes hommes soient des chefs. Il est inconcevable, et pourtant vrai, que la plupart des jeunes gens aiment Napoléon autant qu'ils l'admirent : ils se souviennent des généraux imberbes. La jeunesse pardonne à celui qui l'immole, pourvu qu'il la délivre de cette force surabondante et dont elle étouffe, pourvu qu'elle agisse enfin et qu'elle domine.
30   Les vieillards mènent le monde, et nous ne saurons jamais ce que serait le gouvernement de la jeunesse. Ce qui s'appelle expérience, qu'est-ce donc ? Sommes-nous, par la vie, enrichis ou appauvris ? La vie nous mûrira, dit-on. Hélas ! Sainte-Beuve a raison d'écrire qu'on durcit à certaines places, qu'on pourrit à d'autres, mais qu'on ne mûrit pas. Écoutons notre Montaigne : « Quant
35   à moy, j'estime que nos âmes sont desnouées[4] à vingt ans ce qu'elles doivent être et qu'elles promettent tout ce qu'elles pourront ; jamais âme qui n'ait donné en cet âge-là arrhe[5] bien évidente de sa force, n'en donna depuis la

preuve. Les qualités et vertus naturelles produisent dans ce terme-là, ou jamais, ce qu'elles ont de vigoureux et de beau. De toutes les belles actions
40 humaines qui sont venues à ma connaissance, de quelques sortes qu'elles soient, je jurerais en avoir plus grande part à nombrer en celles qui ont été produites, et aux siècles anciens et au nôtre, avant l'âge de trente ans que après… Quant à moy, je tiens pour certain que, depuis cet âge, et mon esprit et mon corps ont plus diminué qu'augmenté, et plus reculé qu'avancé…»
45   Avancer en âge, c'est s'enrichir d'habitudes, se soumettre aux automatismes profitables ; c'est connaître ses limites et s'y résigner. Plus s'amasse notre passé et plus il nous détermine ; la part d'invention, la part d'imprévu que notre destinée comporte va se réduisant d'année en année, jusqu'à ce que nous n'ayons plus sous nos pas qu'un trou dans la terre. Qu'attendre d'un
50 homme après cinquante ans ? Nous nous y intéressons par politesse et par nécessité, sauf s'il a du génie : le génie, c'est la jeunesse plus forte que le temps.

François MAURIAC, © Éditions Flammarion, *Le Jeune Homme*, 1925.

1. Au pays des merveilles : au pays de l'irréel (par opposition au monde dans lequel on vit).
2. Allusion au romantisme.
3. Divertissement : action de détourner les pensées et préoccupations (*cf.* Pascal, *Pensées*).
4. Desnouées […] ce qu'elles doivent être : développées telles qu'elles doivent l'être.
5. Arrhe : gage, garantie.

QUESTIONS *(10 points)*

1. *Dans le troisième paragraphe, citez une phrase qui résume la thèse de Mauriac. Explicitez-la.*   2 pts

2. *Dans les paragraphes 3 et 4, en vous appuyant sur les expressions employées par l'auteur, expliquez l'accusation de « complicité ».*   3 pts

3. *« Quant à moy, je tiens pour certain que, depuis cet âge, et mon esprit et mon corps ont plus diminué qu'augmenté, et plus reculé qu'avancé. » (lignes 43-44). Quelle réponse cette phrase de Montaigne apporte-t-elle aux deux questions posées au début du paragraphe ?*   3 pts

4. *Placez un connecteur logique au début du cinquième paragraphe et justifiez votre choix.*   2 pts

TRAVAIL D'ÉCRITURE *(10 points)*

Mauriac qualifie la jeunesse de « dangereux passage ». Quelle est votre opinion sur le sujet ? En vous appuyant sur votre expérience person-nelle et sur votre culture (livres, films, etc.), vous illustrerez votre argu-mentation d'exemples précis.

Pour approfondir

Questions supplémentaires

1. Observez le jeu des oppositions dans le premier paragraphe.

2. Étudiez le rôle des citations.

3. Dégagez la progression argumentative du texte.

4. Quelle est la tonalité de cette page ? Justifiez votre réponse en analysant au moins deux indices de cette tonalité.

Autres travaux d'écriture

1. Trois quarts de siècle se sont écoulés depuis que Mauriac a écrit cette page. Vous paraît-elle toujours d'actualité ou non ? Vous répondrez à cette question dans un développement argu-menté et illustré d'exemples.

2. Réfutez l'une des affirmations du troisième paragraphe dans un développement argumenté.

Les faits de société

SÉRIES L-ES-S

SUJET **23**

DE L'EXOTISME AU XXᵉ SIÈCLE

National, L-ES-S, septembre 1999

L'exotisme du vingtième siècle est une bête subtile, il faut tendre ses filets assez haut pour l'attraper. Pour moi, j'obéirais volontiers à quelques règles. La première est celle du non-savoir. Rien n'est plus ennemi du sentiment exotique que l'érudition : pré-
5 parer un déplacement, lire la notice de l'*Encyclopaedia universalis*, le *Guide bleu* ou des ouvrages d'histoire ou de géographie sur le pays convoité, voilà de quoi je me garderais. Je fais mine que le pays où je débarque a échappé par miracle à toute science. Dans cette direction, je m'avance assez loin. Je rêve d'un livre de voyage qui nous épargnerait non seulement la science de
10 ce pays, mais même la description des paysages, surtout dans ce siècle de la photographie. Décrire un pays, c'est le rendre familier, banaliser l'inso-lite, faire du « même » avec de « l'autre », rapprocher le lointain, supprimer les gouffres. Chateaubriand qui décrit tout le temps laisse filer le lointain comme une passoire laisse passer l'eau. Il nous livre à peine un tombereau de mots,
15 du reste admirables. Nicolas Bouvier [1], qui n'utilise presque pas de mots, nous plonge dans de superbes étrangetés. Stevenson [2], qui n'était pas la moitié d'un voyageur, a écrit des textes théoriques lumineux contre les descrip-tions. Voilà la difficulté : enfermer le voyage dans des mots, sans pourtant réduire le mystère du pays visité.
20 La deuxième règle est la lenteur et l'égarement. Rien n'est plus hostile au voyage que l'avion. Cet engin déteste la patience des choses. Le train même est un peu précipité, haletant, nerveux. Et comme on n'a pas tou-jours une pirogue ou un cheval sous la main, il faut ruser de manière à soumettre son déplacement à la lente et capricieuse horloge du monde.
25 C'est ici que l'égarement joue son petit rôle. On peut faire l'effort de s'em-brouiller dans les routes et de voyager comme un éberlué. Un bon truc est de se tromper de gare, mais sans le faire exprès bien entendu. J'ai

réussi ce « coup de roi » une fois, ayant confondu Salzbourg avec une cité sise à dix kilomètres de Salzbourg. À cette époque, je lisais encore les
30 guides et j'ai visité cette petite ville, c'était le soir, en me fiant à une notice touristique sur Salzbourg : un enchantement ! Rien ne correspondait à la description. Une Salzbourg imaginaire, rabougrie et comme fracassée par la nuit, plus belle qu'un désordre, s'était substituée en catimini [3] à la vraie Salzbourg.
35 En 856, les Vikings du chef danois Bjorn Jarisida sont en Italie. Ils se mettent en tête de piller Rome. Ils se trompent et confondent Rome avec une petite bourgade voisine, Luna. Ils pillent Luna. Jolie prouesse : ils prennent une étable pour un Colisée, une placette pour un Forum et un tas de fumier pour une roche tarpéienne, voilà de grands voyageurs !
40 Quand on échoue à se tromper de train ou de capitale, du moins doit-on avoir la prudence de ne pas chercher à comprendre le pays où l'on arrive : je ne vais pas dans un pays pour le connaître mais pour l'ignorer un peu mieux, non pour le trouver mais pour le perdre, et me perdre en prime.
Ne pas négliger enfin les ressources de l'un des ingrédients essentiels
45 du voyage : l'ennui. Et Dieu sait s'il arrive que l'on s'ennuie en voyage. Je me souviens de soirées terrifiantes dans des petites villes du Congo alors belge ou du Nordeste brésilien. Un autocar vous dépose après une journée de cahots, de paysages idiots et de bruits de ferraille. À toute allure, on entre-prend de s'ennuyer. Un bon ennui est celui du petit hôtel dans lequel on est
50 tombé, avec des ampoules électriques jaunâtres, un lit misérable. On se sent seul comme un ver, triste, absurde […]. Si l'on s'y prend bien, cet ennui-là peut mettre à feu de beaux délires exotiques. On ne sent rien, on ne voit rien, on ne comprend rien. On est seulement loin, loin de tout, loin de chez soi, loin des circuits, loin même de la petite ville endormie où l'on tue le
55 temps, où le temps vous tue. C'est le sommet de l'exotisme. Les mots affluent et ces mots fascinent car ils n'ont rien à dire, rien à décrire, rien à éprouver, rien à sentir. On réside au milieu du vide avec des mots autour de soi. L'ennui, quand il est porté à incandescence, vous ouvre les portes d'or, de corne et de bronze des énigmes du monde. « Pour pouvoir supporter sa
60 vie, dit Nabokov [4], un homme a besoin de connaître des moments de vacuité absolue. »

Gilles Lapouge, Pour une littérature voyageuse,
« Les timbres-poste de l'exotisme », © éditions Complexe, 1992.

1. *N. Bouvier :* écrivain suisse contemporain (1929-1998), grand voyageur.
2. *Stevenson :* essayiste, romancier de langue anglaise et grand voyageur du XIXᵉ siècle.
3. *En catimini :* en cachette.
4. *Nabokov :* écrivain contemporain.

QUESTIONS *(10 points)*

1. *Analysez la progression argumentative dans le deuxième paragraphe depuis « Je rêve... » jusqu'à « ... du pays visité » (l. 8 à 19).* | 2 pts |

2. *Quelle est la tonalité du quatrième paragraphe (l. 35 à 39) ? Justifiez votre réponse.* | 3 pts |

3. *Commentez l'emploi des anaphores de la ligne 51 (« Si l'on s'y prend bien... ») à la ligne 57 (« ...rien à sentir. »).* | 2 pts |

4. *Reformulez les trois « règles » qui, selon l'auteur, assurent la réussite du voyage. En quoi permettent-elles de caractériser comme paradoxale l'argumentation de G. Lapouge ?* | 3 pts |

TRAVAIL D'ÉCRITURE *(10 points)*

Vous exposerez, dans un développement argumenté ce qu'est, pour vous, un voyage réussi.

--- **Pour approfondir** ---

Questions supplémentaires

1. Étudiez la progression argumentative du dernier paragraphe.

2. Que pèsent, dans l'argumentation, les exemples tirés de l'expérience personnelle de l'auteur ?

3. De quelle nature sont les autres exemples utilisés par l'auteur ? Classez-les.

4. À quels endroits peut-il paraître difficile de suivre Gilles Lapouge jusqu'au bout de son raisonnement ?

Autres travaux d'écriture

1. Vous composerez, à votre choix, un éloge de l'ennui du voyage ou de la lenteur du voyage.

2. A. Vous résumerez les quatre premiers paragraphes du texte en 65 mots (± 10 %).

B. À quoi tient, selon vous, le caractère décapant de ce texte ? Vous répondrez à cette question dans un développement court, mais composé.

LES RÉCITS DE VOYAGE

Antilles-Guyane, L-ES-S, juin 2000

Je hais les voyages et les explorateurs. Et voici que je m'apprête à raconter mes expéditions. Mais que de temps pour m'y résoudre ! Quinze ans ont passé depuis que j'ai quitté pour la dernière fois le Brésil et, pendant toutes ces années, j'ai souvent projeté d'entreprendre ce livre ; chaque fois, une sorte de
5 honte et de dégoût m'en ont empêché. Eh quoi ? Faut-il narrer par le menu tant de détails insipides, d'événements insignifiants ? L'aventure n'a pas de place dans la profession d'ethnographe ; elle en est seulement une servitude, elle pèse sur le travail efficace du poids des semaines ou des mois perdus en chemin ; des heures oisives pendant que l'informateur se dérobe ; de la faim, de la
10 fatigue, parfois de la maladie ; et toujours, de ces mille corvées qui rongent les jours en pure perte et réduisent la vie dangereuse au cœur de la forêt vierge à une imitation du service militaire... Qu'il faille tant d'efforts, et de vaines dépenses pour atteindre l'objet de nos études ne confère aucun prix à ce qu'il faudrait plutôt considérer comme l'aspect négatif de notre métier. Les vérités
15 que nous allons chercher si loin n'ont de valeur que dépouillées de cette gangue. On peut, certes, consacrer six mois de voyage, de privations et d'écœurante lassitude à la collecte (qui prendra quelques jours, parfois quelques heures) d'un mythe inédit, d'une règle de mariage nouvelle, d'une liste complète de noms claniques, mais cette scorie de la mémoire : « À 5 h 30 du matin,
20 nous entrions en rade de Recife tandis que piaillaient les mouettes et qu'une flottille de marchands de fruits exotiques se pressait le long de la coque », un si pauvre souvenir mérite-t-il que je lève la plume pour le fixer ?

Pourtant, ce genre de récit rencontre une faveur qui reste pour moi inexplicable. L'Amazonie, le Tibet et l'Afrique envahissent les boutiques sous
25 forme de livres de voyage, comptes rendus d'expédition et albums de photographies où le souci de l'effet domine trop pour que le lecteur puisse apprécier la valeur du témoignage qu'on apporte. Loin que son esprit critique s'éveille, il demande toujours davantage de cette pâture, il en engloutit des quantités prodigieuses. C'est un métier, maintenant, que d'être explorateur ;
30 métier qui consiste, non pas, comme on pourrait le croire, à découvrir au terme d'années studieuses des faits restés inconnus, mais à parcourir un nombre élevé de kilomètres et à rassembler des projections fixes ou animées, de préférence en couleurs, grâce à quoi on remplira une salle, plusieurs jours de suite, d'une foule d'auditeurs auxquels des platitudes et des bana-
35 lités sembleront miraculeusement transmutées en révélations pour la seule raison qu'au lieu de les démarquer sur place leur auteur les aura sanctifiées par un parcours de vingt mille kilomètres.

Qu'entendons-nous dans ces conférences et que lisons-nous dans ces livres ? Le détail des caisses emportées, les méfaits du petit chien du bord,
40 et, mêlées aux anecdotes, des bribes d'information délavées, traînant depuis un demi-siècle dans tous les manuels, et qu'une dose d'impudence peu commune, mais en juste rapport avec la naïveté et l'ignorance des consommateurs, ne craint pas de présenter comme un témoignage, que dis-je, une découverte originale. Sans doute il y a des exceptions, et chaque époque
45 a connu des voyageurs honnêtes ; parmi ceux qui se partagent aujourd'hui les faveurs du public, j'en citerais volontiers un ou deux. Mon but n'est pas de dénoncer les mystifications ou de décerner des diplômes, mais plutôt de comprendre un phénomène moral et social, très particulier à la France et d'apparition récente, même chez nous.

Claude Lévi-Strauss, *Tristes tropiques*, © Éditions Plon, 1955.

QUESTIONS *(10 points)*

1. a. *En examinant attentivement les choix lexicaux de Lévi-Strauss dans les lignes 27 à 44, dites ce que reproche l'auteur aux récits de voyage et aux explorateurs ?* ⎍2 pts⎍

b. *Quelle image du public donnent les deux derniers paragraphes du texte ? Justifiez votre réponse par des références précises au texte.* ⎍3 pts⎍

2. *En vous appuyant avec précision sur le premier paragraphe du texte (l. 1 à 22), définissez la profession d'ethnographe telle que la propose Lévi-Strauss.* ⎍3 pts⎍

3. *Quelle est la valeur du « Et » qui introduit la deuxième phrase du texte ? En quoi cet emploi est-il éclairé par le reste du texte ?* ⎍2 pts⎍

TRAVAIL D'ÉCRITURE *(10 points)*

Un « pauvre souvenir » (lignes 21-22) ne mérite-t-il pas, selon vous, d'être raconté et publié ?
Vous répondrez à cette question à partir de votre expérience personnelle et de vos lectures.

Pour approfondir

Questions supplémentaires

1. Observez les deux premières phrases du texte. Quelle type d'opinion énoncent-elles ? Quelle est leur fonction dans l'argumentation ?

2. Quelle démarche argumentative Claude Lévi-Strauss suit-il dans le premier paragraphe ?

3. Relevez les phrases interrogatives du texte et demandez-vous si elles ont toutes la même valeur.

4. Comment l'emploi du mot « consommateurs » (3e §) est-il justifié dans le paragraphe précédent ? Vous répondrez en citant le texte.

Autres travaux d'écriture

1. Comment expliquez-vous l'engouement du public contemporain pour les récits de voyage, écrits ou oraux ?

2. Vous répondrez successivement aux deux questions suivantes dans deux développements courts mais organisées :

a. Les récits de voyage vous intéressent-ils ou non ? Dites vos raisons.

b. La faveur dont jouissent actuellement les « récits de vie », ces témoignages d'hommes et de femmes ordinaires qui n'ont pas vocation d'écrire, vous apparaît-elle comme « un phénomène moral et social » (_cf._ l. 48) comparable au succès des récits de voyage ?

SUJET **25** LA CIVILISATION DE LA CONSERVE

Liban, L-ES-S, juin 2000

Le persil

On prétend que nous allons vers une civilisation libérale. Nous allons vers une civilisation de la conserve, c'est le contraire. On ne compte plus les barrages derrière lesquels nous conservons de l'eau, les machines électroniques dans lesquelles nous conservons de la mémoire, les disques où nous conser-
5 vons des voix, de la musique, des sons ; les robots, les fusées où nous conservons des gestes, des actes ; les cinémas où nous conservons des images. Il n'est pas rare, aujourd'hui, d'assister à des représentations de pièces de théâtre qui sont données par des acteurs morts depuis longtemps. Nous faisons chanter des cadavres ; on a mis en conserve l'assassinat de Kennedy et
10 l'assassinat de son prétendu assassin ; on met en conserve des gestes dans la pointe d'une fusée et elle va les accomplir sur la Lune ; il y a cent mille fois plus de gens qui écoutent de la musique en conserve que des gens qui assistent à des concerts avec des musiciens en chair et en os. Gieseking[1] continue à interpréter Mozart, Caruso[1] chante toujours. Raimu[1] joue inlassablement *La*
15 *Femme du boulanger* ; l'usine de Serre-Ponçon turbine une eau de Durance qui date de quatre ou cinq ans et en fait l'électricité qui éclaire ma lampe ce soir ; on accumule des chevaux-vapeurs, on met en boîte du professeur qui fait ensuite son cours en cinéma parlant, n'importe où, n'importe quand. [...] On me dira : c'est bien commode. J'en conviens, mais c'est autre chose
20 que l'ingrédient frais et naturel. La révolution, par exemple : on ne voit plus ces magnifiques générosités dont elles étaient faites ; elles ont toujours maintenant du renfermé et du préconçu, les profiteurs apparaissent dès le premier jour, quelquefois même un peu avant ; on ne peut plus s'y laisser prendre, ce qui était bien bon (et souvent le seul bénéfice pour des gens
25 comme vous et moi, plutôt simples). Mon grand-père était carbonaro[2], il fut condamné à mort par contumace en Italie ; il passa en France, y retrouva le père d'Émile Zola, carbonaro comme lui, avec lequel il travailla au canal d'Aix, dit canal Zola. Mais à ce moment-là éclate le choléra à Alger. Mon grand-père (et le père d'Émile Zola) s'engagent immédiatement comme
30 simples infirmiers pour aller soigner le choléra d'Alger. Cet engagement était le complément logique de leur sentiment révolutionnaire. Allez mettre ça en conserve ! Ce n'est pas possible, et même si c'était possible, ça ne serait pas souhaitable : cette façon d'être révolutionnaire n'est pas une nourriture pour tout le monde. Ça l'était à l'époque : aujourd'hui ce n'est plus moderne ; on
35 n'est plus habitué au sang que donnent les aliments frais.

Il est en train de se produire pour tous nos désirs ce qui s'est produit pour notre expérience au moment où la culture livresque s'est ajoutée, puis substituée à la culture tout court. Inutile d'aller en Chine, lisons les livres sur la Chine (le livre est la première conserve de la civilisation de la conserve).
40 Un de mes amis revient de la Terre de Feu. Je lui parle de l'archipel des Chronos et des grands glaciers qui viennent là plonger dans la mer. Je lui décris les bruits et lui parle même d'une petite chaussée qui permet d'aller de la cabane du garde jusqu'à un petit promontoire d'où la vue est plus belle et qu'il n'en coûte qu'un bain de cheville dans une eau glacée. Il
45 s'étonne : « Comment connais-tu ces détails, tu y es allé ? – Non. J'ai lu un récit très circonstancié accompagné de très belles photos » (autre conserve) qui me permettent même d'ajouter des détails personnels et semblables à ceux dont pourrait augmenter son récit un témoin oculaire. Mais, ce que je sais de l'archipel des Chronos ne peut que faire illusion : en réalité je ne
50 connais rien. Rien ne s'est ajouté vraiment à moi, sinon un petit truc (c'est le mot juste) de seconde main. Avec ce truc je « passe pour », mais je ne suis pas. [...]
     Science en conserve, philosophie en conserve, musique en conserve, conscience en conserve, joies en conserve et bientôt amour, haine, jalousie,
55 héroïsme en conserve. De tous côtés la haute mer sans rivage. La nourriture vient de la cale. Les viandes qu'on mange sont mortes depuis longtemps, les légumes ont verdi dans d'autres siècles. Nous avons ajouté du sel à tout, pour que tout soit imputrescible, et c'est nous qui allons pourrir, car rien ne peut rompre l'équilibre. Nous n'avons même plus le désir du petit brin de
60 persil qui nous sauverait.

                    Jean GIONO, *La Chasse au bonheur*, © Éditions Gallimard, 1966.

1. Trois interprètes disparus : Gieseking pianiste, Caruso ténor d'opéra, Raimu acteur de théâtre et de cinéma.
2. Révolutionnaire italien du XIXe siècle.

QUESTIONS *(10 points)*

1. *Quelle est la thèse à laquelle s'oppose Giono ? Quelle opinion sou-tient-il ?* 3 pts

2. *Par quels moyens Giono dévalorise-t-il la position adverse ?* 3 pts

3. *Comment les pronoms utilisés dans le texte permettent-ils de varier les points de vue et de le rendre plus vivant ?* 2 pts

4. *Relevez un exemple de raisonnement qui contient une concession. Expliquez-en l'intérêt.* 2 pts

TRAVAIL D'ÉCRITURE *(10 points)*

Peut-on considérer que le livre offre une culture « en conserve » ?

——— *Pour approfondir* ———

Questions supplémentaires

1. Y a-t-il, selon vous, un lien entre la dernière phrase et la métaphore directrice du texte ?

2. Quelle fonction le témoignage personne occupe-t-il dans l'argumentation ?

3. Reformulez en une phrase l'argumentation du troisième paragraphe.

4. Définissez la tonalité de cette page.

Autres travaux d'écriture

1. Dans un développement argumenté, vous démontrerez l'intérêt de la musique « en conserve » ou du cinéma « en conserve ». Vous emprunterez vos exemples à l'art (ou aux arts) de votre choix.

2. « La culture livresque s'est [...] substituée à la culture tout court », affirme Giono (l. 37-38).
Les multimédias font-ils courir le même risque, d'après vous, à la civilisation contemporaine ?

3. « La culture livresque s'est ajoutée, puis substituée à la culture tout court », déclare Giono.
Dans un développement argumenté et illustré d'exemples variés, vous vous efforcerez de montrer le caractère outrancier de cette affirmation.

LE PROGRÈS TECHNIQUE

Groupe III, L-ES-S, juin 1996

*Réponse du biologiste Jean Rostand au discours de Louis Armand;
réception de M. Louis Armand à l'Académie française, le 19 mars 1964 [1].*

[...] Certes, il n'est plus aujourd'hui personne pour dire, avec Emerson [2],
que l'invention technique est inutile aux élites et périlleuse pour les masses,
ou, avec le sage chinois, que les techniciens ont pourri le cœur des hommes.
Aux innovations qu'on nous présente, nous n'avons garde d'opposer le
5 puéril misonéisme [3] d'un Ruskin qui, pour narguer les locomotives, se pro-
menait en calèche le long des voies ferrées, ou de ce membre de l'Institut
qui ne voulait pas qu'on distribuât l'eau aux Parisiens sous prétexte que
«l'usage des thermes à Rome fut le germe de la décadence»!
      Mais, pour être plus nuancée, l'opposition à la technique n'en est pas
10 moins ferme en beaucoup d'esprits.
      On lui fait grief de dépersonnaliser l'homme, de l'humilier en le faisant riva-
liser avec la machine, de le dépayser en substituant un monde d'artifice au
monde naturel, de le dégrader en l'invitant à croire que le progrès consiste
d'abord aux gains matériels. On lui reproche de créer des besoins factices,
15 de multiplier les tentations et les diversions médiocres. On dénonce, avec
Georges Duhamel, l'ambiguïté de ses dons, l'impureté de ses services; on
gémit, avec René Laforgue, de voir s'instaurer un culte du robot qui nuit à
l'épanouissement de l'âme.
      Sans parler de ceux qui prophétisent l'heure où l'homme succomberait
20 à la satiété de l'omnipotence [4], et de ceux qui s'épouvantent de voir, par la
biologie, l'homme tomber à la merci de l'homme...
      Bientôt, n'allons-nous pas, en effet, disposer de tels moyens d'action
sur la matière vivante que la seule pensée d'en user nous donne le vertige?
Au seuil du «meilleur des mondes», nous voici au point de commander à l'hé-
25 rédité d'altérer le fonds génétique de l'espèce, d'intervenir dans les faits de
sensibilité, de mémoire, de pensée. Demain, l'*Homo biologicus* – sujet et
objet tout ensemble – ne pourra se soustraire à l'atteinte de ses propres
pouvoirs. Que fera-t-il de soi? À l'image de quoi voudra-t-il se recréer? Où
apprend-on le métier de Dieu?
30   À ce concert d'inquiétudes, de tons si variés, et qui trouvent un écho
jusqu'en notre littérature, vous vous appliquez, Monsieur, par vos écrits, par
vos paroles, à apporter l'apaisement. Vous êtes un habile, un ingénieux
défenseur de la technique; et si votre plaidoyer, peut-être, ne réussit pas à

dissiper toutes les appréhensions qu'elle nous cause, du moins il ajoute
35 aux raisons que nous avons d'en faire estime.

Il ne vous suffit pas qu'on se résigne aux gains de la technique comme
à un mal nécessaire, et en concédant du bout des lèvres qu'on en tire
quelques avantages, tel celui, peut-être, de se trouver encore en vie ; vous
ambitionnez pour elle une adhésion plus chaude, un consentement plus
40 éclairé. Vous voulez que chacun prenne conscience de ce qu'elle apporte
à tous, non seulement dans l'ordre de la chair, mais dans ceux, plus éminents,
de l'esprit et de la charité. Et c'est sans peine qu'avec les ressources de
votre dialectique et de votre érudition, vous nous la présentez toute différente
de cette grossière matérialiste qu'on voit trop volontiers en elle. Vous nous
45 rappelez comme elle libère l'intelligence pour la spéculation et la recherche,
comme elle féconde et vivifie les sciences ; et, tout spécialement, vous
attirez notre attention sur le concours, moins connu, qu'elle apporte aux
lettres et aux arts, voire à la critique littéraire. Ne permet-elle pas de dater
avec précision des manuscrits, des tableaux, des monuments ? N'est-ce
50 pas grâce aux machines électroniques qu'on a pu s'assurer que l'*Iliade et
l'Odyssée* sont issues d'un même auteur, et que peut-être on déterminera
la paternité des stances d'*Othello* ? Et quelle ne devrait être, envers la technique, la gratitude de tous les écrivains, dès lors que, protégeant le papier
d'imprimerie contre l'attaque d'un pernicieux champignon, elle assure à
55 tous leurs écrits une chance d'immortalité !

1. *Lors de la réception d'un nouvel académicien, celui-ci prononce un discours devant
l'ensemble des membres et des personnalités invitées à la cérémonie. Un académicien lui
adresse un discours en réponse.*
2. *Ralf Waldo Emerson :* philosophe américain (1803-1882).
3. *Misonéisme :* méfiance de toute nouveauté, de tout changement. Ce terme s'applique
à la pensée du critique d'art et sociologue anglais Ruskin (1819-1900).
4. *Omnipotence :* toute-puissance.

QUESTIONS *(10 points)*

Les réponses à ces questions doivent être entièrement rédigées.

1. *Quelles personnes sont représentées par le pronom « nous » dans le premier paragraphe ?* 1 pt

2. *« On » représente-t-il toujours les mêmes personnes dans le texte ?
Justifiez votre réponse.* 2 pts

3. *Repérez, dans les cinq premiers paragraphes, les arguments des adversaires de la technique. Montrez leur enchaînement et leur progression.* 4 pts

4. *Relevez, dans le dernier paragraphe, les procédés de rhétorique liés à la situation particulière de communication.* ⎦ 3 pts ⎦

TRAVAIL D'ÉCRITURE *(10 points)*

Rédigez, en vous appuyant sur les données du texte, le plaidoyer que pourrait prononcer un défenseur de la technique.

———— *Pour approfondir* ————

Questions supplémentaires

1. Relevez, dans le deuxième paragraphe, et classez les termes qui condamnent la technique.

2. Comparez les lignes 28-29 avec les lignes 46 à 52. Quelles ressemblances et quelles différences observez-vous ?

3. Dégagez la progression argumentative du dernier paragraphe.

4. Quels sont les deux paragraphes qui assurent une transition ? Précisez, pour chacun d'eux, la nature du lien qu'ils établissent.

Autres travaux d'écriture

1. Quels arguments pouvez-vous opposer au grief, souvent avancé contre la technique, de « dépersonnaliser l'homme » (ligne 11) ?

2. Dans le dernier paragraphe, l'auteur montre les possibilités infinies ouvertes à l'homme par la technique. Pensez-vous, comme l'affirme Jean Fourastié, que « tout devient possible, mais {que} tout ne devient pas possible en même temps » ?

DE LA LENTEUR

Asie, L-ES-S, juin 2000

Les êtres lents n'avaient pas bonne réputation. On les disait empotés, on les prétendait maladroits, même s'ils exécutaient des gestes difficiles. On les croyait lourdauds, même quand ils avançaient avec une certaine grâce. On les soupçonnait de ne pas mettre beaucoup de cœur à l'ouvrage. On leur pré-
5 férait les dégourdis – ceux qui, d'une main leste, savent desservir une table, entendre à mi-voix les ordres et s'empresser à les réaliser et qui, enfin, triomphent dans le calcul mental. Leur vivacité éclatait dans leurs mouvements, leurs répliques, et même dans l'acuité de leur regard, la netteté de leurs traits : de vif-argent[1]. « Ne vous faites pas de souci pour eux, ils se tireront
10 toujours d'affaire. »
    J'ai choisi mon camp, celui de la lenteur. J'éprouvais trop d'affection pour les méandres du Lot, un petit paresseux, et pour cette lumière qui en septembre s'attarde sur les derniers fruits de l'été et décline insensiblement. J'admirais ces gens, hommes ou femmes qui, peu à peu, le temps
15 d'une vie, avaient donné forme à un visage de noblesse et de bonté. À la campagne, après une journée de travail, les hommes levaient leur verre de vin à hauteur de leur visage, ils le considéraient, ils l'éclairaient avant de le boire avec précaution. Des arbres centenaires accomplissaient leur destinée siècle après siècle et une telle lenteur avoisinait l'éternité.
20   La lenteur, c'était, à mes yeux, la tendresse, le respect, la grâce dont les hommes et les éléments sont parfois capables.
    À l'inverse m'irritaient ceux de mes camarades qui se précipitaient à la cantine et qui à l'école couraient après les premières places, pourquoi pas, le prix d'excellence. Ils désiraient devenir très vite des adultes, emprunter les
25 habits et l'autorité des adultes – après avoir bâclé une enfance à jamais abolie. Je me méfiais tout autant des visiteurs (nous les appelions les « Parisiens ») qui, après avoir fait le tour de nos fermes et avoir compris « nos mentalités », s'en retournaient à la ville pour se moquer des ploucs[2] qu'ils avaient rencontrés.
30   Pour ma part, je me suis promis de vivre lentement, religieusement, attentivement, toutes les saisons et les âges de mon existence.
    Le monde est allé de plus en plus vite : les panzerdivisions[3] n'ont pas mis plus de quarante jours pour parcourir et occuper la France. Aujourd'hui, les hommes qui ne sont pas aptes à soutenir ce train d'enfer demeurent au
35 bord de la route et souvent attendent en vain qui les dépannera et leur permettra de recoller au convoi. La raison veut-elle que nous nous inclinions devant un processus que l'on dit irréversible ou bien ne nous invite-t-elle

pas plutôt à nous soustraire à une telle galopade quand rien ne la justifie ?
Une simple remarque m'inciterait à emprunter la seconde voie. Les per-
40 sonnes si rapides devraient, en principe, accumuler une petite pelote honorable de temps libre où enfin elles vivraient pour elles-mêmes sans se sou-
cier d'une tâche imposée. Or à l'évidence elles me semblent vivre
misérablement dans une sorte de pénurie, étant toujours à la recherche de
quelques instants où elles seraient délivrées d'un forcing épuisant.
45 On aura compris que la lenteur dont je traiterai dans ce texte n'est pas
un trait de caractère mais un choix de vie : il conviendrait de ne pas brusquer
la durée et de ne pas nous laisser bousculer par elle – une tâche salubre,
urgente, dans une société où l'on nous presse et où souvent nous nous
soumettons de bon cœur à un tel harcèlement.
50 J'ai voulu décrire quelques attitudes qui laissent place à cette lenteur
et nous assurent une âme égale.
Flâner[4] : prendre son temps, se laisser guider par nos pas, par un paysage. *Écouter* : se mettre à la disposition d'une autre parole à laquelle nous
accordons crédit. *L'ennui* : non point l'amour de rien mais l'acceptation et le
55 goût de ce qui se répète jusqu'à l'insignifiance. *Rêver* : installer en nous une
conscience crépusculaire mais alerte, sensible. *Attendre* : afin d'ouvrir l'horizon le plus vaste, le plus dégagé possible. *La Province intérieure* : la part
fanée de notre être, une figuration de l'anachronique. *Écrire* : pour qu'ad-
vienne peu à peu en nous notre vérité. *Le vin* : école de sagesse. *Moderato*
60 *cantabile*[5] : la mesure plus que la modération.

Pierre SANSOT, *Du bon usage de la lenteur*, Avant-propos,
© Éditions Payot, 1998.

1. Vif-argent : ancien nom du mercure, employé métaphoriquement pour signifier une
grande vivacité.
2. Plouc : terme familier, signifiant « paysan », avec une nuance fortement péjorative.
3. Panzerdivisions : divisions blindées de l'armée allemande.
4. Flâner : comme les autres mots en italiques de ce paragraphe, il s'agit là du titre d'un
des chapitres qui suivent cet avant-propos.
5. Moderato cantabile : mots italiens qui, en musique, désignent un mouvement lent.

QUESTIONS *(10 points)*

1. *Par quels procédés, dans le premier paragraphe, l'auteur marque-t-il ses
distances par rapport à l'opinion courante sur les êtres lents ?*   3 pts

2. *Quel rôle la campagne, évoquée dans le deuxième paragraphe, joue-
t-elle dans la réflexion de l'auteur ?*   2 pts

3. *Comment dans la phrase interrogative « La raison … justifie ? » (l. 36
à 38) la réponse de l'auteur se fait-elle immédiatement pressentir, avant
même d'être explicitement formulée par la phrase suivante ?*   2 pts

4. *Présentez trois arguments avancés par l'auteur contre la vitesse dans les lignes 20 à 44.* $\boxed{3\ pts}$

TRAVAIL D'ÉCRITURE *(10 points)*

Partagez-vous la position qu'expose ici l'auteur en réaction au « train d'enfer » du monde contemporain ?

--- **Pour approfondir** ---

Questions supplémentaires

1. Observez les emplois du pronom personnel « on » : représente-t-il toujours la (les) même(s) personne(s) ?

2. Quelle est la fonction argumentative des paragraphes courts (3, 5 et 8) ? Existe-t-il un lien entre ces trois paragraphes ?

3. Par quels arguments l'auteur justifie-t-il sa position ?

4. Examinez les définitions du dernier paragraphe : à quoi tient leur originalité ?

Autres travaux d'écriture

1. Dans un devoir argumenté, vous développerez l'une des définitions proposées dans le dernier paragraphe.

2. Pour l'auteur, la lenteur est « un choix de vie » : est-ce aussi le vôtre ?

3. « Nous nous soumettons de bon cœur à un tel harcèlement », affirme Pierre Sansot. Dans un développement argumenté, vous justifierez, vous réfuterez ou vous discuterez cette affirmation.

LA VITESSE

Amérique du Sud, L-ES-S, décembre 1997

Le vrai luxe, et que personne ne pense plus à s'offrir, c'est de prendre son temps. Comme on l'a fait souvent remarquer, les doctrines nouvellement acclimatées chez les Anglo-Saxons, Christian Science, Yoghis ou Vedentas, les idées shinto pour le Japon et même, peut-être, le néo-thomisme pour la
5 France[1], viennent s'opposer au culte de la vitesse. M. Paul Souday reprenait jadis avec sévérité Mac Orlan pour avoir écrit : « Il n'y a qu'une chose qui compte, la vitesse », et le rabrouait ainsi : « Il ne faut pas prendre les moteurs pour des lanternes. Tout ce matériel est utile aux gens d'affaires... » (M. Souday pourrait ajouter que Mercure, qui est à la fois le dieu du commerce
10 et celui de la vitesse, est sans doute l'inventeur de l'arbitrage en Bourse), « mais la pensée, qui importe avant tout, n'exige pas cette accélération. Elle se trouve même assez bien du loisir et d'une sage lenteur. »
Ne vous piquez pas d'une folle vitesse, enseigne Boileau avant M. Souday. N'oublions pas que la vitesse affaiblit ; les neurologues nous le répètent.
15 Nous n'avons plus la mesure, nous ne distinguons plus entre aller vite et aller le plus vite possible ; le record est roi. Or, le paroxysme[2] tue. Les voitures à turbo-compresseur ont la vie courte. Ce tout-puissant prestige sportif est absurde, puisque les progrès mécaniques le remettent continuellement en question. Le record est moins une affirmation que la négation de ce qui
20 précède. Il est infini et sans but, cent trois mètres à la seconde sur terre : nous rirons demain de cette lenteur. À voir passer ce bolide, vous allez vous imaginer que rien ne saurait lui résister ? Je demandais cet hiver à notre champion du monde en auto, Chiron, à son retour d'Indianapolis, ce qu'à deux cents à l'heure il redoutait le plus. « Ce sont, répondit-il, les poches d'air. »
25 La vitesse est devenue chez ces athlètes quelque chose de si précis, de si aigu, qu'un courant d'air risque de les faire tomber, comme elle ferait d'un enfant. L'extrême force rejoint par là l'extrême faiblesse.
On attendait peut-être de moi un éloge de la vitesse, et voilà que je parais la condamner. Pas absolument. Je ne suis pas comme un critique
30 refusant de reconnaître un apport nouveau ou comme Thiers[3] vouant le télégraphe à n'être « qu'un amusement pour les personnes curieuses de physique » ou affirmant à la tribune que le chemin de fer est sans avenir « parce que les roues glisseront sans avancer jamais ». J'essaie de mesurer la vitesse, de me mesurer avec elle, de la domestiquer. « Téléphone, télé-
35 graphe, radio ont rendu possible – jusqu'à en être inquiétant – l'échange rapide des communications, écrit M. Anesaki. Mais qu'avons-nous à nous communiquer ? Des cotes de la Bourse, des résultats de football, et des

histoires de couchage. L'homme résistera-t-il à l'accroissement formidable de puissance dont la science moderne l'a doté ou se détruira-t-il en la
40 maniant ? La science ne saurait répondre à ces questions. Ou bien l'homme sera-t-il assez *spirituel* pour savoir se servir de sa force nouvelle ?» Nous sommes de race équilibrée et, pas plus que les autres monstres, celui-ci ne doit nous faire peur. J'entendais dernièrement une femme d'esprit, au cours d'une représentation de *Don Juan*, dire des personnages de Mozart
45 cette chose si juste : «Ils vont très vite, mais s'ils voulaient, ils pourraient aller lentement.» Soyons comme eux, maîtres de régler notre allure. Il faut être rapide, mais à condition de porter en soi un contrepoids. Pourquoi, si impatients de toute autorité, accepter sans examen la dernière en date des tyrannies ? Formulons une loi nouvelle de résistance à la vitesse. Pas d'autre
50 pente que notre volonté. «Vérification de l'équilibre par le mouvement», écrit Claudel. La possession des richesses ne désorganise pas l'homme qui sait conserver le sentiment de leur néant. La religion nous a appris cela, et toutes les morales. Le sage s'efforce de ne pas voir les premiers plans immédiats, qui s'enfuient, mais de fixer les yeux sur les lointains, qui sont immo-
55 biles.
Le vrai repos vient de nous.

Paul MORAND, *Apprendre à se reposer*, © Éditions Arléa, 1937.

1. Théories, systèmes philosophiques et théologiques.
2. Paroxysme : plus haut degré.
3. Thiers : homme politique, né en 1797, mort en 1877.

QUESTIONS *(10 points)*

1. *Quelles sont les grandes étapes de l'argumentation ?* $\boxed{4\ pts}$

2. *Relevez deux usages différents de la citation, donnez un exemple pour chacun d'eux, et commentez l'efficacité de cet exemple.* $\boxed{2\ pts}$

3. *Quels sont les procédés de persuasion mis en œuvre dans le quatrième paragraphe (lignes 28 à 55) ?*
Justifiez vos réponses par un exemple à chaque fois. $\boxed{4\ pts}$

TRAVAIL D'ÉCRITURE *(10 points)*

Ce que Paul Morand dit de la vitesse en général en 1937 peut s'appliquer de nos jours au domaine particulier de la communication et des médias. En vous limitant à ce domaine précis, rédigez à votre choix un éloge ou une critique de la vitesse.

Pour approfondir

Questions supplémentaires

1. Donnez un titre à ce texte.

2. Relevez les différents emplois du pronom « je » et classez-les. Dans quelle mesure ces recours à la première personne servent-ils l'argumentation ?

3. Comparez les phrases d'attaque des paragraphes du texte. Que remarquez-vous ?

4. Étudiez les moyens mis en œuvre dans les deux derniers paragraphes pour exprimer une pensée nuancée.

Autres travaux d'écritures

1. Pour Paul Morand, la vitesse était « la dernière en date des tyrannies ». L'est-elle restée ou bien a-t-elle été supplantée par une autre ?

2. « Le vrai luxe, et que personne ne pense plus à s'offrir, c'est de prendre son temps. » Vous vous demanderez si, sur ce point, les mentalités n'ont pas changé depuis l'époque de Paul Morand.

LA TÉLÉVISION

Sportifs de haut niveau, L-ES-S, octobre 1999

La télévision

Elle est sale. Même propre elle est sale. Elle est couverte d'or et d'ex-
créments, d'enfants et de casseroles. Elle règne partout. Elle est comme
une reine grasse et sale qui n'aurait plus rien à gouverner, ayant tout envahi,
ayant tout contaminé de sa saleté foncière. Personne ne lui résiste. Elle
5 règne en vertu d'une attirance éternelle vers le bas, vers le noir du temps.
elle est dans les prisons comme un calmant. Elle est en permanence dans
certains pavillons d'hôpitaux psychiatriques. C'est dans ces endroits qu'elle
est le mieux à sa place : on ne la regarde pas, on ne l'écoute pas, on la
laisse radoter dans son coin, on met devant elle ceux dont on ne sait plus
10 quoi faire. Les jours, dans les hôpitaux comme dans les prisons, sont plus
longs que des jours.
Il faut bien les passer. On lui fait garder les invalides mentaux, les prisonniers et les vieillards dans les maisons de retraite. Elle a infiniment moins
de dignité que ces gens-là, assommés par l'âge, blessés par la Loi ou par la
15 nature. Elle se moque parfaitement de cette dignité qui lui manque. Elle se
contente de faire son travail. Son travail, c'est salir la douleur qui lui est
confiée et tout agglomérer – l'enfance et le malheur, la beauté et le rire, l'intelligence et l'argent – dans un seul bloc vitré gluant. On appelle ça une
fenêtre sur le monde. Mais c'est, plus qu'une fenêtre, le monde en son bloc,
20 le monde dans sa lumière pouilleuse de monde, les détritus du monde versés
à chaque seconde sur la moquette du salon. Bien sûr, on peut fouiller. On
trouve parfois, surtout dans les petites heures de la nuit, des paroles neuves,
des visages frais. Dans les décharges, on met la main sur des trésors. Mais
cela ne sert à rien de trier, les poubelles arrivent trop vitre, ceux qui les
25 manient sont trop rapides. Ils font pitié, ces gens. Les journalistes de télévision font pitié avec leur manque parfait d'intelligence et de cœur – cette
maladie du temps qu'ils ont, héritée du monde des affaires : parlez-moi de Dieu
et de votre mère, vous avez une minute et vingt-sept secondes pour répondre
à ma question. Un ami à vous, un philosophe, passe un jour là-dedans, dans
30 la vitrine souillée d'images. On lui demande de venir pour parler de l'amour,
et parce qu'on a peur d'une parole qui pourrait prendre son temps, peur qu'il
n'arrive quelque chose, parce qu'il faut à tout prix qu'il ne se passe rien que
de confus et de désespérant – c'est-à-dire moins que rien –, en raison de
cette peur on invite également vingt personnes, spécialistes de ceci, expertes
35 en cela, vingt personnes soit trois minutes la personne. La vulgarité, on dit
aux enfants qu'elle est dans les mots. La vraie vulgarité de ce monde est

dans le temps, dans l'incapacité de dépenser le temps autrement que comme
des sous, vite, vite, aller d'une catastrophe aux chiffres du tiercé, vite glisser
sur des tonnes d'argent et d'inintelligence profonde de la vie, de ce qu'est la
40 vie dans sa magie souffrante, vite aller à l'heure suivante et que surtout rien
n'arrive, aucune parole juste, aucun étonnement pur. Et votre ami, après
l'émission, il s'inquiète un peu, quand même, pourquoi cette haine de la
pensée, cette manie de tout hacher menu, et la réalisatrice lui fait cette
réponse, magnifique : je suis d'accord avec vous mais il vaut mieux que je sois
45 là, si d'autres étaient à ma place, ce serait pire. Cette parole vous fait penser
aux dignitaires de l'État français durant la Seconde Guerre mondiale, à cette
légitimité que se donnaient les vertueux fonctionnaires du mal : il fallait bien
prendre en charge la déportation des Juifs de France, cela nous a permis
d'en sauver quelques-uns. Même abjection, même collaboration aux forces
50 du monde qui ruinent le monde, même défaut absolu de bon sens : il y a des
places qu'il faut laisser désertes. Il y a des actes qu'on ne peut faire sans
aussitôt être défait par eux. La télévision, contrairement à ce qu'elle dit d'elle-
même, ne donne aucune nouvelle du monde. La télévision, c'est le monde
qui s'effondre sur le monde, une brute geignarde et avinée, incapable de
55 donner une seule nouvelle claire, compréhensible.

Christian BOBIN, « Le Mal » (extrait de L'Inespérée), © Éditions Gallimard, 1994.

QUESTIONS *(10 points)*

1. *Quelles accusations contre la télévision l'auteur formule-t-il dans les
lignes 16 à 18 (« Son travail… gluant »)?* $\boxed{1,5 \ pt}$
*La troisième phrase du texte prépare l'une de ces accusations de façon
imagée : identifiez trois procédés de style qui apparaissent dans cette
phrase.* $\boxed{1,5 \ pt}$

2. a. *Dans les lignes 18 à 23, par quels procédés argumentatifs l'auteur
intègre-t-il le point de vue des défenseurs de la télévision?* $\boxed{1 \ pt}$
b. *Relevez et expliquez les arguments en faveur de la télévision dans ces
mêmes lignes.* $\boxed{2 \ pts}$

3. *Dans ce texte Bobin développe une anecdote rapportée au présent.
Résumez cette anecdote.* $\boxed{1 \ pt}$

Quel argument sert-elle ? $\boxed{1 \ pt}$

4. *Quels arguments clefs du texte retrouve-t-on dans la dernière phrase ?*
$\boxed{2 \ pts}$

TRAVAIL D'ÉCRITURE *(10 points)*

Que pensez-vous de la vision que Christian Bobin propose de la télévision ?

Pour approfondir

Questions supplémentaires

1. Observer le champ lexical de la saleté dans les lignes 1 à 25. Que remarquez-vous ?

2. Distinguez quatre emplois différents du pronom « on ».

3. À quels indices décelez-vous une volonté de provocation ? Vous en analyserez au moins trois différents.

4. Quelle est la tonalité de ce texte ? À quels indices l'identifiez-vous ?

Autres travaux d'écriture

1. Vous justifierez ou bien vous réfuterez, à votre choix, cette affirmation de Christian Bobin :
« La vraie vulgarité de ce monde est dans le temps, dans l'incapacité de dépenser le temps autrement que comme des sous. »

2. Dans un développement composé et illustré d'exemples, vous réfuterez l'argument suivant :
« La télévision, contrairement à ce qu'elle dit d'elle-même, ne donne aucune nouvelle du monde. »

3. A. Résumez les lignes 1 à 29 en 50 mots (± 10 %).
B. Dans un développement court mais composé, vous direz comment vous comprenez l'expression : « ce qu'est la vie dans sa magie souffrante ».

INTERNET

Amérique du Nord, L-ES-S, juin 2000

Internet est-il une révolution aussi importante que la radio dans les années 20 et la télévision dans les années 60 ? On peut en douter. Pour penser les nouveaux médias, il faut bousculer le discours dominant, qui leur est benoîtement favorable, et les replacer dans une théorie générale
5 de la communication. Il est donc urgent d'ouvrir le débat en rappelant notamment certaines contradictions liées à la « révolution de la communication ».
À quoi reconnaît-on l'idéologie technique ? Au fait de traiter de pessimiste ou de conservateur, en tout cas d'adversaire du « progrès », quiconque
10 remet en cause le sens et l'utilité des nouveaux médias, et réclame une réflexion et des réglementations. Aucun système technique n'a jamais donné naissance à un modèle de société ; c'est même tout le contraire : plus il y a de systèmes d'information automatisés, plus il faut des lois pour éviter les abus de la cybercriminalité. La loi n'entrave pas la liberté de communication ;
15 elle évite, au contraire, de confondre performance technique et contenu des activités.
Avec Internet, on retrouve le thème du « village global ». Après avoir maîtrisé les distances et conquis la nature et la matière, les hommes retrouvent un désir d'infini dont la multitude des mots, des images et des don-
20 nées serait la plus parfaite illustration. Pourtant, si une information fait le tour du monde en une seconde, c'est en moins de 100 kilomètres que les réalités changent, au point que les individus peuvent ne plus se comprendre. La performance technique, en effet, ne rend pas toujours service aux hommes. En particulier parce qu'elle accentue la fragilité des sys-
25 tèmes sociaux. Les crises boursières, financières, politiques qui éclatent à l'autre bout de la planète déstabilisent encore plus vite les économies, mettent à l'épreuve les solidarités et fragilisent les institutions internationales. La communication triomphante a beau réduire le monde à un petit village, elle ne le rend pas plus rassurant. Et si les chefs d'État ne cessent
30 de se déplacer, c'est bien que la rencontre physique reste le seul moyen de maîtriser un peu cette instabilité de l'histoire, rendue plus visible par les réseaux.
Le multibranchement constitue un progrès, mais pour faire quoi ? Naviguer sur la Toile [1] ne constitue ni une preuve d'intelligence ni un pro-
35 grès autre que technique par rapport au fait de lire un livre, de discuter, d'écouter la radio ou de regarder la télévision. Le pire serait de voir, dans la « société Internet », un progrès. La « société du spectacle » a été suffisam-

ment critiquée pour ses illusions. Sera-t-elle remplacée demain par la société Internet ?

40 Faudra-t-il un « Titanic » de la cyberculture pour que les États prennent conscience des risques que ces systèmes d'information font peser sur les libertés fondamentales ? Les conditions du naufrage sont en effet réunies quand on voit triompher tant d'orgueil rationnel et technologique. Sans parler de cette contradiction majeure : Internet se présente comme un espace de
45 communication alors qu'il n'est le plus souvent qu'un espace d'expression – ce qui n'est pas exactement la même chose – et, peut-être surtout, un marché de l'information.

Il faudra un jour choisir. Soit l'on a affaire à un immense réseau commercial – à l'échelle du commerce électronique mondial –, soit à l'un des
50 éléments d'un système de communication politique et d'expression individuelle pour la communauté internationale. Les deux perspectives sont contradictoires, et c'est mentir que de faire croire qu'Internet peut les servir simultanément et sans conflits…

L'homme occidental a mis des siècles à se « libérer » de toutes les tutelles :
55 religieuses, politiques, sociales, militaires. Enfin libre de penser, de circuler et de s'exprimer, il décide aujourd'hui de s'enfermer dans les mille fils de la communication technique. Il est constamment rattaché à elle, joignable en permanence, par portable, fax, téléphone, e-mail (courrier électronique)…. Comment faisait-on avant ? Après nous être « en-mailés » au nom de la
60 liberté et du progrès, ne nous faudra-t-il pas, au nom de cette même liberté, de ce même progrès et de cette même modernité, apprendre à nous « démailer » ?

Dominique WOLTON, © Le Monde Diplomatique, juin 1999.

1. La Toile : Internet.

![barre grisée] **QUESTIONS** *(10 points)*

1. *Quelle opinion l'auteur de cet article exprime-t-il sur Internet ?* [1 pt]

2. *« La performance technique ne rend pas toujours service aux hommes » (l. 23-24). Quels sont les principaux reproches que l'auteur adresse aux diverses formes du « progrès » technique dans toute la suite du texte ?* [3 pts]

3. *Quelle différence l'auteur établit-il entre « espace de communication » (l.44-45) et « espace d'expression » (l. 45) ?* [2 pts]

4. *Par quels procédés d'écriture l'auteur cherche-t-il à attirer l'attention du lecteur ? Comment essaie-t-il de le persuader ?* [4 pts]

TRAVAUX D'ÉCRITURE *(10 points)*

Pensez-vous que Dominique Wolton se montre un « adversaire du progrès » face au phénomène Internet ?

Pour approfondir

Questions supplémentaires

1. Condensez en une phrase la réponse apportée par l'auteur à la question initiale.

2. Relevez une métaphore filée et précisez son rôle dans l'argumentation.

3. Classez les phrases interrogatives du texte.

4. Étudiez la progression argumentative du texte.

Autres travaux d'écriture

Pour Dominique Wolton, « les hommes retrouvent un désir d'infini dont la multitude des mots, des images et des données serait la plus parfaite illustration » ! Quelles autres formes ce désir revêt-il selon vous et comment est-il possible de l'assouvir ?

L'ÉVOLUTION DE NOTRE LANGUE

Centres étrangers I, L-ES-S, juin 1998

Texte A

Nous sommes dans une période où l'histoire s'accélère, où les découvertes de la science et les progrès de ses applications sont si rapides que
les conditions de la vie matérielle et de la vie intellectuelle elle-même sont
sans cesse en prompte et constante évolution.

5 De plus, l'Europe occidentale et méditerranéenne a peu à peu cessé
d'être le centre de la civilisation humaine. Celle-ci s'étend lentement à la
terre entière, et, dans tous les domaines, le rapport des forces en présence
s'en est trouvé modifié.

La langue française a subi et subit chaque jour davantage les consé-
10 quences de cette situation. Envahie par des mots étrangers qu'on ne cherche
même pas à assimiler en les « francisant », défigurée par toutes sortes d'expressions ou de locutions mal formées, introduits hâtivement et sans esprit critique par la presse, la radio ou des écrivains sans scrupule, la langue française court aujourd'hui un grand danger et risque de se détériorer rapidement.

15 Il est certain qu'à notre époque, plus qu'à toute autre, une langue doit
évoluer et qu'elle doit même s'enrichir rapidement de mots nouveaux per-
mettant de traduire l'accroissement rapide de nos connaissances et de nos
possibilités d'action : tout purisme[1] excessif qui tenterait de s'opposer à
cette conséquence inéluctable du progrès de la civilisation ne pourrait que
20 venir se briser contre la force d'un courant qu'il ne pourrait remonter et, en
se refusant de tenter de le guider, il ferait finalement plus de mal que de bien.

Mais l'enrichissement du français, s'il est à la fois souhaitable et inévitable, doit se faire d'une façon rationnelle préservant l'autonomie de la
langue et restant conforme à ses origines et à son génie[2]. Le français doit,
25 certes, se transformer et s'accroître, mais il doit le faire sans perdre les qualités essentielles de précision et de cohérence qui ont assuré dans le passé
le succès de son emploi dans le monde et la diffusion des idées dont il était
l'interprète.

Dans le domaine scientifique plus que dans tout autre, la langue française
30 est appelée chaque jour à se transformer et à s'accroître parce que la science
a chaque jour besoin de mots nouveaux pour désigner les conceptions
qu'elle introduit, les phénomènes qu'elle découvre, les instruments qu'elle
invente. Il serait aussi nuisible que vain de vouloir empêcher le langage
scientifique de proliférer puisque cette prolifération est la conséquence
35 nécessaire d'un besoin sans cesse plus pressant de termes nouveaux pour
désigner des idées nouvelles.

Mais il faut que le langage scientifique français, tout en se complétant et en s'enrichissant continuellement, garde cependant les qualités de précision et de clarté qui ont toujours assuré la valeur et l'élégance de notre langue
40 et ne se transforme pas en un jargon incorrect, prétentieux et lourd, tout chargé de mots étranges et de sigles obscurs.

Louis DE BROGLIE [3], © Éditions Albin Michel, *Sur les sentiers de la science*, 1960.

1. Purisme : attachement à la pureté de la langue.
2. Génie : qualités particulières, originalité d'une langue.
3. L. de Broglie (1892-1987) : physicien.

Texte B

Deuil et mélancolie des mots perdus. – Qu'est-ce qui les a chassés du discours quotidien, où ils marquaient pourtant le besoin de la nuance, de la différence, et, au physique comme au moral, l'inépuisable variété des phénomènes humains ? Où sont partis le débonnaire, l'affable, le bonhomme
5 ou le bonasse, l'atrabilaire ou le chafouin ? Où, le chenapan, le papelard, le doucereux ? Le salace, le graveleux, le salé ont complètement succombé au porno ; l'acrimonieux et le sarcastique s'abolissent dans l'agressif ; le piquant cède la place à l'intéressant, tandis que la charmeuse ou la sorcière, la sainte-nitouche ou la virago, et combien d'autres mots si propres à diversi
10 fier choses et gens, tombent dans le néant créé en hâte par notre rage de nivellement (comme si de tout fourrer dans la grisaille de l'uniforme avançait le règne de l'égalité). Ces mots nuancés qui fixaient rangs et qualités en laissant jouer toutes les tonalités subtiles des sensations et des sentiments, on ne les rencontre plus guère que dans nos dictionnaires et nos antholo
15 gies ; à la rigueur sans doute la littérature peut toujours les retrouver, surtout lorsqu'elle ne craint pas de paraître démodée ; mais pour peindre, situer, juger dans le langage de chaque jour, nous n'avons déjà presque plus rien à mettre entre le type bien et le salaud ; les raisons et les torts, les qualités et les défauts forment des blocs opposés, entre lesquels apparemment
20 nous ne concevons même plus de degrés. Impossible de démêler si ce dépérissement de notre appareil descriptif est dû à l'usure naturelle des mots, ou s'il est le fait de notre paresse de cœur et d'esprit.

Marthe ROBERT [1], *La Vérité littéraire*, © Éditions Bernard Grasset, 1981.

1. Marthe Robert : critique littéraire.

QUESTIONS *(10 points)*

1. *Quel constat commun les deux auteurs font-ils sur l'évolution de la langue française ?* | 2 pts |

2. *Quelles sont les étapes du raisonnement dans les paragraphes 4 à 7 du premier texte (lignes 15 à 41)* | 4 pts |

3. *Montrez ce qui distingue, dans le ton, le style et les conclusions, le texte de Marthe Robert de celui de Louis de Broglie.* | 4 pts |

TRAVAIL D'ÉCRITURE *(10 points)*

Imaginez le dialogue de deux adolescents, l'un se réjouissant de l'évolution de la langue, l'autre la regrettant.

Pour approfondir

Questions supplémentaires

1. Reformulez les deux thèses en présence, chacune dans une phrase.

2. Lequel des deux auteurs se place dans la perspective la plus large ?

3. Lequel des deux textes vous paraît le plus convaincant ?

Autres travaux d'écriture

Dans le troisième paragraphe, Louis de Broglie déplore les dangers que la presse et la radio font courir à la presse française.
Quel rôle les grands médias ont-ils à jouer, selon vous, dans la sauvegarde de la langue française ?

SÉRIES STT-STI-STL-SMS

LE DIMANCHE

National, STT-STI-STL-SMS, juin 2000

La semaine, je sais bien qui je suis : tout le monde me le dit : ma place dans la société, dans le monde du travail me l'indique. Mais dimanche ? Dimanche nous débusque et nous révèle. Alors que la semaine, dans ses discontinuités, nous oblige à des rôles différents, nous divise et nous
5 écartèle, dimanche, qui s'offre dans une durée et une continuité, permet d'effacer ces rôles et de se ressaisir dans son unité et son identité. Une identité dont dimanche nous appelle à préciser les contours, parfois incertains. Car par les façons d'être, les attitudes intérieures et psychologiques qu'elle favorise, cette journée particulière autorise toutes les régressions.
10 Le moi social mis entre parenthèses, les exigences narcissiques [1] tendent à reprendre le dessus. L'individu se replie sur lui-même, sa famille, ses proches. Si l'on se retrouve, c'est au travers d'une quête un peu paresseuse et indolente de soi-même, vécue en hédoniste [2], dans l'euphorie légère de l'apéro, la communion du gueuleton, les vapeurs de l'alcool, les lourdeurs de la
15 digestion. Ce qui émerge, c'est le moi refoulé, celui qui a des besoins et des plaisirs à satisfaire. Chaque dimanche est une abbaye de Thélème [3] : « Fais ce que voudras ». Et ne va pas sans que l'on s'accorde à soi-même quelques privautés et menues gâteries (thé, pâtisserie, etc.). Mais il est des régressions positives : dimanche est toujours un peu le temps de l'enfance.
20 Adultes et enfants se retrouvent et se réconcilient à travers les mêmes jeux. À travers la pratique de nos « hobbies [4] », nous renouons également avec le même plaisir d'amusement et de joie dans notre enfance. Et la « grande personne » que nous sommes, soudain libre de s'oublier, rejoint le temps tourbillonnaire et de ressourcement propre au dimanche.
25 Oui, dimanche nous rassemble et nous ressource. Cette journée est ponctuée de rituels voilés, qui tous paraissent tendre à une communion de l'individu avec lui-même aussi bien qu'avec son entourage le plus proche et le plus général. Tout se passe comme s'il s'agissait, dimanche après dimanche, de vérifier des liens de nature diverse, et de les resserrer : son appartenance
30 à une famille, à une Église, voire à une espèce (la visite au zoo !), bref, sa

place dans la société et dans l'univers. Promenades et redécouverte de la nature, musées d'anthropologie, d'ethnographie, d'histoire naturelle, expositions d'art invitent à se resituer au travers des époques et des cultures, dans le temps comme dans l'espace. Où l'on voit que si dimanche apparaît

35 comme la plus insouciante de nos journées, parce qu'elle autorise toutes les dérives et participe plus qu'aucune autre d'un temps fou, spontané et créateur, c'est aussi, comme on l'a dit, la plus enracinée dans le passé.

La grâce du dimanche est de même nature que celle des sports de glisse dont le succès croissant s'explique peut-être ainsi : au temps laminaire [5] et

40 accéléré de la semaine, ces pratiques opposent l'organisation d'un temps et d'un espace personnel. Dans les sports d'équipe tels le football ou le rugby, le temps reste collectif, contraint, stratégique : tant de buts à marquer en deux mi-temps : on joue *contre* le temps. À l'inverse, surf, aile delta, skateboard, ski, parapentes, etc., permettent de sécréter son temps propre,

45 d'évacuer les traditionnels « donneurs de temps » au profit d'un temps et d'un espace que je produis moi-même. Tout à la fois haubans, gouvernail et girouette sur ma planche à voile, j'intercepte le vent, j'amortis les vagues. Un parfait moyen de se resynchroniser avec les grands rythmes de la nature, de s'accorder au grand Tout, au cosmos. Une manière de danse. Et, pour

50 reprendre une expression de Joël de Rosnay, une belle façon de remplacer le « temps tribut [6] » par le « temps accomplissement ».

C'est le privilège du dimanche de nous réconcilier avec notre temps intérieur, celui de nos rythmes propres et de notre sensibilité : le temps retrouvé que connaissent bien les peintres du dimanche (ce n'est pas sim-

55 plement parce qu'ils ont plus de temps qu'ils peignent ce jour-là, mais bien parce que ce temps est d'une qualité différente). Dimanche ménage ce temps où je me retrouve moi-même, où je me remets au diapason, où je m'accorde. Avec moi-même, avec la nature, avec les autres. C'est un jour spirituel où il y a soudain plus de place, plus d'espace pour la multitude des

60 dimensions qui nous habitent – que la semaine souvent atrophie.

Jean-François Duval, « Un port à l'aube de chaque lundi », in *Le Dimanche*, Paris © Éditions Autrement, coll. « Mutations », n° 107, mai 1989.

1. Narcissique : qui prend du plaisir à se regarder soi-même.
2. Hédoniste : personne qui fait du plaisir le but de sa vie.
3. Abbaye de Thélème : lieu idéal de la liberté selon l'écrivain Rabelais.
4. Hobbies : passe-temps favoris.
5. Temps laminaire : temps uniformisé.
6. Temps tribut : temps sacrifié à la société.

QUESTIONS *(10 points)*

1. *L'auteur parle de « régressions positives » (l. 18-19). Dites, en vous appuyant sur le 2ᵉ paragraphe (lignes 3 à 24), en quoi consistent les régressions négatives.* 3 pts

2. *Analysez trois procédés mis en œuvre par l'auteur pour impliquer le lecteur dans son raisonnement.* 3 pts

3. *« La grâce du dimanche est de même nature que celle des sports de glisse.» Expliquez le sens de cette comparaison (avant-dernier paragraphe, lignes 38-51).* 1 pt

4. *Reformulez brièvement les trois raisons qui déterminent le caractère exceptionnel du dimanche en examinant les débuts des paragraphes 2, 3 et 5.* 3 pts

TRAVAIL D'ÉCRITURE *(10 points)*

L'auteur considère que le temps de la semaine est un temps sacrifié à la société. Qu'en pensez-vous ?

N.B. – *Toutes vos réponses aux questions doivent être rédigées.*

Pour approfondir

Questions supplémentaires

1. Observez le champ lexical du lien dans le deuxième paragraphe.
2. Relevez et classez les différents emplois des guillemets.
3. Relevez deux moyens de persuasion utilisés par l'auteur et proposez, pour chacun d'eux, un exemple dans le texte.
4. Précisez la démarche argumentative de l'auteur dans le deuxième paragraphe.
5. Étudiez la progression argumentative du texte.

Autres travaux d'écriture

1. Pensez-vous, avec Joël de Rosnay, que notre vie soit partagée entre le « temps tribut » et le « temps accomplissement » ?
2. « À travers la pratique de nos "hobbies", nous renouons [...] avec le même plaisir d'amusement et de joie que dans notre enfance », affirme l'auteur.
Dans un développement argumenté et illustré d'exemples, vous justifierez cette affirmation, puis vous l'élargirez en vous demandant quels autres bienfaits nous pouvons attendre de cette pratique.

LE BRUIT

Centres étrangers I, STT-STI-STL-SMS, juin 2000

Plus le bruit remplit l'esprit, plus il le vide. Il procure une impression festive qui rassure. Ainsi des grandes surfaces, où les clients courent les rayons dans une purée de musique hachée de pubs. Dehors, sirènes de pompiers, d'ambulances, de cortèges officiels ; survols d'hélicoptères ; klaxons, radios-
5 cassettes en transes dans les voitures (le *power* est en général directement couplé à la clé de contact). Animation des centres villes, fanfares. L'été, pas une promenade sans CD à fond ; les plages, les campings, même sanction. On vit à tue-tête. [...]

On traite le vacarme comme une pollution légère, beaucoup moins grave
10 que le plomb ou l'ozone, un désagrément réel, mais inévitable. Pourtant l'affaire n'est pas si simple. D'abord, parce qu'il ne s'agit là que des déchets de la vie courante. Il faudrait commencer par les autoroutes sans parapets dans les banlieues denses, les habitations le long des voies ferrées, les riverains du périphérique, les concentrations urbaines près des aéroports. Enfers
15 multiples et quotidiens, sur lesquels on fait à peu près l'impasse.

Car c'est un fait : pour contrer le fêtard qui, depuis des mois, vous pourrit les nuits, ou les amplis de la fête foraine qui s'éternise à l'orée du parc, vous ne pouvez compter quasiment sur aucun recours, à moins de créer une association (ou de déménager). Sans la moindre garantie de succès. S'il
20 est vrai que les lois existent pour être bafouées, elles jouissent dans ce domaine d'un terreau formidable. Contre le raffut, rien à faire ou presque : on lutte à mains nues.

Or, des solutions existent. Pour celles qui manquent, on peut les trouver. Les pouvoirs publics s'y emploient dans le domaine des gaz (effet de serre,
25 fumées de toutes sortes), qui touchent à l'air, aux poumons, bref au principe vital. Dans le cas des ondes sonores, si l'urgence est moindre, elle n'en perd pas sa gravité. Seule la volonté manque. À preuve : du nouveau magot fiscal, affecté en partie à la relance du bâtiment, pas un centime n'est prévu pour les travaux d'isolation phonique à engager sans délais sur les infra-
30 structures ferroviaires et autoroutières. À défaut, qu'est-ce qui empêche de mener des campagnes auprès du public, en commençant par ménager dans les trains des zones pour les accros du portable, et des salles dans les restaurants ? On discrimine pour le tabac, rien ne s'y oppose pour le tapage.

Le problème ne se limite pas au confort de chacun, il tient aux règles
35 de la liberté même. Le bruit excessif m'arrache mon intimité, commande le cours de mes pensées, pèse sur mon loisir. Il me prive de moi-même. Je ne suis plus qu'un pion dans cette nuisance qui m'interdit de lire, de rêver, de vivre à mon gré.

Le bruit de la société de communication est un bruit mécanique. Quand
40 l'acariâtre Boileau se plaint, dans la *Satire VI*, des embarras de Paris, il s'emporte contre les miaulements et les cris des chats, le ramage des coqs, le
marteau des serruriers, les maçons, les charrettes, enfin contre les cloches
qui, «*se mêlant au bruit de la grêle et des vents / Pour honorer les morts
font mourir les vivants*».
45 Mais le bruit a changé : ce qu'il a d'odieux aujourd'hui provient moins
du travail et surtout de la nature que de cette manifestation permanente,
omniprésente, inepte et superflue des objets. C'est leur usage exorbitant
qui révolte. De même que le tintamarre des compresseurs pneumatiques
me nie dans mon droit au silence, de même l'individualiste qui téléphone
50 dans le bus ou qui m'inflige la logorrhée[1] de sa télé efface la frontière entre
son univers et celui des autres : tantôt il détruit le lieu public, qu'il confond
avec le sien, tantôt il envahit mon espace privé, qu'il rend public. Son alié-
nation me contamine. Soumis à la tyrannie sonore, je disparais en tant que
citoyen : je deviens chair à décibels, comme on parlait jadis de chair à canon.
55 Le problème n'est pas seulement personnel, mais politique. Remplissage
permanent des ouïes, intense bourrage de crânes par le marketing, on
retrouve la même négation des intériorités singulières. La civilisation du bruit
relève d'un type de société technicienne où le culte des objets tend à amputer
la subjectivité des individus. De là découlent l'uniformisation des compor-
tements, le goût des divertissements faciles, l'attrait pour le bref, le brillant
des surfaces, le toc, pour le pragmatisme[2] au lieu de la pensée. Une telle
société ignore le quant-à-soi[3] des êtres. Mieux : elle trouve un intérêt majeur
dans ce mépris. La sollicitation continuelle de l'oreille distrait les consommateurs de leurs méditations.

Jean-Michel DELACOMPTÉE, © *Le Monde*, 3 septembre 1999.

1. Logorrhée : flot de paroles.
2. Pragmatisme : ici, sens pratique.
3. Le quant-à-soi : réserve.

QUESTIONS *(10 points)*

1. *Reformulez la thèse de l'auteur située dans le deuxième paragraphe ;
Quelle est la thèse réfutée ?* ⎿ *3 pts* ⏌

2. *L'auteur évoque les différents effets du bruit sur la personnalité : iden-
tifiez-en trois.* ⎿ *3 pts* ⏌

3. *Dans les quatre premiers paragraphes, quelles sont les trois valeurs
différentes du pronom « on » ?* ⎿ *1,5 pt* ⏌

4. « *Une purée de musique hachée de pub* », « *Vous pourrit les nuits* », « *raffut* », « *accros du portable* ».
À quel registre de langue ces expressions appartiennent-elles ? [0,5 pt]
Quel rôle jouent-elles dans l'argumentation ? [2 pts]

TRAVAIL D'ÉCRITURE *(10 points)*

Le problème du bruit « ne se limite pas au confort de chacun, il tient aux règles de la liberté même. »
L'auteur souligne ici que le bruit porte atteinte à notre liberté individuelle.
Étayez ou réfutez, au choix, cette affirmation.

Pour approfondir

Questions supplémentaires

1. La référence à Boileau (6ᵉ paragraphe) a-t-elle une fonction argumentative ou illustrative ?

2. Par quels procédés l'auteur implique-t-il le lecteur dans les cinquième et septième paragraphes ?

3. Observez la démarche argumentative dans le dernier paragraphe, puis dites quelle est la fonction de ce paragraphe dans l'argumentation.

4. Comment l'expression « la civilisation du bruit » est-elle justifiée dans l'ensemble du texte ?

Autres travaux d'écriture

1. Jean-Michel Delacomptée reproche à notre société d'ignorer « le quant-à-soi ». Vous justifierez, réfuterez ou discuterez cette accusation.

2. « Le culte des objets tend à amputer la subjectivité des individus », affirme Jean-Michel Delacomptée. Vous associez-vous à cette condamnation ?

LES CHOSES

Sujet de remplacement, STT-STI-SMS-STL, juin 1998

Dans les années 60, Jérôme et Sylvie s'interrogent sur les conditions de leur réussite sociale.

Ils étaient stupides – combien de fois se répétèrent-ils qu'ils étaient stupides, qu'ils avaient tort, qu'ils n'avaient, en tout cas, pas plus raison que les autres, ceux qui s'acharnent, ceux qui grimpent – mais ils aimaient leurs longues journées d'inaction, leurs réveils paresseux, leurs matinées au lit,
5 avec un tas de romans policiers et de science-fiction à côté d'eux, leurs promenades dans la nuit, le long des quais, et le sentiment presque exaltant de liberté qu'ils ressentaient certains jours, le sentiment de vacances qui les prenait chaque fois qu'ils revenaient d'une enquête en province.
Ils savaient, bien sûr, que tout cela était faux, que leur liberté n'était
10 qu'un leurre. Leur vie était plus marquée par leurs recherches presque affolées de travail, lorsque, cela était fréquent, une des agences qui les employait faisait faillite ou s'absorbait dans une autre plus grande, par leurs fins de semaine où les cigarettes étaient comptées, par le temps qu'ils perdaient, certains jours, à se faire inviter à dîner.
15 Ils étaient au cœur de la situation la plus banale, la plus bête du monde. Mais ils avaient beau savoir qu'elle était banale et bête, ils y étaient cependant ; l'opposition entre le travail et la liberté ne constituait plus, depuis belle lurette, s'étaient-ils laissé dire, un concept rigoureux ; mais c'est pourtant ce qui les déterminait d'abord.
20 Les gens qui choisissent de gagner d'abord de l'argent, ceux qui réservent pour plus tard, pour quand ils seront riches, leurs *vrais* projets, n'ont pas forcément tort. Ceux qui ne veulent que vivre, et qui appellent vie la liberté la plus grande, la seule poursuite du bonheur, l'exclusif assouvissement de leurs désirs ou de leurs instincts, l'usage immédiat des richesses illimitées
25 du monde – Jérôme et Sylvie avaient fait leur ce vaste programme –, ceux-là seront toujours malheureux. Il est vrai, reconnaissaient-ils, qu'il existe des individus pour lesquels ce genre de dilemme [1] ne se pose pas, ou se pose à peine, qu'ils soient trop pauvres et n'aient pas encore d'autres exigences que celles de manger un peu mieux, d'être un peu mieux logés, de travailler
30 un peu moins, ou qu'ils soient trop riches, au départ, pour comprendre la portée, ou même la signification d'une telle distinction. Mais de nos jours et sous nos climats, de plus en plus de gens ne sont ni riches ni pauvres : ils rêvent de richesse et pourraient s'enrichir : c'est ici que leurs malheurs commencent.

35   Un jeune homme théorique [2] qui fait quelques études, puis accomplit dans l'honneur ses obligations militaires, se retrouve vers vingt-cinq ans nu comme au premier jour, bien que déjà virtuellement possesseur, de par son savoir même, de plus d'argent qu'il n'a jamais pu en souhaiter. C'est-à-dire qu'il sait avec certitude qu'un jour viendra où il aura son appartement, sa
40 maison de campagne, sa voiture, sa chaîne haute-fidélité. Il se trouve pourtant que ces exaltantes promesses se font toujours fâcheusement attendre : elles appartiennent, de par leur être même, à un processus dont relèvent également, si l'on veut bien y réfléchir, le mariage, la naissance des enfants, l'évolution des valeurs morales, des attitudes sociales et des comporte-
45 ments humains. En un mot, le jeune homme devra s'installer, et cela lui prendra bien quinze ans.
    Une telle perspective n'est pas réconfortante. Nul ne s'y engage sans pester. Eh quoi, se dit le jeune émoulu [3], vais-je devoir passer mes jours derrière ces bureaux vitrés au lieu de m'aller promener dans les prés fleuris,
50 vais-je me surprendre plein d'espoir les veilles de promotions, vais-je supputer, vais-je intriguer, vais-je mordre mon frein, moi qui rêvais de poésie, de trains de nuit, de sables chauds ? Et, croyant se consoler, il tombe dans les pièges des ventes à tempérament. Lors, il est pris, et bien pris : il ne lui reste plus qu'à s'armer de patience. Hélas, quand il est au bout de ses peines, le jeune
55 homme n'est plus si jeune, et, comble de malheur, il pourra même lui apparaître que sa vie est derrière lui, qu'elle n'était que son effort, et non son but et, même s'il est trop sage, trop prudent – car sa lente ascension lui aura donné une saine expérience – pour oser se tenir de tels propos, il n'en demeurera pas moins vrai qu'il sera âgé de quarante ans, et que l'aménagement de
60 ses résidences principale et secondaire, et l'éducation de ses enfants auront suffi à remplir les maigres heures qu'il n'aura pas consacrées à son labeur...

                        G. Pérec, *Les Choses*, © Julliard, 1965.

1. Dilemme : choix difficile entre deux possibilités.
2. Jeune homme théorique : jeune homme type, qui représente l'ensemble des jeunes gens dans la même situation.
3. Émoulu : récemment diplômé.

QUESTIONS *(10 points)*

1. *Quel est le constat que font les personnages dans les trois premiers paragraphes (lignes 1 à 19) ? Vous justifierez votre réponse par l'étude du vocabulaire.* | 3 pts |

2. *D'après le quatrième paragraphe (lignes 20 à 34), à quel « dilemme » se sont trouvés confrontés Jérôme et Sylvie ? Quel choix ont-ils fait ?*
                                                 | 4 pts |

3. *Quel rôle jouent dans l'argumentation les deux derniers paragraphes (lignes 35 à 61) ?*   ⏐3 pts⏐

TRAVAIL D'ÉCRITURE *(10 points)*

En 1965, Perec écrivait :
« Ceux qui ne veulent que vivre et qui appellent vie la liberté la plus grande [...], ceux-là seront toujours malheureux. » Êtes-vous de ceux qui préfèrent profiter de la vie tout de suite, ou de ceux qui veulent d'abord gagner de l'argent ?
Vous envisagerez les inconvénients et les avantages de votre choix.

─────── *Pour approfondir* ───────

Questions supplémentaires

1. Donnez un titre à ce texte.

2. Étudiez dans l'ensemble du texte la répartition et la fonction des discours direct, indirect et indirect libre.

3. Que signifie dans ce texte l'usage fréquent du point-virgule et des deux-points ? Citez et caractérisez deux emplois différents de chacun de ces signes de ponctuation.

4. Cette argumentation est dépourvue de conclusion. Rédigez-en une qui s'inscrive dans la logique du texte.

Autres travaux d'écriture

Les héros, qui ont maintenant atteint la cinquantaine, justifient l'orientation qu'ils ont donnée à leur vie vingt-cinq ans plus tôt. Vous exposerez leurs idées dans un développement argumenté et illustré d'exemples.

JOUETS

Polynésie, STT-STI-STL-SMS, septembre 1999

Jouets

Que l'adulte français voit l'Enfant comme un autre lui-même, il n'y en a pas de meilleur exemple que le jouet français. Les jouets courants sont essentiellement un microcosme[1] adulte ; ils sont tous reproductions amoindries d'objets humains, comme si aux yeux du public l'enfant n'était en
5 somme qu'un homme plus petit, un homunculus[2] à qui il faut fournir des objets à sa taille.

Les formes inventées sont très rares : quelques jeux de construction, fondés sur le génie de la bricole, proposent seuls des formes dynamiques. Pour le reste, le jouet français signifie toujours quelque chose, et ce quelque
10 chose est toujours entièrement socialisé, constitué par les mythes ou les techniques de la vie moderne adulte : l'Armée, la Radio, les Postes, la Médecine (trousses miniatures de médecin, salles d'opération pour poupées), l'École, la Coiffure d'Art (casques à onduler), l'Aviation (parachutistes), les Transports (Trains, Citroëns, Vedettes, Vespas, Stations-Services), la
15 Science (Jouets martiens).

Que les jouets français préfigurent littéralement l'univers des fonctions adultes ne peut évidemment que préparer l'enfant à les accepter toutes, en lui constituant avant même qu'il réfléchisse, l'alibi d'une nature qui a créé de tout temps des soldats, des postiers et des vespas. Le jouet livre ici le cata-
20 logue de tout ce dont l'adulte ne s'étonne pas : la guerre, la bureaucratie, la laideur, les Martiens, etc. [...] Seulement, devant cet univers d'objets fidèles et compliqués, l'enfant ne peut se constituer qu'en propriétaire, en usager, jamais en créateur ; il n'invente pas le monde, il l'utilise : on lui prépare des gestes sans aventure, sans étonnement et sans joie. On fait de lui un petit
25 propriétaire pantouflard qui n'a même pas à inventer les ressorts de la causalité adulte ; on les lui fournit tout prêts : il n'a qu'à se servir, on ne lui donne jamais rien à parcourir. Le moindre jeu de construction, pourvu qu'il ne soit pas trop raffiné, implique un apprentissage du monde bien différent : l'enfant n'y crée nullement des objets significatifs, il lui importe peu qu'ils aient un
30 nom adulte : ce qu'il exerce, ce n'est pas un usage, c'est une démiurgie[3] : il crée des formes qui marchent, qui roulent, il crée une vie, non une propriété ; les objets s'y conduisent eux-mêmes, ils n'y sont plus une matière inerte et compliquée dans le creux de la main.

Mais cela est plus rare : le jouet français est d'ordinaire un jouet d'imi-
35 tation, il veut faire des enfants usagers, non des enfants créateurs.

L'embourgeoisement du jouet ne se reconnaît pas seulement à ses formes, toutes fonctionnelles, mais aussi à sa substance. Les jouets courants sont d'une matière ingrate, produits d'une chimie, non d'une nature. Beaucoup sont maintenant moulés dans des pâtes compliquées : la matière
40 plastique y a une apparence à la fois grossière et hygiénique, elle éteint le plaisir, la douceur, l'humanité du toucher. Un signe consternant, c'est la disparition progressive du bois, matière pourtant idéale par sa fermeté et sa tendreur, la chaleur naturelle de son contact ; le bois ôte, de toute forme qu'il soutient, la blessure des angles trop vifs, le froid chimique du
45 métal ; lorsque l'enfant le manie et le cogne, il ne vibre ni ne grince ; il a un son sourd et net à la fois ; c'est une substance familière et poétique, qui laisse l'enfant dans une continuité de contact avec l'arbre, la table, le plancher. Le bois ne blesse, ni ne se détraque ; il ne se casse pas ; il s'use, peut durer longtemps, vivre avec l'enfant, modifier peu à peu les rapports
50 de l'objet et de la main ; s'il meurt, c'est en diminuant, non en se gonflant, comme ces jouets mécaniques qui disparaissent sous la hernie d'un ressort détraqué. Le bois fait des objets essentiels, des objets de toujours. Or il n'y a presque plus de ces jouets en bois, de ces bergeries vosgiennes, possibles, il est vrai, dans un temps d'artisanat. Le jouet est
55 désormais chimique, de substance et de couleur ; son matériau même introduit à une cénesthésie [4] de l'usage, non du plaisir. Ces jouets meurent d'ailleurs très vite, et une fois morts, ils n'ont pour l'enfant aucune vie posthume.

Roland BARTHES, *Mythologies*, © Éd. du Seuil, 1970.

1. *Homunculus :* petit être vivant.
2. *Démiurgie :* une activité créatrice.
3. *Cénesthésie :* ici, signifie que l'enfant reconnaît l'objet sans affectivité particulière.
4. *Microcosme :* monde réduit.

QUESTIONS *(10 points)*

1. *Reformulez la thèse soutenue par R. Barthes dans cet extrait.*

| 2 pts |

2. *Dans le passage suivant : « Seulement (l. 21) ... enfants créateurs (l. 37) », vous analyserez la progression de l'argumentation et dégagerez les procédés d'écriture utilisés.*

| 5 pts |

3. *Vous mettrez en évidence les oppositions dans le dernier paragraphe et préciserez leur fonction dans l'argumentation.*

| 3 pts |

TRAVAIL D'ÉCRITURE *(10 points)*

« (…) l'enfant ne peut se constituer qu'en propriétaire, en usager, jamais en créateur ; il n'invente pas le monde, il l'utilise : on lui prépare des gestes sans aventure, sans étonnement et sans joie. » (l. 22 à 24). En songeant aux jouets et jeux actuels, vous réfuterez, justifierez ou discuterez cette affirmation de R. Barthes.

Pour approfondir

Questions supplémentaires

1. Comparez les phrases d'attaque du premier et du troisième paragraphe.

2. Relevez et classez les termes dépréciatifs des quatre premiers paragraphes.

3. Justifiez l'emploi de la majuscule dans les deux premiers paragraphes.

4. Par quelle(s) preuve(s) l'argument de l'« embourgeoisement du jouet » (l. 36) est-il étayé dans le ou les paragraphes qui précèdent ?

Autres travaux d'écriture

1. a. Résumez les trois premiers paragraphes en 80 mots (± 10 %).
b. Dans un développement argumenté, vous montrerez l'art de traiter un sujet d'actualité avec la sévérité d'un moraliste.
2. Roland Barthes voit dans les jouets contemporains des « objets fidèles et compliqués ». Vous discuterez ce point de vue.

LE GRAND COMMERCE

Antilles-Guyane, STT-STL-SMS, septembre 1999

Denise est la nièce d'un marchand de tissus parisien (Baudu) dont la boutique, «Le Vieil Elbeuf», se situe en face d'un grand magasin, «Au Bonheur des Dames».

C'était un dîner de famille, fort simple. Après le potage, dès que la bonne eut servi le bouilli, l'oncle en vint fatalement aux gens d'en face. Il se montra d'abord très tolérant, il permettait à sa nièce d'avoir une opinion différente.
– Mon Dieu! tu es bien libre de soutenir ces grandes chabraques[1] de mai-
5 sons... Chacun son idée, ma fille... Du moment que ça ne t'a pas dégoûtée d'être salement flanquée à la porte, c'est que tu dois avoir des raisons solides pour les aimer ; et tu y rentrerais, vois-tu, que je ne t'en voudrais pas du tout... N'est-ce pas? Personne ici ne lui en voudrait.
– Oh! non, murmura madame Baudu.
10 Denise, posément, dit ses raisons, comme elle les disait chez Robineau[2] : l'évolution logique du commerce, les nécessités des temps modernes, la grandeur de ces nouvelles créations, enfin le bien-être croissant du public. Baudu, les yeux arrondis, la bouche épaisse, l'écoutait, avec une visible tension d'intelligence. Puis, quand elle eut terminé, il secoua la tête.
15 – Tout ça, ce sont des fantasmagories. Le commerce est le commerce, il n'y a pas à sortir de là... Oh! je leur accorde qu'ils réussissent, mais c'est tout. Longtemps, j'ai cru qu'ils se casseraient les reins ; oui, j'attendais ça, je patientais, tu te rappelles? Eh bien, non, il paraît qu'aujourd'hui ce sont les voleurs qui font fortune, tandis que les honnêtes gens meurent sur la
20 paille... Voilà où nous en sommes, je suis forcé de m'incliner devant les faits. Et je m'incline, mon Dieu! je m'incline...
Une sourde colère le soulevait peu à peu. Il brandit tout d'un coup sa fourchette.
– Mais jamais le Vieil Elbeuf ne fera une concession!... Entends-tu, je
25 l'ai dit à Bourras[3]. «Voisin, vous pactisez avec les charlatans, vos peintur-lurages sont une honte.»
– Mange donc, interrompit madame Baudu, inquiète de le voir s'allumer ainsi.
– Attends, je veux que ma nièce sache bien ma devise... Écoute ça, ma
30 fille : je suis comme cette carafe, je ne bouge pas. Ils réussissent, tant pis pour eux! Moi, je proteste, voilà tout!
La bonne apportait un morceau de veau rôti. De ses mains tremblantes, il découpa ; et il n'avait plus son coup d'œil juste, son autorité à peser les parts. La conscience de sa défaite lui ôtait son ancienne assurance de

35 patron respecté. Pépé s'était imaginé que l'oncle se fâchait : il avait fallu le calmer, en lui donnant tout de suite du dessert, des biscuits qui se trouvaient devant son assiette. Alors, l'oncle, baissant la voix, essaya de parler d'autre chose. Un instant, il causa des démolitions, il approuva la rue du Dix-Décembre, dont la trouée allait certainement accroître le commerce
40 du quartier. Mais là, de nouveau, il revint au Bonheur des Dames ; tout l'y ramenait, c'était une obsession maladive. On était pourri de plâtre, on ne vendait plus rien, depuis que les voitures de matériaux barraient la rue. D'ailleurs, ce serait ridicule, à force d'être grand ; les clientes se perdraient, pourquoi pas les Halles ? Et, malgré les regards suppliants de sa femme,
45 malgré son effort, il passa des travaux au chiffre d'affaires du magasin. N'était-ce pas inconcevable ? en moins de quatre ans, ils avaient quintuplé ce chiffre : leur recette annuelle, autrefois de huit millions, atteignait le chiffre de quarante, d'après le dernier inventaire. Enfin, une folie, une chose qui ne s'était jamais vue, et contre laquelle il n'y avait plus à lutter.
50 Toujours ils s'engraissaient, ils étaient maintenant mille employés, ils annonçaient vingt-huit rayons. Ce nombre de vingt-huit rayons surtout le jetait hors de lui. Sans doute on devait en avoir dédoublé quelques-uns, mais d'autres étaient complètement nouveaux : par exemple un rayon de meubles et un rayon d'articles de Paris. Comprenait-on cela ? des articles de Paris !
55 Vrai, ces gens n'étaient pas fiers, ils finiraient par vendre du poisson. L'oncle, tout en affectant de respecter les idées de Denise, en arrivait à l'endoctriner.

– Franchement, tu ne peux les défendre. Me vois-tu joindre un rayon de casseroles à mon commerce de draps ? Hein ? tu dirais que je suis fou...
60 Avoue au moins que tu ne les estimes pas.

La jeune fille se contenta de sourire, gênée, comprenant l'inutilité des bonnes raisons. Il reprit :

– Enfin, tu es pour eux. Nous n'en parlerons plus, car il est inutile qu'ils nous fâchent encore. Ce serait le comble, de les voir se mettre entre ma
65 famille et moi !... Rentre chez eux, si ça te plaît, mais je te défends de me casser davantage les oreilles avec leurs histoires !

Émile ZOLA, *Au Bonheur des Dames*, 1883.

1. *Chabraques* : terme péjoratif désignant ici le grand magasin « Au Bonheur des Dames ».
2. *Robineau* : c'est le propriétaire d'une autre boutique de tissus.
3. *Bourras* : un marchand de parapluies voisin de Baudu qui a repeint à neuf sa vitrine.

QUESTIONS *(10 points)*

1. *Quel débat Zola a-t-il placé au centre de cette conversation ? Quelles sont les opinions qui sont défendues et par quels personnages ?* 2 pts

2. *Quelles sont les critiques exprimées par Baudu à propos du « Bonheur des Dames » ?* $\boxed{3\ pts}$

3. *Relevez quelques procédés utilisés par Baudu pour réfuter le point de vue opposé.* $\boxed{2\ pts}$

4. *Baudu a-t-il réussi à convaincre sa nièce ? Vous justifierez votre réponse en vous appuyant sur le texte (sentiments, attitudes, paroles des personnages).* $\boxed{3\ pts}$

TRAVAIL D'ÉCRITURE *(10 points)*

1. *Développez en une dizaine de lignes les arguments de Denise en la faisant s'exprimer au style direct.* $\boxed{5\ pts}$

2. *Quels arguments pourriez-vous ajouter aujourd'hui pour la défense des petits commerces ? Vous les présenterez sous forme de développement composé.* $\boxed{5\ pts}$

———— *Pour approfondir* ————

Questions supplémentaires

1. Observez et classez les phrases interrogatives du texte.

2. Comparez la première réplique de Baudu avec la dernière : que remarquez-vous ?

3. Examinez les positions successives de Baudu vis-à-vis de la réussite du Bonheur des Dames et montrez comment elles structurent le texte.

4. Efforcez-vous de définir en un seul mot la position de Baudu face à l'évolution du commerce.

Autres travaux d'écriture

1. Denise essaie malgré tout de faire entendre raison à son oncle. Vous bâtissez son argumentation et vous l'illustrez par des exemples pertinents.

2. Dans un développement composé et illustré d'exemples, vous montrerez l'actualité du débat instauré dans ce texte il y a plus d'un siècle.

L'ORDINATEUR À L'ÉCOLE

Polynésie, STT-STI-STL-SMS, juin 2000

Récemment, je me suis permis de mettre en doute l'utilité des ordinateurs dans les classes du primaire et du secondaire. Eh ben je me suis fait drôlement gronder. Bon. J'ai reçu un paquet de lettres me traitant de coincé du disque dur, de handicapé profond du « Rom », allant jusqu'à se demander
5 s'il ne faudrait pas envisager ma stérilisation.
Une auditrice de Bruxelles m'écrit même cette belle histoire : « Des petits miracles ont déjà eu lieu. Comme par exemple l'expérience de ce militant des droits de l'homme en visite en Corée qui a assisté, depuis la fenêtre de sa chambre l'hôtel, à l'arrestation de l'opposant avec qui il avait
10 rendez-vous. Il a immédiatement diffusé l'info sur Internet, et grâce à un réseau organisé, des messages de protestation ont afflué sur le bureau d'un ministre, avant même l'arrivée de l'opposant dans les bureaux de la police. Le type a été relâché. » C'est formidable, mais ça n'a rien à voir avec l'enseignement des matières fondamentales... Je n'ai jamais nié qu'un
15 moyen de communication pût servir à communiquer. De même qu'il arrive parfois que les journaux nous informent, que la télé nous distraie intelligemment, et que la radio nous tienne compagnie avec talent... Depuis des années, je me sers d'un ordinateur, et je ne nie pas qu'il me rende de grands services comme outil de classement et de recherche.
20 Mais je maintiens que l'achat massif d'ordinateurs pour équiper les écoles et les lycées n'est une bonne affaire que pour les marchands d'ordinateurs, qu'il y a bien d'autres urgences, et que l'ordinateur n'est qu'un petit accessoire guère plus pertinent qu'un taille-crayon électronique ou qu'un double décimètre à vapeur. Si les fabricants de matériel informa-
25 tique n'étaient pas, accessoirement, parmi les gens les plus riches de la planète, les dirigeants politiques seraient peut-être moins prompts à devenir leurs représentants de commerce. Je veux dire par là que si le fabricant du double décimètre à vapeur était l'homme le plus riche du monde, il y aurait de fortes chances pour que les ministres de l'Éducation nationale
30 de tous les pays riches nous serinent en chœur : « Le double décimètre à vapeur est une formidable chance pour notre jeunesse. »
Ce qui est important, dans une salle de classe, tient en deux mots : le professeur, les élèves. Entre l'élève et le prof, il va se passer quelque chose : indifférence, hostilité, affection, passion... Outre le savoir transmis ; il s'agit là de
35 l'apprentissage d'une sociabilité supposée enrichissante, d'une indispensable sortie de l'univers familial vers l'univers tout court. Les philosophes grecs d'avant Platon se méfiaient de l'écrit au point que nous ne connaissons leur

pensée que par des fragments rapportés par leurs successeurs. Ils tenaient à ce que l'enseignement passe par cette présence du maître et de l'élève.

40 Ils avaient peur que le savoir transmis uniquement par l'écrit soit figé, privé de vie, et que le doute, instinctivement exprimé dans le dialogue, soit absent d'un enseignement uniquement livresque, réduisant le savoir à un corpus de connaissances indiscutables. Les sentiments qui accompagnent la transmission du savoir marqueront pour la vie l'intérêt que l'on portera à telle ou
45 telle matière. Qui d'entre nous n'a pas eu au moins un professeur qui nous a fait entrevoir le plaisir qu'il y aurait à devenir savant dans sa discipline ? Or, l'expérience de ces affinités est sans doute ce qu'il y a de plus important dans la vie. Ce sont elles qui nous permettent de nous diriger par la suite vers ce qui nous rend heureux, plutôt que vers ce qui nous rend malheureux. Avancer
50 l'un vers l'autre – la femme vers l'homme, l'ami vers l'ami, l'élève vers le prof, l'adversaire vers l'adversaire en vue d'une paix possible – en surmontant les obstacles de nos différences c'est l'apprentissage même de la vie. S'apprivoiser au savoir commence par s'apprivoiser à l'autre et au savoir qu'il détient. Or, pour emprunter le langage de la psychanalyse, les condi-
55 tions pour que le transfert [1] s'effectue, aucune machine au monde ne peut ni ne pourra sérieusement les réunir.

Philippe VAL, *Socrate ou Bill Gates.*
Fin du siècle en solde, © Le Cherche-Midi, 1999.

1. *Transfert :* acte par lequel un patient reporte sur le psychanalyste un sentiment d'affection ou d'hostilité.

QUESTIONS *(10 points)*

1. *Dans le troisième paragraphe, quels procédés utilise l'auteur pour dévaloriser la thèse qu'il rejette ?*   3 pts

2. *Quel rôle jouent dans la progression de l'argumentation les propos rapportés du second paragraphe depuis « Des petits miracles » à « le type a été relâché » (l. 6 à 13) ?*   3 pts

3. *Formulez la thèse défendue par l'auteur et dégagez deux arguments qui la soutiennent.*   4 pts

TRAVAUX D'ÉCRITURE *(10 points)*

En essayant d'adopter le ton de l'auteur, vous répondrez à Philippe Val en rédigeant un article argumenté sur la place et le rôle de l'informatique à l'école.

Pour approfondir

Questions supplémentaires

1. Combien de registres de langue discernez-vous dans ce texte ?

2. Identifiez, dans le quatrième paragraphe, deux procédés différents par lesquels Philippe Val cherche à impliquer le lecteur dans son argumentation.

3. Dégagez la progression argumentative du texte.

Autre travail d'écriture

« Avancer l'un vers l'autre [...] en surmontant les obstacles de nos différences, c'est l'apprentissage même de la vie ». Commentez ces propos en les appliquant à la société pluriethnique et multiculturelle dans laquelle nous vivons.

AVENTURE ET GOÛT DU RISQUE

Inde, STT-STI-STL-SMS, avril 1996

La revanche de l'homme sans qualité

La nouvelle aventure s'est démocratisée, elle est le fait d'employés, de cadres, de sportifs, de professeurs d'éducation physique, de médecins, de kinésithérapeutes, d'enseignants ; elle recrute dans tous les milieux, avec une prédilection pour les classes moyennes. Elle marque la revanche de l'homme
5 sans qualité et la puissance d'attraction du risque dans le monde moderne. L'aventurier n'est plus l'homme d'exception, entouré du halo de celui qui a osé l'impossible ou l'impensable et dont l'identité incertaine en appelle à la rêverie, l'homme d'au-delà de la ligne d'ombre qui pouvait se perdre un temps dans l'altérité [1] humaine et géographique pour mieux se sentir exister,
10 à la manière des personnages de Joseph Conrad ou de Malraux. Si l'aventurier d'autrefois était un maître du rêve et du nocturne, celui d'aujourd'hui, sous la lumière crue des projecteurs, est plutôt un publiciste du risque, après en avoir été le prospecteur, un bateleur sur la grande scène de l'exploit. L'aventure n'est plus dans le grand large, elle est au bout de la rue, à portée
15 de la main pour l'homme occidental qui a le loisir et surtout la patience de courir les sponsors [2]. « Mes aventures, mes découvertes, mes craintes, mes joies, mes angoisses ne sont pas réservées à un Rambo, mais à tout homme normal, s'il entreprend », dit Nicolas Hulot [3], orfèvre en la matière. La nouvelle aventure tend à devenir une forme routinière de mise en valeur de soi
20 où l'« honnête homme » a enfin quelque chance de briller. Les pompiers d'Orange condensent en une seule figure plusieurs des traits de la « nouvelle aventure ». En décembre 1991, ils entendent gravir le Kilimandjaro. Seize pompiers bénévoles et professionnels, accompagnés de six jeunes en difficulté d'intégration. L'équipe tout entière doit atteindre les 5 895 mètres,
25 après une quinzaine de jours d'acclimatation. Dans leurs bagages, des médicaments et des produits destinés aux populations locales. Une descente en parapente et une autre à ski sur éboulis couronnent l'expédition.
Les entreprises s'ouvrent à l'aventure par le biais du sponsoring, les stages de survie à l'adresse des cadres, la participation des employés eux-
30 mêmes à des épreuves valorisant l'image de marque de leur maison (sept employés de Bull atteignent l'Annapurna en 1988, cinq autres équipes doivent leur succéder ; les employés d'Alcatel, dans un gigantesque relais, projettent de traverser la Manche à la nage ; le personnel de l'université de Strasbourg rallie le mont Blanc, etc.). Des stages de formation permanente
35 à l'adresse des cadres et des commerciaux proposent des initiations à l'aventure : survie, rafting, spéléologie, escalade, marche sur le feu, saut

dans le vide retenu par un élastique, initiation au désert en plein Sahara, etc. «L'aventure nous révèle» est le slogan de l'association *Hors Limites*, l'une des plus anciennes sur le marché, essentiellement tournée vers une clien-
40 tèle de cadres. Signe des temps, l'aventure est devenue un outil de forma-tion et d'intégration sociale. Les vacances, elles-mêmes, se tournent vers la «nouvelle aventure» et proposent des trekkings à Bornéo, au Ladakh, au Népal, dans les Andes, au Sahara, etc., des stages de survie en Amazonie, des raids en 4 x 4 en Tunisie, en Algérie, au Maroc, à travers le Sahara ou
45 encore en Islande. «Dans ces raids ou défis sans cesse renouvelés, dit la bro-chure *Raid Découverte, l'Afrique*, chacun peut, s'il le désire, dépasser ses propres limites, mener une véritable compétition avec lui-même, vivre l'Aventure de la Découverte.» L'aventure, clés en main, pour quelques semaines pendant l'été, pour une somme modique, et en toute sécurité.

David LE BRETON, *Passions du risque*,
© Éditions Métailié, Paris, 1991, pages 137-138.

1. Altérité : caractère de ce qui est autre ; l'aventurier a la faculté de se dépasser, de devenir autre.
2. Sponsors : personnes ou organismes qui soutiennent financièrement une entreprise à des fins publicitaires.
3. Nicolas Hulot : animateur d'émissions télévisées relatives à l'aventure et auteur des *Chemins de traverse.*

QUESTIONS *(10 points)*

1. *Quelle idée essentielle l'auteur veut-il développer ici ?*   ⏐ 3 pts ⏐

2. *Montrez comment, dans le premier paragraphe, l'auteur, par le voca-bulaire, les images, dévalorise l'aventurier d'aujourd'hui par rapport à celui d'autrefois.*   ⏐ 4 pts ⏐

3. *Montrez que la dernière phrase du texte est une véritable négation de l'aventure.*   ⏐ 3 pts ⏐

TRAVAIL D'ÉCRITURE *(10 points)*

Dans un développement méthodique, vous direz si vous êtes d'accord avec la phrase de David Le Breton :
« L'aventure n'est plus dans le grand large, elle est au bout de la rue, à portée de la main pour l'homme occidental qui a le loisir et surtout la patience de courir les sponsors. »
Vous vous appuierez sur des exemples précis et personnels convena-blement analysés.

Pour approfondir

Questions supplémentaires

1. Comment comprenez-vous l'expression : « l'homme sans qualité » ?

2. Classez les exemples utilisés dans le premier paragraphe et commentez-en deux au choix.

3. Relevez trois emplois différents de la parenthèse.

4. Quelle est la valeur du présent (« ils entendent », etc.) dans les lignes 22 à 27 ?

Autres travaux d'écriture

1. Vous imaginerez que l'agence de voyages qui vous emploie vous charge de réfuter l'argumentation de David Le Breton.
Vous présenterez vos idées dans un développement organisé et illustré d'exemples précis.

2. Quelles sont les autres formes d'aventure proposées à l'homme contemporain ?

SUJET **39**

CONTRE LE SPORT

Antilles - Guyane, STT-STI-STL-SMS, juin 1996

Je suis contre. Je suis contre parce qu'il y a un ministre des Sports et qu'il n'y a pas de ministre du Bonheur (on n'a pas fini de m'entendre parler du bonheur, qui est le seul but raisonnable de l'existence). Quant au sport, qui a besoin d'un ministre (pour un tas de raisons, d'ailleurs, qui n'ont rien à voir
5 avec le sport), voilà ce qui se passe : quarante mille personnes s'assoient sur les gradins d'un stade et vingt-deux types tapent du pied dans un ballon. Ajoutons suivant les régions un demi-million de gens qui jouent au concours de pronostics ou au totocalcio [1], et vous avez ce qu'on appelle le sport. C'est un spectacle, un jeu, une combine ; on dit aussi une profession : il y a
10 les professionnels et les amateurs. Professionnels et amateurs ne sont jamais que vingt-deux ou vingt-six au maximum ; les sportifs qui sont assis sur les gradins, avec des saucissons, des canettes de bière, des banderoles, des porte-voix et des nerfs sont quarante, cinquante ou cent mille ; on rêve de stades d'un million de places dans des pays où il manque cent mille lits
15 dans les hôpitaux, et vous pouvez parier à coup sûr que le stade finira par être construit et que les malades continueront à ne pas être soignés comme il faut par manque de place. Le sport est sacré ; or c'est la plus belle escroquerie des temps modernes. Il n'est pas vrai que ce soit la santé, il n'est pas vrai que ce soit la beauté, il n'est pas vrai que ce soit la vertu, il n'est pas
20 vrai que ce soit l'équilibre, il n'est pas vrai que ce soit le signe de la civilisation, de la race forte ou de quoi que ce soit d'honorable et de logique. […]
À une époque où on ne faisait pas de sport, on montait au mont Blanc par des voies non frayées en chapeau gibus [2] et bottines à boutons ; les grandes expéditions de sportifs qui vont soi-disant conquérir les Everest
25 ne s'élèveraient pas plus haut que la tour Eiffel, s'ils n'étaient aidés, et presque portés par les indigènes du pays qui ne sont pas du tout des sportifs. Quand Jazy court, en France, en Belgique, en Suède, en U.R.S.S., où vous voudrez, n'importe où, si ça lui fait plaisir de courir, pourquoi pas ? S'il est agréable à cent mille ou deux cent mille personnes de le
30 regarder courir, pourquoi pas ? Mais qu'on n'en fasse pas une église, car qu'est-ce que c'est ? C'est un homme qui court ; et qu'est-ce que ça prouve ? Absolument rien. Quand un tel arrive premier en haut de l'Aubisque [3], est-ce que ça a changé grand-chose à la marche du monde ? Que certains soient friands de ce spectacle, encore une fois pourquoi
35 pas ? Ça ne me gêne pas. Ce qui me gêne, c'est quand vous me dites qu'il faut que nous arrivions tous premier en haut de l'Aubisque sous peine de perdre notre rang dans la hiérarchie des nations. Ce qui me

gêne, c'est quand, pour atteindre soi-disant ce but ridicule, nous négligeons le véritable travail de l'homme. Je suis bien content qu'un tel ou une
40 telle «réalise un temps remarquable «(pour parler comme un sportif) dans la brasse papillon, voilà à mon avis de quoi réjouir une fin d'après-midi pour qui a réalisé cet exploit, mais de là à pavoiser [4] les bâtiments publics, il y a loin.

Jean GIONO, *Les Terrasses de l'île d'Elbe*,
© Éditions Gallimard, 1976.

1. Totocalcio : loto sportif italien.
2. Chapeau gibus : chapeau haut de forme qui peut s'aplatir.
3. L'Aubisque : col des Pyrénées.
4. Pavoiser : orner de drapeaux.

QUESTIONS *(10 points)*

1. *Quelles thèses l'auteur réfute-t-il dans le premier paragraphe ?*
2 pts

2. *Dans ce même paragraphe, à quoi se réduit le sport, d'après Giono ? Citez et analysez deux procédés d'écriture que l'auteur utilise pour persuader le lecteur.*
4 pts

3. *Quels sont, dans le deuxième paragraphe, les indices qui révèlent la présence d'un interlocuteur fictif ? Quel caractère donnent-ils au texte ?*
4 pts

TRAVAIL D'ÉCRITURE *(10 points)*

1. *« Il n'est pas vrai que ce soit la santé ». Exposez les arguments que les défenseurs du sport pourraient opposer à cette affirmation.*
4 pts

2. *Les exploits des sportifs prennent trop d'importance et ne méritent pas qu'à cette occasion l'on pavoise les bâtiments publics, estime Giono. Vous donnerez votre avis à propos de cette opinion.*
6 pts

Pour approfondir

Questions supplémentaires

1. Relevez et commentez deux usages différents de la parenthèse.

2. Montrez la valeur argumentative des chiffres avancés par Giono dans le premier paragraphe.

3. Cherchez un exemple significatif d'argument anticonformiste et justifiez votre choix.

Autres travaux d'écriture

1. Dans un développement argumenté, vous répondrez à Giono en prenant la défense du sport.

2. L'idée du sport vous paraît-elle indissolublement liée à celle de compétition ?

---

40 | **LE SPORT**

Sujet national, STT-STI-SMS-STL, septembre 1997

La résonance mondiale des Jeux Olympiques (gros titres dans les journaux, émissions télévisées, etc.) montre l'importance démesurée qu'ont prise les spectacles sportifs dans la mentalité contemporaine. La littérature, l'art, la science et jusqu'à la politique pâlissent devant les exploits des « dieux
5 du stade ».
Je ne méconnais pas la valeur humaine du sport. Sa pratique exige de solides vertus de l'esprit : maîtrise de soi, rigueur, discipline, loyauté. La compétition sportive est une école de vérité : la toise, le chronomètre, le poids du disque ou de l'haltère éliminent d'avance toute possibilité de fraude
10 et toute solution de facilité. Aussi, une faible marge de contingence [1] mise à part (indisposition passagère ou influence du climat), la victoire y va-t-elle infailliblement au meilleur, ce qui est loin d'être le cas dans les autres compétitions sociales, par exemple dans la bataille électorale ou dans la course à l'argent et aux honneurs. Un homme politique peut faire illusion sur ses
15 mérites ; un sportif est immédiatement sanctionné par les résultats de son effort. Ici, le vrai et le vérifiable ne font qu'un...
Cela dit, je vois dans cet engouement exagéré pour le sport le signe d'une dangereuse régression vers le matérialisme – et un matérialisme rêvé plutôt que vécu.
20 Expliquons-nous.
J'ai parlé des vertus sportives. Mais l'unique but de ces vertus est d'exceller dans un domaine qui non seulement nous est commun avec les animaux, mais où les animaux nous sont infiniment supérieurs. S'agit-il de la course à pied ? Que représente le record des deux cents mètres abaissé
25 d'un quart de seconde en comparaison des performances quotidiennes d'un lièvre ou d'une gazelle ? Du saut en longueur ou en hauteur ? Regardez donc l'agilité de l'écureuil qui voltige de branche en branche. Du lancement du disque ou d'haltérophilie ? Quel champion égalera jamais l'exploit de l'aigle qui « arrache » et enlève dans le ciel une proie deux fois plus lourde
30 que lui ? Par quelle étrange aberration restons-nous si souvent indifférents aux exemples des sages et aux œuvres des génies, alors que nous nous extasions devant les prouesses qui n'imitent que de très loin celles de nos « frères inférieurs » ?
Je disais que le sport exclut la fraude. Ce n'est plus tout à fait vrai. La
35 fièvre malsaine du record dicte souvent l'emploi d'artifices malhonnêtes. Est-il besoin d'évoquer les scandales du « doping » ? Et nous avons appris la disqualification de deux championnes olympiques à qui, pour augmenter

le tonus musculaire, on avait injecté des hormones mâles. Tout cela procède d'une barbarie technologique qui sacrifie les deux fins normales du sport (la
40 santé du corps et la beauté des gestes) à l'obsession de la performance. Mais il y a pire. C'est précisément à une époque où les hommes, esclaves des facilités dues à la technique, n'avaient jamais tant souffert du manque d'exercice physique qu'on voit se développer cet enthousiasme délirant pour les manifestations sportives. Des gens qui ont perdu le goût et presque
45 la faculté de marcher ou qu'une panne d'ascenseur suffit à mettre de mauvaise humeur, se pâment devant l'exploit d'un coureur à pied. Des gamins qui ne circulent qu'en pétrolette font leur idole d'un champion cycliste. Il faut voir là un phénomène de transposition un peu analogue à celui qu'on observe dans l'érotisme : les fanatiques du sport-spectacle cherchent dans
50 les images et les récits du sport-exercice une compensation illusoire à leur impuissance effective. C'est la solution de facilité dans toute sa platitude. Admirer l'exception dispense de suivre la règle ; on rêve de performances magiques et de records pulvérisés sans bouger le petit doigt ; l'effervescence cérébrale compense la paresse musculaire...
55 Le sport est une religion qui a trop de croyants et pas assez de pratiquants. Remettons-le à sa place, c'est-à-dire donnons-lui un peu moins d'importance dans notre imagination et un peu plus de réalité dans notre vie quotidienne.

Gustave Thibon, *L'Équilibre et l'Harmonie*, © Librairie Arthème Fayard, 1976.

1. Contingence : synonyme de « hasard ».

QUESTIONS *(10 points)*

1. *Quels sont les termes qui font apparaître le mouvement de la pensée de la ligne 6 (« Je ne méconnais pas... ») à la ligne 20 (« Expliquons-nous ») ?* 3 pts

2. *Les phrases interrogatives du cinquième paragraphe (lignes 21 à 33) ont-elles la même valeur ?* 2 pts

3. *Quel rôle jouent dans l'argumentation les lignes 41 (« Mais il y a pire ») à 47 (« champion cycliste ») ?* 3 pts

4. *Dans le paragraphe de conclusion, l'auteur emploie une métaphore qu'il a déjà utilisée dans le premier paragraphe. Expliquez-en le sens et la portée.* 2 pts

TRAVAIL D'ÉCRITURE *(10 points)*

Quels remèdes peut-on, à votre avis, envisager pour restaurer la valeur humaine du sport ?

Pour approfondir

Questions supplémentaires

1. L'auteur utilise les guillemets à quatre reprises. Ont-ils toujours la même fonction ? Justifiez votre réponse.

2. Quelle est la thèse défendue par l'auteur ?

3. Montrez que le dernier paragraphe est une véritable conclusion.

4. Dégagez la progression argumentative du texte.

Autres travaux d'écriture

I.1. Résumez les quatre derniers paragraphes en 60 mots (± 10 %).

2. Dans un développement court, mais organisé, vous direz quels autres signes de régression vers un « matérialisme rêvé plutôt que vécu » (3e paragraphe) vous avez observés dans la civilisation contemporaine.

II. Parmi les vertus du sport énumérées dans le deuxième paragraphe, quelles sont celles que vous appréciez le plus ?

Justifiez votre position dans un développement argumenté et illustré d'exemples.

LE FRANGLAIS

Inde, STT-STI-SMS-STL, avril 1998

Lorsque parut en 1964 le petit livre d'Etiemble *Parlez-vous franglais ?* beaucoup de Français y trouvèrent l'expression brillante d'une juste colère qui bouillait en eux depuis des lustres. Enfin on disait leur fait à ces compatriotes indignes qui se faisaient les complices d'une adultération[1] de notre
5 cher parler françois en cédant à la fascination imbécile d'un jargon venu d'outre-Manche !

Un peu plus de trente ans plus tard, on peut peut-être essayer de reposer le problème de la relation français-anglais avec plus de sérénité.

Rappelons d'abord qu'à l'origine l'anglais est un dérivé du français, une
10 sorte de créole français, comparable à celui des Réunionnais ou des Québécois, ou à l'ancien pataouète des pieds-noirs d'Algérie. Cela nous dicte les grandes lignes d'un bon usage de l'anglais dont la langue française a tout à gagner.

Première règle : ne jamais manquer l'occasion de réintroduire dans notre
15 usage des anciens mots français oubliés par nos ancêtres, mais toujours utilisés par l'anglais. Citons par exemple le mot « guidance ». « *Visiter un château sous la guidance de son propriétaire.* » Voilà qui ne peut être dit mieux et qui doit l'être ainsi. De même « fleureter » que les Anglais nous rappellent sous la forme de *flirter*. Ou encore « coquetel » (réunion mon-
20 daine où l'on vient « coqueter » c'est-à-dire bavarder) qu'il faut bien se garder d'écrire *cocktail*.

Toutes les langues étrangères plus ou moins tributaires du français peuvent ainsi enrichir le français en lui restituant certains biens oubliés ou perdus. Et on entend aussi parfois des inventions venues de loin et qui nous enchan-
25 tent.

Il y a quelques années, l'industrie aéronautique américaine présenta un avion conçu pour échapper à la détection par radar. On l'appela l'avion *furtif*. Cette trouvaille « créole » est ravissante, surtout si l'on place en regard l'image de l'appareil qui ressemble aux petits planeurs de papier
30 plié que les écoliers lancent dans l'air confiné des classes. Il est douteux qu'un Français eût jamais songé à ce « furtif », si surprenant et si bienvenu.

L'inverse peut hélas se produire, et là, il convient de réagir avec énergie. Le français possède par exemple deux mots aux sens proches, mais diffé-
35 rents : « avenir » et « futur ». L'anglais lui emprunte le seul « futur » qu'il emploie dans les deux sens. Il est absurde de la part des Français de se conformer à cet appauvrissement et de parler du « *futur d'un enfant* ». Le français pos-

sède de même « exposition » et « exhibition ». Parlera-t-on bientôt d'une
« exhibition de peinture » sous prétexte que les Anglais emploient le mot
40 dans les deux sens ? On pourrait en dire autant d'« occasion » et d'« opportunité » qui ne doivent pas être confondues, comme le fait l'anglais. La pauvreté de la langue anglaise ne doit pas entraîner par mimétisme un appauvrissement de la langue française.

Lorsque André Maurois se présenta à l'Académie française en 1938,
45 l'un de ses futurs confrères objecta : « *Je trouve qu'il abuse de la connaissance qu'il a d'une langue que personne ne parle.* » Il aurait pu dire à plus juste
titre « *d'une langue que tout le monde parle* ». Car tel est certes le danger qui
menace gravement la langue de Shakespeare. Le nombre des personnes qui
parlent réellement anglais est infime en comparaison des populations afri-
50 caines, indiennes ou australiennes qui balbutient un volapük angloïde [2]. Que
pèsent Oxford et Cambridge [3] en face de ces masses qui se soucient de la
civilisation et de la littérature anglaises comme d'une guigne ?

La situation de l'anglais aujourd'hui en comparaison du français, de l'allemand ou de l'italien, ressemble à celle du latin en face du grec au début
55 de notre ère. Les Romains ayant vaincu sur tous les fronts, le bassin médi-
terranéen parlait uniformément latin. Au contraire, les Grecs, ruinés, se
repliaient sur leur archipel. Quelques siècles plus tard, le latin avait disparu,
devenu l'espagnol, le portugais, le français, l'italien et le jargon du Vatican
et des médecins de Molière. En revanche, le grec demeurait intact et, aujour-
60 d'hui encore, c'est une joie pour celui qui a fait du grec ancien de déchiffrer
les affiches et les enseignes d'Athènes. [...]

Ces observations suggèrent de distinguer création et communication.
C'est vrai des individus, et nous connaissons tous des créateurs enfermés
dans la solitude féconde de leur laboratoire, et au contraire d'intarissables
65 camelots frottés de toutes les sciences et de toutes les langues. Peut-
être y a-t-il aussi un facteur de création et un facteur de communication
variable dans chaque langue particulière. La langue à vocation créatrice
est d'un usage plus restreint et d'un emploi plus difficile que la langue de
communication. C'est à sa solidarité avec une civilisation particulière
70 qu'elle doit sa richesse. Telle est, me semble-t-il, la caractéristique du
français.

Michel TOURNIER, © *Le Figaro Magazine* / Michel Tournier,
(samedi 17 février 1996), Le Bloc-Notes des écrivains :
« Du bon usage du franglais ».

1. *Adultération* : altération, déformation.
2. *Volapük angloïde* : terme péjoratif pour dénoncer un mélange de langues proches de
l'anglais.
3. *Oxford et Cambridge* : universités anglaises.

QUESTIONS *(10 points)*

1. *Quelle est la thèse défendue par l'auteur ?*
Quelle est la thèse réfutée ? | 4 pts |
2. *Dégager les étapes de l'argumentation.* | 3 pts |
3. *Quelles sont les valeurs du pronom « on » ?* | 3 pts |

TRAVAIL D'ÉCRITURE *(10 points)*

Face à la progression de la langue anglaise dans divers domaines : politique, technique, scientifique, culturel …, pensez-vous que la langue française ait encore un rôle à jouer dans le monde d'aujourd'hui ou qu'elle soit condamnée à subir le sort du grec au début de notre ère ?

Appuyez-vous sur des situations concrètes, des exemples précis.

Pour approfondir

Questions supplémentaires

1. Quelle différence de sens établissez-vous entre « occasion » et « opportunité » (lignes 40-41) ?

2. Cherchez deux échantillons du registre familier et deux échantillons du registre soutenu.

3. Où commence l'argumentation proprement dite ?

4. Étudiez le rôle des exemples dans l'ensemble du texte.

Autres travaux d'écriture

Quelles propositions concrètes feriez-vous pour enrayer la progression du franglais parmi les jeunes ?

Vous répondrez à cette question dans un développement structuré et nourri d'exemples.

Commentaire littéraire et étude littéraire

Le lyrisme
et le sentiment amoureux

SÉRIES L-ES-S

SUJET **UNE DÉCLARATION D'AMOUR**

National, L-ES-S, juin 2000

J'avais tout débité d'un trait, de peur qu'elle ne m'interrompe, de peur
que je ne trébuche sur les mots. Je ne l'avais pas regardée une seule fois. Et
quand je m'étais tu, je ne l'avais pas regardée non plus. J'avais peur de voir
dans ses yeux ce qui pourrait ressembler à de l'indifférence, ou à de la com-
5 passion. Ou même à de la surprise, car si je savais pertinemment que je la sur-
prenais par cette déclaration, toute manifestation de surprise m'aurait donné
à penser que nous n'étions pas dans les mêmes dispositions – et tout ce
qu'elle aurait pu dire, après cela, n'aurait été que politesse et consolation.
Je ne la regardais donc pas, et si j'avais pu détourner les oreilles comme
10 je détournais les yeux, je l'aurais fait. Car autant que dans son regard, je
redoutais d'entendre dans ses mots, dans l'intonation de sa voix, l'indifférence, la compassion… J'écoutais seulement sa respiration, chaude comme
un soupir.
« Oui. »
15 Elle avait dit « oui ».
C'était la réponse la plus belle, la plus simple, et pourtant c'était celle que
j'attendais le moins.
Elle aurait pu se lancer dans des formules contorsionnées pour expliquer que, dans ces circonstances, il ne lui semblait pas possible que… Je
20 l'aurais interrompue brutalement, pour lui dire : « N'en parlons plus ! » Elle
m'aurait fait promettre que nous resterions tout de même bons amis, j'aurais dit : « Bien sûr », mais je n'aurais plus jamais voulu la revoir ni entendre
prononcer son nom.
Elle aurait pu, à l'inverse, m'expliquer qu'elle aussi ressentait la même
25 chose, depuis notre première rencontre… J'aurais su quoi dire, quoi faire.

Ce « oui » simple, ce « oui » sec, me laissait sans voix.
J'avais presque envie de lui demander : « Oui, quoi ? » Parce qu'elle
pouvait simplement avoir voulu dire : « Oui, j'ai entendu » ; « Oui, je prends
acte » ; « Oui, je vais réfléchir ».
30   Je l'avais regardée, inquiet, incrédule.
C'était le vrai « oui », le « oui » le plus dur. Avec des yeux en larmes et
un sourire de femme aimée.

Amin MAALOUF, *Les Échelles du Levant*, © Éditions Grasset, 1996.

QUESTIONS *(4 points)*

1. *Quel est le sentiment qui domine dans les deux premiers paragraphes
et quel est le champ lexical qui s'y rapporte ?* | *1 pt* |

2. *Depuis « Elle aurait pu se lancer dans des formules… » jusqu'à*
« J'aurais su quoi dire, quoi faire. » (lignes 18 à 25) :
a. *étudiez le jeu des modes et des temps ;* | *1,5 pt* |
b. *relevez, en les classant, les pronoms personnels et les adjectifs pos-*
sessifs de ce passage ; que remarquez-vous ? | *1,5 pt* |

COMMENTAIRE COMPOSÉ *(16 points)*

Vous présenterez un commentaire composé de ce texte.

Pour approfondir

Questions supplémentaires

1. Observez le nombre et la longueur des paragraphes.

2. Relevez et commentez un trait d'humour.

3. Justifiez l'emploi du superlatif dans l'ensemble du texte.

4. La réflexion des lignes 16-17 (« et pourtant c'était celle que j'attendais le moins ») vous paraît-elle paradoxale ou non ?

SUJET **43**

«ADIEU!»

Amérique du Nord, L-ES-S, juin 2000

Nîmes 4 février 1915

L 'amour est libre, il n'est jamais soumis au sort
O Lou, le mien est plus fort encore que la mort
U n cœur, le mien, te suit dans ton voyage au Nord.

L ettres ! Envoie aussi des lettres ma chérie
5 **O** n aime en recevoir dans notre artillerie
U ne par jour au moins, une au moins, je t'en prie

L entement la nuit noire est tombée à présent.
O n va rentrer après avoir acquis du zan[1].
U ne, deux, trois… À toi ma vie ! À toi mon sang !

10 **L** a nuit, mon cœur, la nuit est très douce et très blonde
O Lou, le ciel est pur aujourd'hui comme une onde.
U n cœur, le mien, te suit jusques au bout du monde.

L 'heure est venue, Adieu ! l'heure de ton départ
O n va rentrer. Il est neuf heures moins le quart
15 **U** ne… deux… trois… Adieu de Nîmes dans le Gard.

Guillaume APOLLINAIRE, *Poèmes à Lou*, © poésie Gallimard, 1955.

1. Bonbon à base de réglisse.

QUESTIONS *(4 points)*

1. *Quels éléments font de ce poème une véritable lettre ?* | 2 pts |

2. *Relevez et présentez deux caractéristiques formelles adoptées par Apollinaire.* | 2 pts |

COMMENTAIRE COMPOSÉ *(16 points)*

Vous ferez de ce texte un commentaire composé.

Pour approfondir

Questions supplémentaires

1. Quels vers expriment la banalité ordinaire de la vie ?

2. Comparez les vers 3 et 12.

3. Étudiez les rythmes des vers 7 à 9.

4. Observez les répétitions dans la dernière strophe. Quel senti-ment traduisent-elles ?

POÈME À LOU

Antilles-Guyane, L-ES-S, septembre 1999

Poème dédié à la comtesse Louise de Coligny, dite Lou.

Je t'écris ô mon Lou de la hutte en roseaux
Où palpitent d'amour et d'espoir neuf cœurs d'hommes
Les canons font partir leurs obus en monômes[1]
Et j'écoute gémir la forêt sans oiseaux

5   Il était une fois en Bohême un poète
Qui sanglotait d'amour puis chantait au soleil
Il était autrefois la comtesse A*lou*ette
Qui sut si bien mentir qu'il en perdit la tête
En perdit sa chanson en perdit le sommeil

10   Un jour elle lui dit Je t'aime ô mon poète
Mais il ne la crut pas et sourit tristement
Puis s'en fut en chantant Tire-lire[2] A*louette*
Et se cachait au fond d'un petit bois charmant

Un soir en gazouillant son joli tire-lire
15   La comtesse A*louette* arriva dans le bois
Je t'aime ô mon poète et je viens te le dire
Je t'aime pour toujours Enfin je te revois
Et prends-la pour toujours mon âme qui soupire

O cruelle A*lou*ette au cœur dur de vautour
20   Vous mentîtes encore au poète crédule
J'écoute la forêt gémir au crépuscule
La comtesse s'en fut et puis revint un jour
Poète adore-moi moi j'aime un autre amour

Il était une fois un poète en Bohême
25   Qui partit à la guerre on ne sait pas pourquoi
Voulez-vous être aimé n'aimez pas croyez-moi
Il mourut en disant Ma comtesse je t'aime
Et j'écoute à travers le petit jour si froid
Les obus s'envoler comme l'amour lui-même

APOLLINAIRE, *Poèmes à Lou*, section XXXIV, 10 avril 1915, © poésie Gallimard.

1. *Monôme* (vers 3) : cortège d'étudiants fêtant la fin des examens.
2. *Tire-lire* (vers 12) : expression empruntée à une chanson populaire.

QUESTIONS *(4 points)*

1. *Classez les différents « je » et « vous » en les identifiant.* 2 pts

2. *Distinguez les divers lieux évoqués dans ce poème.* 2 pts

COMMENTAIRE COMPOSÉ *(16 points)*

Vous ferez de ce texte un commentaire composé.

Pour approfondir

Questions supplémentaires

1. Que révèle la structure du poème ?

2. Quelles remarques pouvez-vous faire sur le vers 23 ?

3. Vous montrerez comment s'entrelacent les thèmes de l'amour et de la guerre.

4. Quelle conception de l'amour dégagez-vous de ce poème ?

45   **«LE VINGT-DEUX SEPTEMBRE»**

Antilles-Guyane, L-ES-S, septembre 1997

Le vingt-deux septembre

Un vingt-e[1]-deux septembre au diable vous partîtes,
Et, depuis, chaque année, à la date susdite,
Je mouillais mon mouchoir en souvenir de vous…
Or, nous y revoilà, mais je reste de pierre,
5   Plus une seule larme à me mettre aux paupières :
Le vingt-e-deux septembre, aujourd'hui, je m'en fous.

On ne reverra plus, au temps des feuilles mortes,
Cette âme en peine qui me ressemble et qui porte
Le deuil de chaque feuille en souvenir de vous…
10   Que le brave Prévert et ses escargots veuillent
Bien se passer de moi pour enterrer les feuilles[2] :
Le vingt-e-deux septembre, aujourd'hui, je m'en fous.

Jadis, ouvrant mes bras comme une paire d'ailes,
Je montais jusqu'au ciel pour suivre l'hirondelle
15   Et me rompais les os en souvenir de vous…
Le complexe d'Icare[3] à présent m'abandonne,
L'hirondelle en partant ne fera plus l'automne :
Le vingt-e-deux septembre, aujourd'hui, je m'en fous.

Pieusement noué d'un bout de vos dentelles,
20   J'avais, sur ma fenêtre, un bouquet d'immortelles
Que j'arrosais de pleurs en souvenir de vous…
Je m'en vais les offrir au premier mort qui passe,
Les regrets éternels à présent me dépassent :
Le vingt-e-deux septembre, aujourd'hui, je m'en fous.

25   Désormais, le petit bout de cœur qui me reste
Ne traversera plus l'équinoxe funeste
En battant la breloque[4] en souvenir de vous…
Il a craché sa flamme et ses cendres s'éteignent,
À peine y pourrait-on rôtir quatre châtaignes :
30   Le vingt-e-deux septembre, aujourd'hui, je m'en fous.

Et c'est triste de n'être plus triste sans vous.

Georges BRASSENS, *Poèmes et chansons*, © Éditions Universal, 1973.

1. Voyelle ajoutée pour les besoins de la versification.
2. Allusion au poème de Prévert dans lequel deux escargots vont à l'enterrement d'une feuille morte.
3. Icare : personnage de la mythologie. Icare s'envola grâce à des ailes fixées avec de la cire. Mais il s'approcha si près du soleil que la cire fondit et qu'il tomba dans la mer.
4. Battre la breloque (expression familière) : marcher irrégulièrement en parlant d'une montre et, par extension, du cœur.

QUESTIONS D'OBSERVATION *(4 points)*

1. *Relevez les indices qui justifient le choix du vingt-deux septembre.* ☐ *1 pt*

2. *Sur quels registres de langue opposés joue Brassens ? Citez un exemple de chacun d'eux.* ☐ *1 pt*

3. *Quelles remarques pouvez-vous faire sur le dernier vers ?* ☐ *2 pts*

COMMENTAIRE COMPOSÉ *(16 points)*

Vous ferez de ce texte un commentaire composé.

——— *Pour approfondir* ———

Questions supplémentaires

1. La syntaxe du refrain (v. 6) est-elle correcte ?

2. Au vers 17, Brassens joue sur une expression consacrée : laquelle ? Avec quels effets ?

3. Quelle valeur symbolique est traditionnellement attachée aux feuilles mortes ? Et ici ?

4. Quelle est la tonalité de cette chanson ? À quels indices l'identifiez-vous ?

SUJET 46 DANS LA RUE

Nouvelle-Calédonie, L-ES-S, décembre 1999

Le narrateur observe une jeune femme qui vient d'entrer dans un café.
Elle écrit une lettre. Depuis quelques jours cette scène se répète.

Cette femme qui venait d'entrer allait bientôt se retrouver dans la rue, où je l'attendais sans me montrer. Dans la rue... L'admirable courant du soir faisait miroiter comme nulle autre cette région la plus vivante et par instants la plus trouble de Montmartre. Et cette silhouette devant moi qui fuyait,
5 interceptée sans cesse par de mobiles buissons noirs. L'espoir – au reste quel espoir ? – ne faisait déjà plus voleter à mes côtés qu'une très petite flamme déteinte. Et les trottoirs bifurquaient inexplicablement tour à tour, selon un itinéraire aussi capricieux que possible. Contre toute apparence, je me demandais si je n'avais pas été aperçu pour qu'on m'entraînât ainsi
10 dans le plus merveilleux chemin des écoliers. Il finit tout de même par me mener quelque part, à une station quelconque de véhicules. Un pas de plus, de moins et, fort étonné, le visage que j'avais follement craint de ne jamais revoir se trouvait tourné vers moi de si près que son sourire à cette seconde me laisse aujourd'hui le souvenir d'un écureuil tenant une noisette
15 verte. Les cheveux, de pluie claire sur des marronniers en fleur... Elle me dit qu'elle m'avait écrit – cette lettre de tout à l'heure m'était destinée –, s'étonna qu'on ne me l'eût pas remise et, comme j'étais hors d'état de songer alors à la retenir, prit très vite congé de moi en me donnant rendez-vous ce même soir à minuit.

André BRETON, *L'Amour fou,* IV, © Éditions Gallimard, 1937.

QUESTIONS *(4 points)*

1. *Analysez le champ lexical du mouvement (de la ligne 2 : « Dans la rue... » à la ligne 11 : « ... véhicules »).*   2 pts

2. *De la ligne 8 (« Contre... ») à la ligne 15 (« ... en fleur »), relevez deux procédés différents par lesquels le narrateur exprime son émerveillement.*   2 pts

COMMENTAIRE COMPOSÉ *(16 points)*

Vous ferez de ce texte un commentaire composé.

_____ *Pour approfondir* _____

Questions supplémentaires

1. Comparez la dernière phrase du texte avec la première. Que remarquez-vous ?

2. Étudiez le jeu des pronoms personnels dans l'ensemble du texte.

3. Observez les phrases nominales du texte. Quelle est leur fonction ?

LES NOUVELLES DU SOIR

Asie, L-ES-S, juin 2000

À l'heure où la lumière enfouit son visage
dans notre cou, on crie les nouvelles du soir,
on nous écorche. L'air est doux. Gens de passage
dans cette ville, on pourra juste un peu s'asseoir
5 au bord du fleuve où bouge un arbre à peine vert,
après avoir mangé en hâte ; aurai-je même
le temps de faire ce voyage avant l'hiver,
de t'embrasser avant de partir ? Si tu m'aimes,
retiens-moi, le temps de reprendre souffle, au moins,
10 juste pour ce printemps, qu'on nous laisse tranquilles
longer la tremblante paix du fleuve, très loin,
jusqu'où s'allument les fabriques immobiles...
Mais pas moyen. Il ne faut pas que l'étranger
qui marche se retourne, ou il serait changé
15 en statue : on ne peut qu'avancer. Et les villes
qui sont encor debout brûleront. Une chance
que j'aie au moins visité Rome, l'an passé,
que nous nous soyons vite aimés, avant l'absence,
regardés encore une fois, vite embrassés,
20 avant qu'on crie « Le Monde[1] » à notre dernier monde
ou « Ce Soir[1] » au dernier beau soir qui nous confonde...

Tu partiras. Déjà ton corps est moins réel
que le courant qui l'use, et ces fumées au ciel
ont plus de racines que nous. C'est inutile
25 de nous forcer. Regarde l'eau, comme elle file
par la faille entre nos deux ombres. C'est la fin,
qui nous passe le goût de jouer au plus fin.

> Philippe JACCOTTET (né en 1925), *L'Effraie*, © Éditions Gallimard, 1946-1950.

1. Titres de journaux.

QUESTIONS *(4 points)*

1. *Relevez et analysez les éléments du décor.* | 2 pts |

2. *Étudiez le rythme des vers 8 à 12 (de « Si tu m'aimes... » à « ... immo-*
biles... ») | 2 pts |

COMMENTAIRE COMPOSÉ *(16 points)*

Vous présenterez un commentaire composé de ce texte.

Pour approfondir

Questions supplémentaires

1. Étudiez la structure du poème.

2. Observez le champ lexical de la violence.

3. Identifiez une métaphore dans les vers 25 et 26, puis dégagez l'effet produit.

4. Quelle note le jeu de mots final apporte-t-il au poème ?

«DANS LES BOIS»

Asie, L-ES-S, juin 1998

D'autres, – des innocents ou bien des lymphatiques [1], –
Ne trouvent dans les bois que charmes langoureux,
Souffles frais et parfums tièdes. Ils sont heureux!
D'autres s'y sentent pris – rêveurs – d'effrois mystiques.

5 Ils sont heureux! Pour moi, nerveux, et qu'un remords
Épouvantable et vague affole sans relâche,
Par les forêts je tremble à la façon d'un lâche
Qui craindrait une embûche ou qui verrait des morts.

Ces grands rameaux jamais apaisés, comme l'onde,
10 D'où tombe un noir silence avec une ombre encor
Plus noire, tout ce morne et sinistre décor
Me remplit d'une horreur triviale et profonde.

Surtout les soirs d'été : la rougeur du couchant
Se fond dans le gris bleu des brumes qu'elle teinte
15 D'incendie et de sang ; et l'angélus qui tinte
Au lointain semble un cri plaintif se rapprochant.

Le vent se lève chaud et lourd, un frisson passe
Et repasse, toujours plus fort, dans l'épaisseur
Toujours plus sombre des hauts chênes, obsesseur [2],
20 Et s'éparpille, ainsi qu'un miasme [3], dans l'espace.

La nuit vient. Le hibou s'envole. C'est l'instant
Où l'on songe aux récits des aïeules naïves…
Sous un fourré, là-bas, là-bas, des sources vives
Font un bruit d'assassins postés se concertant.

Paul VERLAINE, *Poèmes saturniens*, 1866.

1. *Lymphatique :* nonchalant.
2. *Obsesseur :* mot vieilli, synonyme de *obsédant.*
3. *Miasme :* émanation malodorante et malsaine.

QUESTIONS *(4 points)*

1. *Autour de quelles oppositions s'organisent les deux premières strophes ?*
$\boxed{2\ pts}$

2. *À propos des vers 14 et 15, quelles observations pouvez- vous faire sur la rime ?*
$\boxed{2\ pts}$

COMMENTAIRE COMPOSÉ *(16 points)*

Vous ferez de ce texte un commentaire composé.

«JAURÈS»

Polynésie, L-ES-S, novembre 1995

Jean Jaurès, leader socialiste, fut assassiné le 31 juillet 1914, à la veille de la déclaration de la guerre.

Jaurès

Ils étaient usés à quinze ans
Ils finissaient en débutant
Les douze mois s'appelaient décembre
Quelle vie ont eue nos grands-parents
5   Entre l'absinthe et les grand-messes
Ils étaient vieux avant que d'être
Quinze heures par jour le corps en laisse
Laissent au visage un teint de cendre
Oui not' Monsieur ou not' bon Maître
10   Pourquoi ont-ils tué Jaurès ?
Pourquoi ont-ils tué Jaurès ?

On ne peut pas dire qu'ils furent esclaves
De là à dire qu'ils ont vécu
Lorsque l'on part aussi vaincu
15   C'est dur de sortir de l'enclave
Et pourtant l'espoir fleurissait
Dans les rêves qui montaient aux yeux
Des quelques ceux qui refusaient
De ramper jusqu'à la vieillesse
20   Oui not' bon Maître oui not' Monsieur
Pourquoi ont-ils tué Jaurès ?
Pourquoi ont-ils tué Jaurès ?

Si par malheur ils survivaient
C'était pour partir à la guerre
25   C'était pour finir à la guerre
Aux ordres de quelques sabreurs
Qui exigeaient au bout des lèvres
Qu'ils aillent offrir au champ d'horreur
Leurs vingt ans qui n'avaient pu naître
30   Et ils mouraient à pleine peur
Tout miséreux oui not' bon Maître
Couverts de prêtres oui not' Monsieur

Demandez-vous belle jeunesse
Le temps de l'ombre d'un souvenir
35 Le temps du souffle d'un soupir
Pourquoi ont-ils tué Jaurès ?
Pourquoi ont-ils tué Jaurès ?

Jacques BREL (1929-1978), *Dernières Chansons*,
© *Jacques Brel*. Éditions Pouchenel, 1977.

QUESTIONS *(4 points)*

1. *Justifiez le titre de la chanson.* 2 pts

2. *Observez le rythme des vers 16 à 19.* 2 pts

COMMENTAIRE COMPOSÉ *(16 points)*

Vous ferez le commentaire composé de ce texte.

───── *Pour approfondir* ─────

Questions supplémentaires

1. Quel thème récurrent trouvez- vous dans ces quatre strophes ?

2. Quel effet le poète tire-t-il du jeu des contrastes ? Montrez-le à partir de deux exemples significatifs.

3. Comment le poète communique-t-il le sentiment du tragique ?

SUJET **50**

NOTRE TERRE

Nouvelle-Calédonie, L-ES-S, 1996

Le paysage

Non, la terre n'est pas couverte d'arbres, de pierres, de fleuves : elle est couverte d'hommes.

Si les meilleurs sont enfermés dans un long supplice, s'il n'y a plus que le mensonge qui se montre, chamarré de fausses prairies,

5   si quelqu'un te dit : « Admire le soleil » – et tu ne vois que le miroitement de la boue, ou bien : « Fais ton devoir ! » – et on te tend un couteau pour égorger ta mère et ton frère,

    alors tous les arbres sont abattus, les pierres noircissent et s'effritent, les fleuves sont des cloaques infâmes.

10   Tu ne peux plus avancer, tu n'oses plus regarder ni entendre. Méfie-toi du mouvement des feuilles : de patients imposteurs les agitent pour te perdre. Dans le bourdonnement touffu de la batteuse, un monstre caché guette le grain. Tu te détournes avec horreur.

    Brusquement, un jour d'été, les démons ôteront leur masque, et désignant

15 vingt millions de cadavres alignés, éclateront de rire : « Hein ! quelle bonne farce ! »

    Aussitôt, les vrais hommes remonteront au grand jour. Même ceux qui sont morts. Ils parleront droit et juste, à haute voix. Alors il y aura de nouveau des arbres, des pierres, des fleuves.

20   Tu longeras un mur : il te répondra gentiment. Tu prendras une branche, elle te dira « Je t'aime », tu pourras la serrer sur tout cœur.

Jean TARDIEU (1903-1995), *Jours pétrifiés*, © Éditions Gallimard, 1947.

N.B. *Écrit entre 1940 et 1944, ce poème a été édité en 1947.*

QUESTIONS *(4 points)*

1. *Quelles remarques faites-vous sur la présentation de la deuxième phrase (lignes 3 à 9 : « Si les meilleurs... cloaques infâmes. »)?* $\boxed{2\ pts}$

2. *Quel effet produit le changement de temps à partir de la ligne 14 ?* $\boxed{2\ pts}$

COMMENTAIRE COMPOSÉ *(16 points)*

Vous ferez de ce poème en prose un commentaire composé.

SÉRIES STT-STI-SMS-STL

LA VOIX HUMAINE

Antilles-Guyane, STT-STI-STL-SMS, septembre 1996

La voix

Une voix, une voix qui vient de si loin
Qu'elle ne fait plus tinter les oreilles,
Une voix, comme un tambour, voilée
Parvient pourtant, distinctement, jusqu'à nous.

5 Bien qu'elle semble sortir d'un tombeau
Elle ne parle que d'été et de printemps,
Elle emplit le corps de joie,
Elle allume aux lèvres le sourire.

Je l'écoute. Ce n'est qu'une voix humaine
10 Qui traverse les fracas de la vie et des batailles,
L'écroulement du tonnerre et le murmure des bavardages.

Et vous ? Ne l'entendez-vous pas ?
Elle dit : « La peine sera de courte durée. »
Elle dit : « La belle saison est proche. »
15 Ne l'entendez-vous pas ?

Robert DESNOS[1], © Éditions Gallimard, *Domaine public*.

1. Robert Desnos, membre d'un réseau de Résistance, fut arrêté à Paris en février 1944 et mourut en 1945, quelques jours après la libération du camp où il avait été déporté. Le poème ci-dessus a été composé pendant l'occupation allemande.

QUESTIONS D'OBSERVATION *(8 points)*

1. Quelles caractéristiques permettent d'identifier ce texte comme étant un poème ?

2 pts

2. *En regroupant les pronoms personnels du poème (sujets et complé-ments), vous direz ce qu'ils représentent, quelle est leur répartition dans le texte et comment certains sont mis en valeur.*   4 pts

3. *Quelles oppositions les termes « pourtant » et « bien que » font-ils res-sortir dans les première et deuxième strophes ?*   2 pts

QUESTIONS D'ANALYSE, D'INTERPRÉTATION OU DE COMMENTAIRE *(12 points)*

1. *En vous appuyant sur des éléments précis du texte, vous direz com-ment se justifie le titre du poème.*   6 pts

2. *Ce texte a été écrit pendant l'occupation allemande de 1940-1944, époque où la radio, entre autres, jouait un rôle important. Montrez en quoi certains mots, vers ou phrases peuvent renvoyer à cette situation précise, mais aussi en quoi le poème peut être interprété de façon beaucoup plus large.*   6 pts

---

——— *Pour approfondir* ———

Questions supplémentaires

1. Étudiez les sonorités des vers 10 et 11.

2. Observez la disposition des vers dans la dernière strophe.

3. Par quels procédés le poète rend-il pressant l'appel contenu dans le dernier vers ?

4. Comment Desnos conçoit-il la mission du poète d'après ce texte ? Citez les vers pour justifier votre réponse.

LA PROSE DU TRANSSIBÉRIEN ET DE LA PETITE JEHANNE DE FRANCE

Polynésie, STT-STI-STL-SMS, juin 2000

B. Cendrars, au moment de la guerre russo-japonaise, en 1905, traverse la Russie en train. Il est accompagné d'une jeune Parisienne, Jeanne.

« Blaise, dis, sommes-nous bien loin de Montmartre ? »
Nous sommes loin, Jeanne tu roules depuis sept jours
Tu es loin de Montmartre [1], de la Butte [1] qui t'a nourrie, du Sacré-Cœur
contre lequel tu t'es blottie.
5 Paris a disparu et son énorme flamblée
Il n'y a plus que les cendres continues
La pluie qui tombe
La tourbe qui se gonfle
La Sibérie qui tourne
10 Les lourdes nappes de neige qui remontent
Et le grelot de la folie qui grelotte comme un dernier désir dans l'air bleu
Le train palpite au cœur des horizons plombés
Et ton chagrin ricane...

« Dis, Blaise, sommes-nous bien loin de Montmartre ? »

15 Les inquiétudes
Oublie les inquiétudes
Toutes les gares lézardées obliques sur la route
Les fils télégraphiques auxquels elles pendent
Les poteaux grimaçants qui gesticulent et les étranglent.
20 Le monde s'étire s'allonge et se retire comme un accordéon qu'une main
sadique tourmente
Dans les déchirures du ciel, les locomotives en furie
S'enfuient
Et dans les trous,
25 Les roues vertigineuses les bouches les voix
Et les chiens de malheur qui aboient à nos trousses
Les démons sont déchaînés
Ferrailles
Tout est un faux accord
30 Le broun-roun-roun des roues

Chocs
Rebondissements
Nous sommes un orage sous le crâne d'un sourd...

« Dis, Blaise, sommes-nous bien loin de Montmartre ? »

Blaise CENDRARS, *La Prose du Transsibérien
et de la petite Jehanne de France*, © Denoël, 1913.

1. Lieux et monuments de Paris.

QUESTIONS D'OBSERVATION *(8 points)*

1. *Quelles remarques faites-vous sur la mise en page de ce poème*
$\boxed{2\,pts}$

2. *Quel est le sentiment éprouvé par Jeanne et comment s'exprime-t-il ?*
$\boxed{3\,pts}$

3. *Analysez le rythme éprouvé par Jeanne et comment s'exprime-t-il ?*
$\boxed{3\,pts}$

QUESTIONS D'ANALYSE ET D'INTERPRÉTATION OU DE COMMENTAIRE *(12 points)*

1. *Comment la description du paysage traduit-elle le mouvement du train ?*
$\boxed{6\,pts}$

2. *Vous étudierez les comparaisons et les métaphores et vous montrerez qu'elles reflètent les états d'âme des voyageurs.*
$\boxed{6\,pts}$

Pour approfondir

Questions supplémentaires

1. Comment comprenez-vous ce vers 13 ?

2. Relevez deux différences importantes entre la première strophe et la deuxième.

3. Examinez les vers 30 à 32 : ont-ils un lien syntaxique ? Quel est le procédé mis en œuvre par Cendrars ? Quel est l'effet produit ?

UNE FEMME AMOUREUSE

Groupe II, séries STT-STI-SMS-STL, juin 1997

L'héroïne est amoureuse d'un personnage du nom de Solal.

Attentes, ô délices. Après le bain et le petit déjeuner, merveille de
rêvasser à lui, étendue sur le gazon et roulée dans des couvertures, ou à
plat ventre, les joues dans l'herbe et le nez contre de la terre, merveille de
se rappeler sa voix et ses yeux et ses dents, merveille de chantonner, les
5 yeux arrondis, en exagérant l'idiotie pour mieux se sentir végéter dans
l'odeur d'herbe, merveille de se raconter l'arrivée de l'aimé ce soir, de se
la raconter comme une pièce de théâtre, de se raconter ce qu'il lui dirait,
ce qu'elle lui dirait. En somme, se disait-elle, le plus exquis c'est quand il
n'est pas là, c'est quand il va venir et que je l'attends, et aussi c'est quand
10 il est parti et que je me rappelle. Soudain, elle se levait, courait dans le
jardin avec une terreur de joie, lançait un long cri de bonheur. Ou encore
elle sautait par-dessus la haie de roses. Solal ! criait cette folle à chaque
bond.
    Parfois, le matin, alors qu'elle était absorbée par quelque tâche soli-
15 taire, tout occupée à cueillir des champignons ou des framboises, ou à
coudre, ou à lire un livre de philosophie qui l'ennuyait, mais il fallait se
cultiver pour lui, ou à lire avec honte et intérêt le courrier du cœur ou l'horo-
scope d'un hebdomadaire féminin, elle s'entendait tout à coup murmurer
tendrement deux mots, sans l'avoir voulu, sans avoir pensé à lui. Mon
20 amour, s'entendait-elle murmurer. Vous voyez, mon chéri, disait-elle alors
à l'absent, vous voyez, même quand je ne pense pas à vous, en moi ça
pense à vous.

Albert COHEN, *Belle du Seigneur,* © Éditions Gallimard, 1968.

QUESTIONS D'OBSERVATION *(8 points)*

1. *Quelle remarque pouvez-vous faire sur la construction de la deuxième
phrase (« Après le bain… ce qu'elle lui dirait. » lignes 1 à 8) ? Quel est
l'effet produit ?* 4 pts

2. *De « En somme… » (ligne 8) à la fin du texte, relevez et classez les
verbes qui concernent la parole.* 2 pts

3. *Quelles remarques faites-vous sur l'expression : « même quand je ne pense pas à vous, en moi ça pense à vous ». (lignes 21-22) ?* ⎡ *2 pts* ⎤

QUESTIONS D'ANALYSE, D'INTERPRÉTATION OU DE COMMENTAIRE *(12 points)*

1. *Commentez le rôle que jouent les divers éléments du décor dans la présentation de l'héroïne.* ⎡ *5 pts* ⎤

2. *Quelle image de l'amour est proposée à travers l'évocation de ces moments d'attente ? Vous appuierez votre analyse sur une étude précise du texte.* ⎡ *7 pts* ⎤

───── *Pour approfondir* ─────

Questions supplémentaires

1. Quel type de discours identifiez-vous dans la proposition : « mais il fallait se cultiver pour lui » (lignes 16-17) ?

2. Relevez les verbes pronominaux du texte. Que remarquez-vous ?

3. Quel regard le narrateur porte-t-il sur l'héroïne ?

L'autre et l'ailleurs

SÉRIES L-ES-S

54 UN AFRICAIN DANS UNE MÉTROPOLE EUROPÉENNE

Polynésie, L-ES-S, septembre 1999

Un Africain – nommé le Fou dans le roman – raconte sa première arrivée dans une grande ville européenne et l'angoisse qu'il éprouve devant un paysage inconnu. Il s'est assis sur une de ses valises dans le renfoncement d'une porte.

Un homme, passant à côté de moi, voulut s'arrêter. Je tournai la tête. L'homme hésita puis, hochant la tête, poursuivit son chemin. Je le suivis du regard. Son dos carré se perdit parmi d'autres dos carrés. Sa gabardine grise, parmi les gabardines. Le claquement sec de ses souliers se mêla au
5 bruit de castagnettes qui courait à ras d'asphalte. L'asphalte… Mon regard parcourait toute l'étendue et ne vit pas de limite à la pierre. Là-bas, la glace du feldspath[1], ici, le gris clair de la pierre, ce noir mat de l'asphalte. Nulle part la tendre mollesse d'une terre nue. Sur l'asphalte dur, mon oreille exacerbée, mes yeux avides guettèrent, vainement, le tendre surgissement d'un pied nu.
10 Alentour, il n'y avait aucun pied. Sur la carapace dure, rien que le claquement d'un millier de coques dures. L'homme n'avait-il plus de pieds de chair ? Une femme passa, dont la chair rose des mollets se durcissait monstrueusement en deux noires conques[2] terminales, à ras d'asphalte. Depuis que j'avais débarqué, je n'avais pas vu un seul pied. La marée des conques sur
15 l'étendue de l'asphalte courait à ras. Tout autour, du sol au faîte des immeubles, la coquille nue et sonore de la pierre faisait de la rue une vasque[3] de granit. Cette vallée de pierre était parcourue, dans son axe, par un fantastique fleuve de mécaniques enragées. Jamais, autant que ce jour-là, les

20 voitures automobiles – que je connaissais cependant – ne m'étaient apparues ainsi souveraines et enragées, si sournoises bien qu'obéissantes encore. Sur le haut du pavé qu'elles tenaient pas un être humain qui marchât.

Cheikh Hamidou KANE, *L'Aventure ambiguë,* Paris, © Julliard, 1961.

1. Feldspath : matière utilisée pour le revêtement des routes.
2. Conque : grand coquillage.
3. Vasque : large cuvette d'une fontaine.

QUESTIONS D'OBSERVATION *(4 points)*

1. *Dans les lignes 10 à 14, relevez les tournures négatives. Quel est l'effet produit ?* 2 pts

2. *Dans les lignes 13 à 18, relevez et analysez une métaphore.* 2 pts

COMMENTAIRE COMPOSÉ *(16 points)*

Vous ferez de ce texte un commentaire composé.

—— **Pour approfondir** ——

Questions supplémentaires

1. Combien de fois le narrateur utilise-t-il le mot « pierre » ? Ce mot garde-t-il le même sens quel que soit le contexte ?

2. Analysez le jeu des répétitions dans les lignes 1 à 11.

3. Quel est le leitmotiv de ce texte ?

4. Commentez le choix des sonorités dans la phrase : « Sur la carapace dure, rien que le claquement d'un millier de coques dures. »

SOUVENIR D'ENFANCE

Sportifs de haut niveau, L-ES-S, octobre 1999

Le narrateur et sa sœur passent leurs acances d'été à Saranza, petite ville russe située aux abords de la steppe, chez leur grand-mère d'origine française : fascinés par ses récits, ils attendent avec impatience, chaque soir, qu'elle leur fasse des confidences sur sa vie passée et qu'elle leur parle de la France où elle a vécu autrefois.

Cependant, elle semblait ne pas même remarquer notre présence tendue. Ses mains restaient toujours immobiles sur ses genoux, son regard fondait dans la transparence du ciel. Un reflet de sourire éclairait ses lèvres...
Peu à peu nous nous abandonnâmes à ce silence. Penchés par-dessus
5 la rampe, nous écarquillions les yeux en essayant de voir le plus de ciel possible. Le balcon tanguait légèrement, se dérobant sous nos pieds, se mettant à planer. L'horizon se rapprocha comme si nous nous élancions vers lui à travers le souffle de la nuit.

C'est au-dessus de sa ligne que nous discernâmes ce miroitement pâle
10 – on eût dit des paillettes de petites vagues sur la surface d'une rivière. Incrédules, nous scrutâmes l'obscurité qui déferlait sur notre balcon volant. Oui, une étendue d'eau sombre scintillait au fond des steppes, montait, répandait la fraîcheur âpre des grandes pluies. Sa nappe semblait s'éclaircir progressivement – d'une lumière mate, hivernale.

15 Nous voyions maintenant sortir de cette marée fantastique les conglomérats noirs des immeubles, les flèches des cathédrales, les poteaux des réverbères – une ville ! Géante, harmonieuse malgré les eaux qui inondaient ses avenues, une ville fantôme émergeait sous notre regard...

Soudain, nous nous rendîmes compte que quelqu'un nous parlait depuis
20 déjà un moment. Notre grand-mère nous parlait !
– Je devais avoir à l'époque presque le même âge que vous. C'était en hiver 1910. La Seine s'était transformée en une vraie mer. Les Parisiens naviguaient en barque. Les rues ressemblaient à des rivières, les places, à de grands lacs. Et ce qui m'étonnait le plus, c'était le silence...
25 Sur notre balcon, nous entendions ce silence sommeillant de Paris inondé. Quelques clapotis de vagues au passage d'une barque, une voix assourdie au bout d'une avenue noyée.

La France de notre grand-mère, telle une Atlantide[1] brumeuse, sortait des flots.

Andreï MAKINE, *Le Testament français*, © Mercure de France, 1995.

1. *Atlantide :* île fabuleuse qui, selon la légende, aurait été engloutie dans la mer.

QUESTIONS *(4 points)*

1. *Relevez les termes qui apportent une indication temporelle et montrez leur rôle dans la strucutre du texte.* 2 pts

2. *Analysez le champ lexical du mouvement dans les lignes 4 à 18.* 2 pts

COMMENTAIRE COMPOSÉ *(16 points)*

Vous ferez de ce texte un commentaire composé.

——— *Pour approfondir* ———

Questions supplémentaires

1. Comment le paysage est-il dessiné ici ? Avec des lignes ou avec des formes ?

2. Comment s'accomplit, dans le deuxième paragraphe, le passage de la réalité à un paysage imaginaire ?

3. Quel est, à la fin du texte, le rôle du discours direct ?

4. Commentez la comparaison contenue dans la dernière phrase.

L'ARRIVÉE D'UN VOILIER

Centres étrangers I, L-ES-S, juin 2000

Elle l'a vu arriver. Même avant d'avoir franchi l'horizon, il était visible, sa grande voile triangulaire qui dépassait la ligne de la mer. Le soleil l'allumait comme une torche blanche. Puis il est monté vers la terre ferme. Ses voiles immenses étaient
5 déployées de chaque côté, on aurait dit une majestueuse oie blance qui arrivait de l'autre monde. Il s'est avancé droit vers l'entrée du port. Nadia est restée sans pouvoir bouger. Elle tenait toujours Nassima par la main si fort qu'elle lui faisait mal. Enfin elles sont descendues en courant vers le port sans reprendre leur souffle.
10 La navire était en panne[1] au milieu de la rade, ses voiles affalées[1]. On voyait des silhouettes s'agiter sur le pont, des gens qui bordaient[1] la toile, on entendait des voix qui résonnaient sur l'eau lisse dans le silence de la baie, et le raclement de la chaîne d'ancre dans l'écubier[1].
Nassima n'a pas oublié ce matin-là, c'était magique. Elle croyait que ça
15 ne pouvait pas s'arrêter, que ça devait durer des mois, des années, toujours. Elle était là, immobile sur le quai d'honneur, avec la main de Nadia qui broyait la sienne, sans penser, presque sans respirer. Le grand bateau tournait autour des amarres, lentement, au gré du courant. Il y avait des frissons sur la mer, le vent allumait des étincelles. Les mâts du bateau étaient
20 si hauts qu'à côté d'eux tout semblait petit, indifférent.
Nassima regardait fixement, comme si elle appréhendait qu'il se passe quelque chose, qu'un canot se détache de la coque, ou qu'on hisse à nouveau les voiles et que le bateau se tourne vers l'horizon et parte pour toujours. Son cœur battait fort, son visage brûlait à cause du vent froid, du
25 soleil, de l'impatience. Longtemps après, quand elle y repensait, elle sentait encore cette brûlure, cette palpitation. Une électricité au bout des doigts, une impatience.

J.-M.G. LE CLÉZIO, *Hasard,* © Éditions Gallimard, 1999.

1. Termes techniques de marine.

QUESTIONS *(4 points)*

1. *Relevez les comparaisons des lignes 1 à 9. Quelle(s) remarque(s) faites-vous ?* | 2 pts |

2. *Classez les mots et expressions qui traduisent ce qu'éprouve Nassima devant le bateau. Justifiez votre classement.* | 2 pts |

COMMENTAIRE COMPOSÉ *(16 points)*

Vous ferez de ce texte un commentaire composé.

■ *Pour approfondir* ■

Questions supplémentaires

1. Par quels procédés l'auteur instaure-t-il une relation triangulaire entre Nadia, Nassima et le voilier ?

2. Quelle voix se fait entendre dans le quatrième paragraphe ? À quels indices l'identifiez-vous ?

3. Comment le narrateur a-t-il mis en relief, dans les trois dernières phrases du passage, le sentiment éprouvé par Nassima ? Relevez trois procédés et citez le texte.

« VOILES AU PORT

Groupe II, L-ES-S, juin 1997

Dans le port étroit et long comme une chaussée d'eau entre ses quais peu élevés où brillent les lumières du soir, les passants s'arrêtaient pour regarder, comme de nobles étrangers arrivés de la veille et prêts à repartir, les navires qui y étaient assemblés. Indifférents à la curiosité qu'ils excitaient chez une
5 foule dont ils paraissaient dédaigner la bassesse ou seulement ne pas parler la langue, ils gardaient dans l'auberge humide où ils s'étaient arrêtés une nuit, leur élan silencieux et immobile. La solidité de l'étrave[1] ne parlait pas moins des longs voyages qu'il leur restait à faire que ses avaries des fatigues qu'ils avaient déjà supportées sur ces routes glissantes, antiques comme le
10 monde et nouvelles comme le passage qui les creuse et auquel elles ne survivent pas. Frêles et résistants, ils étaient tournés avec une fierté triste vers l'Océan qu'ils dominent et où ils sont comme perdus. La complication merveilleuse et savante des cordages se reflétait dans l'eau comme une intelligence précise et prévoyante plonge dans la destinée incertaine qui tôt ou
15 tard la brisera. Si récemment retirés de la vie terrible et belle dans laquelle ils allaient se retremper demain, leurs voiles étaient molles encore du vent qui les avait gonflées, leur beaupré[2] s'inclinait obliquement sur l'eau comme hier encore leur démarche, et, de la proue à la poupe, la courbure de leur coque semblait garder la grâce mystérieuse et flexible de leur sillage.

Marcel PROUST, *Les Plaisirs et les Jours,* 1896.

1. Étrave : pièce courbe et saillante qui forme la proue d'un bateau.
2. Beaupré : mât placé à l'avant plus ou moins obliquement.

QUESTIONS *(4 points)*

Les réponses à ces questions doivent être entièrement rédigées.

1. *Que désigne le pronom « ils » dans la phrase des lignes 4 à 7 ?* ⬚ *1 pt*

2. *Montrez l'importance de la comparaison « comme de nobles étrangers arrivés de la veille et prêts à repartir » (ligne 3) dans l'ensemble du texte.*
⬚ *3 pts*

COMMENTAIRE COMPOSÉ *(16 points)*

Vous ferez de ce texte un commentaire composé.

━━━━━━━ *Pour approfondir* ━━━━━━━

Questions supplémentaires

1. Relevez et commentez une allitération.

2. Quelle signification symbolique peut prendre l'attitude des navires à l'égard de la foule ?

3. Quelles résonances la fin de la dernière phrase éveille-t-elle ?

4. À quels indices reconnaissez-vous dans ce texte une œuvre de jeunesse ?

LA MAGIE DE LA LECTURE

Groupe II, L-ES-S, juin 1996

Rien, une règle, des plumes rouillées, un bout de ficelle, un petit jeu de dames, le cadavre d'un lézard, une agate [1] perdue.

Dans une fente, un livre : j'en vois le dos, je m'écorche les ongles à essayer de le retirer. Enfin, avec l'aide de la règle, en cassant un pupitre, j'y
5 arrive ; je tiens le volume et je regarde le titre :

ROBINSON CRUSOÉ

Il est nuit.

Je m'en aperçois tout d'un coup. Combien y a-t-il de temps que je suis dans ce livre ? – quelle heure est-il ?

Je ne sais pas, mais voyons si je puis lire encore ! Je frotte mes yeux, je
10 *tends* mon regard, les lettres s'effacent, les lignes se mêlent, je saisis encore le coin d'un mot, puis plus rien.

J'ai le cou brisé, la nuque qui me fait mal, la poitrine creuse : je suis resté penché sur les chapitres sans lever la tête, sans entendre rien, dévoré par la curiosité, collé aux flancs de Robinson, pris d'une émotion immense,
15 remué jusqu'au fond de la cervelle et jusqu'au fond du cœur ; et en ce moment où la lune montre là-bas un bout de corne, je fais passer dans le ciel tous les oiseaux de l'île, et je vois se profiler la tête longue d'un peuplier comme le mât du navire de Crusoé ! Je peuple l'espace vide de mes pensées, tout comme il peuplait l'horizon de ses craintes ; debout contre cette
20 fenêtre, je rêve à l'éternelle solitude et je me demande où je ferai pousser du pain...

La faim me vient : j'ai très faim.

Vais-je être réduit à manger ces rats que j'entends dans la cale de l'étude ? Comment faire du feu ? J'ai soif aussi. Pas de bananes ! Ah ! lui, il
25 avait des limons frais ! Justement j'adore la limonade !

Clic, clac ! On farfouille dans la serrure.

Est-ce Vendredi ? Sont-ce des sauvages ?

C'est le petit pion qui s'est souvenu, en se levant, qu'il m'avait *oublié*, et qui vient voir si j'ai été dévoré par les rats, ou si c'est moi qui les ai mangés.
30 Il a l'air un peu embarrassé, le pauvre homme ! – Il me retrouve gelé, moulu, les cheveux secs, la main fiévreuse ; il s'excuse de son mieux et m'entraîne dans sa chambre, où il me dit d'allumer un bon feu et de me réchauffer.

Jules VALLÈS, *L'Enfant*.

1. *Agate :* roche siliceuse, utilisée en joaillerie ; nom donné couramment aux billes de verre.

QUESTIONS *(4 points)*

1. *Quel est l'intérêt du présent et des phrases interrogatives et exclamatives ?* |2 pts|

2. *Présentez un relevé organisé et rédigé des termes exprimant sentiments et sensations.* |2 pts|

COMMENTAIRE COMPOSÉ *(16 points)*

Vous ferez de ce texte un commentaire composé.

Pour approfondir

Questions supplémentaires

1. Que révèle la disposition des paragraphes ?

2. Identifiez une métaphore et commentez-la.

3. La narration présente une lacune : laquelle ? Comment l'expliquez-vous ?

4. Quelle est la tonalité de l'avant-dernier paragraphe ?

SÉRIES STT-STI-STL-SMS

JET **RÊVE DE VOYAGE**

National, STTL-STI-STL-SMS, juin 2000

Le narrateur, en se rendant dans la vieille épicerie de son enfance, voit ses souvenirs resurgir et son imagination vagabonder.

Il n'y avait qu'une lampe à pétrole pendue dans un cardan[1] de cuivre. On semblait être dans la poitrine d'un oiseau : le plafond montait en voûte aiguë dans l'ombre. La poitrine d'un oiseau ? Non, la cale d'un navire. Des sacs de riz, des paquets de sucre, le pot de la moutarde, des marmites à trois pieds,
5 la jarre aux olives, les fromages blancs sur des éclisses[2], le tonneau aux harengs. Des morues sèches pendues à une solive[3] jetaient de grandes ombres sur les vitrines à cartonnages où dormait la paisible mercerie, et, en me haussant sur la pointe des pieds, je regardais la belle étiquette du fil au Chinois[4]. Alors, je m'avançais doucement, doucement ; le plancher en
10 latte souple ondulait sous mon pied. La mer, déjà, portait le navire. Je relevais le couvercle de la boîte au poivre. L'odeur. Ah, cette plage aux palmiers avec le Chinois et ses moustaches. J'éternuais. « Ne t'enrhume pas, Janot.
– Non, mademoiselle. » Je tirais le tiroir au café. L'odeur. Sous le plancher l'eau molle ondulait : on la sentait profonde, émue de vents magnifiques.
15 On n'entend plus les cris du port.

Dehors, le vent tirait sur les pavés un long câble de feuilles sèches. J'allais à la cachette de la cassonade[5]. Je choisissais une petite bille de sucre roux. Pendant que ça fondait sur ma langue, je m'accroupissais dans la logette entre le sac des pois chiches et la corbeille des oignons : l'ombre
20 m'engloutissait : j'étais parti.

Jean GIONO, « Le voyageur immobile », *L'Eau vive*, © Éditions France Empire, 1943.

1. Cardan : système de suspension.
2. Éclisse : fond en osier destiné à faire égoutter les fromages.
3. Solive : poutre qui soutient le plafond.
4. Fil au Chinois : le « Chinois » est le nom d'une marque commerciale de fil. L'étiquette représente un Chinois à longues moustaches.
5. Cassonade : sucre roux.

QUESTIONS D'OBSERVATION *(8 points)*

1. *Expliquez l'emploi du style direct (lignes 12-13).* | 2 pts |

2. *Relevez deux figures de style présentes dans la phrase : « Dehors, le vent tirait sur les pavés un long câble de feuilles sèches » (ligne 16) et analysez l'effet produit. Trouvez un autre exemple de l'une de ces figures dans le texte.* | 4 pts |

3. *Quels sont les organes des sens présents dans le texte ? Justifiez votre réponse.* | 2 pts |

QUESTIONS D'INTERPRÉTATION *(12 points)*

1. *Étudiez les procédés qui prouvent que le narrateur adopte le point de vue et la vision des choses de l'enfant qu'il était.* | 6 pts |

2. *En vous appuyant sur des éléments précis du texte, justifiez le titre de la nouvelle : « Le voyageur immobile ».* | 6 pts |

N.B. : Toutes vos réponses aux questions doivent être rédigées.

—— Pour approfondir ——

Questions supplémentaires

1. Expliquez l'emploi du présent à la fin du premier paragraphe : « On n'entend plus les cris du port ».

2. Relevez et classez les phrases nominales. Que remarquez-vous ?

3. Relevez deux adjectifs mélioratifs et justifiez leur emploi.

4. Dans un développement organisé vous étudierez les éléments du cadre.

UNE RENCONTRE

Inde, STT-STI-SMS-STL, avril 2000

Bravito, jeune Indien orphelin, a été élevé à Panama par un pasteur noir américain. Quand Bravito atteint dix-huit ans, il retourne vivre dans la forêt, auprès des siens.

C'était le soir. La lumière déclinait au-dessus du confluent des trois torrents, les murailles des arbres étaient déjà noires, impénétrables. Alors que les jeunes gens [1] étaient assis sur la plage et mangeaient, Nina est apparue. Elle revenait de la pêche, et elle s'est arrêtée sur la plage pour regarder les
5 jeunes Indiens. Jamais Bravito n'avait vu une femme comme elle. Dans le demi-clarté du crépuscule, elle paraissait très grande, avec des bras très longs et un cou élancé. Sa peau était couleur de cuivre sombre, et ses cheveux épais et noirs comme ceux des Indiennes [2]. Mais elle était vêtue d'une longue robe de coton comme les femmes noires [3]. Elle s'avança vers eux,
10 pieds nus, portant dans un panier les poissons qu'elle avait pêchés à la ligne et au harpon. Les jeunes gens, qui avaient si souvent bavardé à son sujet, devinrent tout d'un coup silencieux et timorés. Nina s'approcha d'eux, si près que Bravito distingua la couleur dorée de ses yeux. Elle leur parla en espagnol, avec cette assurance dédaigneuse que les Noirs avaient pous
15 les *siespiem*, les gens de la forêt. Elle regarda Bravito et elle demanda : « Qui est celui-là ? » Quand il se rendit compte que son cœur battait plus vite, et qu'il était devenu aussi muet que les autres, Bravito devint furieux. Mais déjà Nina était repartie le long de la plage, sans se retourner, de sa démarche souple et indifférente. Alors les jeunes gens avaient commencé à plaisanter
20 en parlant d'elle, et Bravito était encore plus en colère. N'avait-elle pas raison de les mépriser, puisqu'ils manquaient à ce point de courage ?

J.-M.G. LE CLÉZIO, *Hasard* suivi de *Angoli Mala*,
© Éditions Gallimard, 1999, p. 223-224.

1. Bravito, son cousin Fulo et deux autres jeunes Indiens.
2. et 3. Nina est « la fille d'un ancien policier noir de la garde nationale et d'une Indienne ».

QUESTIONS D'OBSERVATION *(8 points)*

1. *Par quel jeu d'oppositions l'apparition de Nina est-elle mise en valeur ?*

> 2 pts

2. *Par qui Nina est-elle vue ? Justifiez votre réponse en relevant des expressions du texte.*

> 3 pts

3. *Comment progresse le portrait de Nina ? Quels verbes de mouvement ponctuent cette progression ?* <u>3 pts</u>

QUESTIONS D'INTERPRÉTATION *(12 points)*

1. *D'après ce passage, analysez la personnalité de Nina.* <u>6 pts</u>

2. *Comment peut-on interpréter le comportement de Bravito et de ses compagnons ?* <u>6 pts</u>

N.B. : *Les réponses seront rédigées et illustrées par des exemples précis.*

━━━ *Pour approfondir* ━━━

Questions supplémentaires

1. Relevez une métaphore dans la deuxième phrase et commentez-la.

2. Observez le jeu des temps dans la phrase : « Elle revenait de la pêche, et elle s'est arrêtée sur la plage pour regarder les jeunes Indiens. »

3. Étudiez la syntaxe de la dernière phrase.

4. Montrez l'originalité de cette scène de rencontre.

5. Comment Le Clézio aborde-t-il la question du métissage dans cet extrait ?

UN PUITS

National, STT-STI-SMS-STL, septembre 1999

Un adolescent et une adolescente ont pris l'habitude de se retrouver près d'un puits...

À partir de ce jour, les jeunes gens ne manquèrent pas une fois de se trouver au rendez-vous. L'eau dormante, ces glaces blanches où ils contemplaient leur image, donnaient à leurs entrevues un charme infini qui suffit longtemps à leur imagination joueuse d'enfants. Ils n'avaient aucun désir
5 de se voir face à face, cela leur semblait bien plus amusant de prendre un puits pour miroir et de confier à son écho leur bonjour matinal. Ils connurent bientôt le puits comme un vieil ami. Ils aimaient à se pencher sur la nappe lourde et immobile, pareille à de l'argent en fusion. En bas, dans un demi-jour mystérieux, des lueurs vertes couraient, qui paraissaient changer
10 le trou humide en une cachette perdue au fond des taillis. Ils s'apercevaient ainsi dans une sorte de nid verdâtre, tapissé de mousse, au milieu de la fraîcheur de l'eau et du feuillage. Et tout l'inconnu de cette source profonde, de cette tour creuse sur laquelle ils se courbaient, attirés, avec de petits frissons, ajoutait à leur joie de se sourire une peur inavouée et délicieuse. Il leur
15 prenait la folle idée de descendre, d'aller s'asseoir sur une rangée de grosses pierres qui formaient une espèce de banc circulaire, à quelques centimètres de la nappe ; ils tremperaient leurs pieds dans l'eau, ils causeraient pendant des heures, sans qu'on s'avisât jamais de les venir chercher en cet endroit. Puis, quand ils se demandaient ce qu'il pouvait bien y avoir là-bas, leurs
20 frayeurs vagues revenaient, et ils pensaient que c'était assez déjà d'y laisser descendre leur image, tout au fond, dans ces lueurs qui moiraient [1] les pierres d'étranges reflets, dans ces bruits singuliers qui montaient des coins noirs.

Émile ZOLA, *La Fortune des Rougon*, 1871.

1. Moirer : donner l'aspect de la moire, étoffe aux reflets changeant selon l'éclairage.

QUESTIONS D'OBSERVATION *(8 points)*

1. *Dans les lignes 1 à 10 (« À partir de ce jour [...] au fond des taillis »), relevez les images qui caractérisent l'eau.*   3 pts

2. *Quels sont les éléments communs aux deux phrases suivantes : l. 8 à 10 : «En bas [...] taillis » et l. 19 à 22 : « Puis [...] coins noirs » ?*   3 pts

3. *« ils tremperaient leurs pieds dans l'eau » (l. 17) : identifiez le mode du verbe et justifiez son emploi.*   2 pts

QUESTIONS D'ANALYSE, D'INTERPRÉTATION OU DE COMMENTAIRE *(12 points)*

1. *Montrez comment l'imagination des jeunes gens transforme le puits.*
6 pts

2. *Analysez le mélange des sentiments éprouvés par les deux jeunes gens.*
6 pts

─── *Pour approfondir* ───

Questions supplémentaires

I. Questions d'observation

1. Vous montrerez la richesse de ce texte en reflets de la lumière et de l'eau.

2. Commentez l'expression : « une peur inavouée et délicieuse ». Comment est-elle justifiée dans la suite du passage ?

3. « sans qu'on s'avisât jamais... » : qui est représenté ici par le pronom « on » ?

4. Relevez des expressions utilisant l'approximation. Quels effets Zola tire-t-il de ce procédé ?

II. Questions d'analyse, d'interprétation ou de commentaire

1. À quels signes reconnaissez-vous des adolescents dans ce passage ?

2. Montrez la poésie de cette évocation.

62

DEUX JEUNES FILLES

Antilles-Guyane, STT-STI-SMS-STL, septembre 1997

Étoile errante raconte les destins croisés d'Esther la Juive et de Nejma la Palestinienne. Elles ne se rencontrent que dans ce passage quand Esther, victime du nazisme, arrive en Israël dans un convoi de camions et croise une colonne de réfugiés arabes.

Le convoi est reparti. Plus loin, la route franchissait des défilés encombrés de rochers, où la nuit s'était déjà installée. Les camions ont ralenti. Esther a écarté la bâche, et elle a vu une colonne de réfugiés. Une femme s'est penchée à côté d'elle. « Des Arabes. » C'est tout ce qu'elle a dit. Les réfugiés
5 marchaient sur le bord de la route le long des camions. Ils étaient une centaine, peut-être davantage, seulement des femmes et de jeunes enfants. Vêtues de haillons, pieds nus, la tête enveloppée dans des chiffons, les femmes avaient détourné le visage tandis qu'elles passaient dans le nuage de poussière. Certaines portaient des fardeaux sur leur tête. D'autres avaient des valises, des
10 cartons ficelés. Une vieille avait même une poussette déglinguée chargée d'objets hétéroclites. Les camions étaient arrêtés et les réfugiés passaient lentement, avec leurs visages détournés au regard absent. Il y avait un silence pesant, un silence mortel sur ces visages pareils à des masques de poussière et de pierre. Seuls les enfants regardaient, avec la peur dans leurs yeux.
15 Esther est descendue, elle s'est approchée, elle cherchait à comprendre. Les femmes se détournaient, certaines lui criaient des mots durs dans leur langue. Soudain, de la troupe se détacha une très jeune fille. Elle marcha vers Esther. Son visage était pâle et fatigué, sa robe pleine de poussière, elle portait un grand foulard sur ses cheveux. Esther vit que les lanières de ses
20 sandales étaient cassées. La jeune fille s'approcha d'elle jusqu'à la toucher. Ses yeux brillaient d'une lueur étrange, mais elle ne parlait pas, elle ne demandait rien. Un long moment, elle resta immobile avec sa main posée sur le bras d'Esther, comme si elle allait dire quelque chose. Puis, de la poche de sa veste elle sortit un cahier vierge, à la couverture de carton noir, et sur
25 la première page, en haut à droite, elle écrivit son nom, comme ceci, en lettres majuscules : NEJMA[1]. Elle tendit le cahier et le crayon à Esther[1], pour qu'elle marque aussi son nom. Elle resta un instant encore, le cahier noir serré contre sa poitrine, comme si c'était la chose la plus importante du monde. Enfin, sans dire un mot, elle retourna vers le groupe des réfugiés
30 qui s'éloignait. Esther fit un pas vers elle, pour l'appeler, pour la retenir, mais c'était trop tard. Elle dut remonter dans le camion.

J.-M.G. LE CLÉZIO, *Étoile errante*, © Éditions Gallimard, 1992.

1. Nejma et Esther signifient « Étoile ».

QUESTIONS D'OBSERVATION *(8 points)*

1. *Quels sont les trois temps verbaux principaux utilisés dans le deuxième paragraphe ? Quelles remarques faites-vous sur leur emploi ?* $\boxed{3 \textit{ pts}}$

2. *Relevez et classez les termes du premier paragraphe qui appartiennent au champ lexical du regard. Que constatez-vous ?* $\boxed{2 \textit{ pts}}$

3. *Étudiez le lexique du mouvement dans le deuxième paragraphe : quelles observations pouvez-vous faire ?* $\boxed{3 \textit{ pts}}$

QUESTIONS D'ANALYSE, D'INTERPRÉTATION
OU DE COMMENTAIRE *(12 points)*

1. *Commentez, en vous appuyant sur une analyse précise du texte, la place que le narrateur accorde aux gestes et aux paroles dans l'évocation de cette rencontre.* $\boxed{4 \textit{ pts}}$

2. *Dans un développement composé, vous direz comment l'auteur réussit à donner une intensité particulière à cette rencontre. Vous étudierez notamment les circonstances, les groupes, les individus, sans oublier la façon dont ils sont présentés.* $\boxed{8 \textit{ pts}}$

___ *Pour approfondir* ___

Questions supplémentaires

1. À quel registre de langue appartient l'adjectif « déglinguée » ? Commentez son emploi dans le contexte.

2. « des masques de poussière et de pierre » : quelle figure de style identifiez-vous dans ce groupe de mots ? Qu'exprime-t-elle ?

3. Relevez et classez les différences entre les réfugiés juifs et les réfugiés arabes.

4. Comment le silence est-il peint dans ce passage ?

SPOLIATION EN AFRIQUE NOIRE

Centres étrangers I, STT-STI-STL-SMS, juin 1998

Le narrateur du Voyage au bout de la nuit, *Bardamu, raconte les épisodes marquants de sa vie. Après les horreurs de la guerre de 14-18, il a découvert en Afrique l'envers de l'empire colonial français, par exemple dans un comptoir tenu par un Français atteint d'une maladie de peau, le corocoro, qui le pousse à se gratter sans cesse...*

Une famille de récolteurs, timide, vient se figer sur le seuil de sa porte. Le père en avant des autres, ridé, ceinturé d'un petit pagne orange, son long coupe-coupe [1] à bout de bras.

Il n'osait pas entrer le sauvage. Un des commis indigènes l'invitait pour-
5 tant : « Viens bougnoule [2] ! Viens voir ici ! Nous y en a pas bouffer sauvages ! »
Ce langage finit par les décider. Ils pénétrèrent dans la cagna [3] cuisante au
fond de laquelle tempêtait notre homme au « corocoro ».

Ce Noir n'avait encore, semblait-il, jamais vu de boutique, ni de Blancs
peut-être. Une de ses femmes le suivait, yeux baissés, portant sur le sommet
10 de la tête, en équilibre, le gros panier rempli de caoutchouc brut.

D'autorité les commis recruteurs s'en saisirent de son panier pour peser le
contenu sur la balance. Le sauvage ne comprenait pas plus le truc de la balance
que le reste. La femme n'osait toujours pas relever la tête. Les autres nègres
de la famille attendaient dehors, avec les yeux bien écarquillés. On les fit entrer
15 aussi, enfants compris et tous, pour qu'ils ne perdent rien du spectacle.

C'était la première fois qu'ils venaient comme ça tous ensemble de la
forêt, vers les Blancs en ville. Ils avaient dû s'y mettre depuis bien longtemps les uns et les autres pour récolter tout ce caoutchouc-là. Alors forcément le résultat les intéressait tous. C'est long à suinter le caoutchouc
20 dans les petits godets qu'on accroche au tronc des arbres. Souvent, on
n'en a pas plein un petit verre en deux mois.

Pesée faite, notre gratteur [4] entraîna le père, éberlué, derrière son comptoir et avec un crayon lui fit son compte et puis lui enferma dans le creux de
la main quelques pièces en argent. Et puis : « Va-t'en ! qu'il lui a dit comme
25 ça. C'est ton compte !... »

Tous les petits amis blancs s'en tordaient de rigolade, tellement il avait
bien mené son business.

Louis Ferdinand CÉLINE, *Voyage au bout de la nuit*, © Éditions Gallimard, 1932.

1. Coupe-coupe : machette ou sorte de sabre qui permet de couper la végétation pour se frayer un chemin dans la forêt.
2. Bougnoule : surnom raciste donné par les Blancs d'Afrique aux Noirs indigènes.
3. Cagna : cabane, en argot militaire.
4. Notre gratteur : le tenancier du comptoir, toujours tourmenté par sa maladie de peau.

QUESTIONS D'OBSERVATION *(8 points)*

1. *Vous classerez les personnages de cette scène en tenant compte de la situation sociale et des désirs de chacun.* ⬛ 2 pts

2. *En recourant aux indices qui figurent dans le texte, reconstituez les façons de vivre habituelles de « la famille de récolteurs », loin du monde des Blancs.* ⬛ 2pts

3. *Quels sont les différents sentiments éprouvés tout au long de l'extrait par les Noirs venus vendre du caoutchouc ?* ⬛ 4 pts

QUESTIONS D'ANALYSE, D'INTERPRÉTATION OU DE COMMENTAIRE *(12 points)*

1. *En vous appuyant sur les mouvements des personnages, leurs actions et leurs paroles, indiquez la progression à laquelle obéit le texte.* ⬛ 6 pts

2. *Quelle image de la colonisation Céline a-t-il voulu donner ici et quel ton a-t-il adopté ?* ⬛ 6 pts

---
Pour approfondir

Questions supplémentaires

1. Relevez et commentez deux valeurs différentes du pronom « on ».

2. Analysez le langage du commis indigène. Quels sentiments révèle-t-il ?

3. Étudiez les regards au cours de la scène.

4. Quel rôle « les petits amis blancs » jouent-ils dans la scène ?

5. Par quelles remarques le narrateur donne-t-il son sens à cette scène ?

«NUIT DE SINÉ»

Polynésie, STT-STI-SMS-STL, septembre 1997

NUIT DE SINÉ

Femme, pose sur mon front tes mains balsamiques [1], tes mains douces
[plus que fourrure.
Là-haut les palmes balancées qui bruissent dans la haute brise nocturne
À peine. Pas même la chanson de nourrice.
Qu'il nous berce, le silence rythmé.
5 Écoutons son chant, écoutons battre notre sang sombre, écoutons
Battre le pouls profond de l'Afrique dans la brume des villages perdus.

Voici que décline la lune lasse vers son lit de mer étale
Voici que s'assoupissent les éclats de rire, que les conteurs eux-mêmes
Dodelinent de la tête comme l'enfant sur le dos de sa mère
10 Voici que les pieds des danseurs s'alourdissent, que s'alourdit la langue
[des chœurs alternés.

C'est l'heure des étoiles et de la Nuit qui songe
S'accoude à cette colline de nuages, drapée dans son long pagne de lait.
Les toits des cases luisent tendrement. Que disent-ils, si confidentiels, aux
[étoiles ?
Dedans, le foyer s'éteint dans l'intimité d'odeurs âcres et douces.

15 Femme, allume la lampe au beurre clair, que causent autour les Ancêtres
[comme les parents, les enfants au lit.
Écoutons la voix des Anciens d'Elissa [2]. Comme nous exilés
Ils n'ont pas voulu mourir, que se perdît par les sables leur torrent séminal [3].
Que j'écoute, dans la case enfumée que visite un reflet d'âmes propices
Ma tête sur ton sein chaud comme un dang [4] au sortir du feu et fumant
20 Que je respire l'odeur de nos Morts, que je recueille et redise leur voix vivante,
[que j'apprenne à
Vivre avant de descendre, au-delà du plongeur, dans les hautes
[profondeurs du sommeil.

Léopold Sedar SENGHOR, *Chants d'ombre*, © Éditions du Seuil, 1945.

1. Balsamiques : qui font l'effet apaisant d'une baume (vers 1).

2. Les Anciens d'Elissa : les ancêtres paternels du poète, qui vinrent de Guinée-Bissau s'établir dans le royaume de Sine, ancien royaume du sud du Sénégal, pays natal de Senghor (vers 16).

3. Torrent séminal : relatif au sperme (vers 17).

4. Dang : galette de mil cuite à la braise (vers 19).

QUESTIONS D'OBSERVATION *(8 points)*

1. *Quelle est l'idée générale de chaque séquence (= ensemble de vers séparés des autres par un blanc ; ex : vers 1 à 6) ?* | 4 pts |

2. *Comment la nuit est-elle représentée dans la troisième séquence (vers 11 à 14) ?* | 2 pts |

3. *Relevez deux allitérations et deux assonances particulièrement expressives.* | 2 pts |

QUESTIONS D'ANALYSE, D'INTERPRÉTATION
OU DE COMMENTAIRE *(12 points)*

1. *En vous appuyant sur l'ensemble du poème, vous indiquerez dans ses différents aspects le rôle que le poète confère à la femme.* | 6 pts |

2. *Par quels procédés (structure du texte, sonorités, rythmes…) le poème conduit-il à travers l'espace et le temps, vers le monde invisible ?* | 6 pts |

Pour approfondir

Questions supplémentaires

1. Étudiez le rythme du vers 10.

2. Relevez un exemple de correspondance entre la femme et la nature, puis commentez-le.

3. Quelle image le poème donne-t-il des liens entre les générations ?

4. Quels sentiments la mort inspire-t-elle au poète ?

« TSIGANE »

Antilles-Guyane, STT-STI, SMS-STL, juin 1998

Dans la course effarée et sans but de ma vie,
Dédaigneux des chemins déjà frayés, trop longs,
J'ai franchi d'âpres monts, d'insidieux vallons.
Ma trace avant longtemps n'y sera plus suivie.
5 Sur le haut des sommets que nul prudent n'envie,
Les fins clochers, les lacs, frais miroirs, les champs blonds
Me parlent des pays trop tôt quittés. Allons,
Vite ! Vite ! en avant. L'inconnu m'y convie.

Devant moi, le brouillard recouvre les bois noirs.
10 La musique entendue en de limpides soirs
Résonne dans ma tête au rythme de l'allure.

Le matin, je m'éveille aux grelots du départ,
En route ! Un vent nouveau baigne ma chevelure,
Et je vais, fier de n'être attendu nulle part.

Charles CROS, *Le Coffret de santal*, « Tsigane »,
Bibliothèque de la Pléiade, Éd. Gallimard, 1873.

QUESTIONS D'OBSERVATION *(8 points)*

1. *Identifiez et analysez la figure de style du premier vers. Par un relevé des indices lexicaux et des images, montrez comment elle trouve sa confirmation dans tout le poème.* ⬛ 3 pts

2. *« [...] Allons,*
Vite ! Vite ! en avant. [...] » (v. 7 et 8)
Étudiez le rythme de ce passage du poème. Quelle impression suggère-t-il ?
Relevez un effet analogue dans une strophe du poème. ⬛ 2 pts

3. *Repérez les indices d'énonciation (indices personnels, marques de la subjectivité). Qu'en déduisez-vous de la tonalité du poème ?* ⬛ 3 pts

QUESTIONS D'INTERPRÉTATION, D'ANALYSE OU DE COMMENTAIRE *(12 points)*

1. *En vous appuyant sur une étude du lexique, des images et du rythme du poème, vous direz quelle idée le personnage se fait de lui-même et des autres.* ⬛ 6 pts

2. *Vous caractériserez l'errance du Tsigane en montrant ce qu'elle symbolise.* ⬛ 6 pts

SUJET **66** | NEW YORK

La Réunion, séries STT-STI-STL, 1994

Pluies de New York

La pluie de New York est une pluie d'exil. Abondante, visqueuse et com-
pacte, elle coule inlassablement entre les hauts cubes de ciment, sur les
avenues soudain assombries comme des fonds de puits. Réfugié dans un
taxi, arrêté aux feux rouges, relancé aux feux verts, on se sent tout à coup
5 pris au piège, derrières les essuie-glaces monotones et rapides, qui balaient
une eau sans cesse renaissante. On s'assure qu'on pourrait ainsi rouler pendant des heures, sans jamais se délivrer de ces prisons carrées, de ces
citernes où l'on patauge, sans l'espoir d'une colline ou d'un arbre vrai. Dans
la brume grise, les gratte-ciel devenus blanchâtres se dressent comme les
10 gigantesques sépulcres d'une ville de morts, et semblent vaciller un peu
sur leurs bases. Ce sont alors les heures de l'abandon. Huit millions
d'hommes, l'odeur de fer et de ciment, la folie des constructeurs, et cependant l'extrême pointe de la solitude. « Quand même je serrerais contre moi
tous les êtres du monde, je ne serais défendu contre rien. »

Albert CAMUS, *Carnets*, © Éditions Gallimard, 1962.

QUESTIONS D'OBSERVATION *(8 points)*

1. *Relevez les mots désignant des formes géométriques. Que remarquez-
vous ?* ⎡3 pts⎤

2. *Observez et commentez la place de l'adjectif « vrai » dans la phrase et
dans le texte (l. 8).* ⎡2 pts⎤

3. *Analysez la syntaxe et le rythme de l'avant-dernière phrase (« huit
millions... solitude »).* ⎡3 pts⎤

QUESTIONS D'ANALYSE, D'INTERPRÉTATION
OU DE COMMENTAIRE *(12 points)*

1. *À quels indices identifiez-vous le regard que Camus porte sur New
York comme celui d'un étranger ?* ⎡5 pts⎤

2. *Vous montrerez que la vision que Camus donne de New York est
inquiétante.* ⎡7 pts⎤

Narrations et descriptions

SÉRIES L-ES-S

 UNE ADOLESCENTE

Antilles-Guyane, L-ES-S, juin 2000

(Nous sommes au début du roman).

« Tu vas à la pêche, Vinca ? »

D'un signe de tête hautain, la Pervenche, Vinca aux yeux couleur de pluie printanière, répondit qu'elle allait, en effet, à la pêche. Son chandail
5 reprisé en témoignait et ses espadrilles racornies par le sel. On savait que sa jupe à carreaux bleus et verts, qui datait de trois ans et laissait voir ses genoux, appartenait à la crevette et aux crabes. Et ces deux havenets [1] sur l'épaule, et ce béret de laine hérissé et bleuâtre comme un chardon des dunes, constituaient-ils une panoplie de pêche, oui ou non ?
10   Elle dépassa celui qui l'avait hélée. Elle descendit vers les rochers, à grandes enjambées de ses fuseaux maigres et bien tournés, couleur de terre cuite. Philippe la regardait marcher, comparant l'une à l'autre Vinca de cette année et Vinca des dernières vacances. A-t-elle fini de grandir ? Il est temps qu'elle s'arrête. Elle n'a pas plus de chair que l'autre année. Ses
15 cheveux courts s'éparpillent en paille raide et bien dorée, qu'elle laisse pousser depuis quatre mois, mais qu'on ne peut ni tresser ni rouler. Elle a les joues et les mains noires de hâle, le cou blanc comme lait sous ses cheveux, le sourire contraint, le rire éclatant, et si elle ferme étroitement, sur une gorge absente, blousons et chandails, elle trousse jupe et culotte pour
20 descendre à l'eau, aussi haut qu'elle peut, avec une sérénité de petit garçon...
   Le camarade qui l'épiait, couché sur la dune à longs poils d'herbe, berçait sur ses bras croisés son menton fendu d'une fossette. Il compte seize ans et demi, puisque Vinca atteint ses quinze ans et demi. Toute leur enfance
25 les a unis, l'adolescence les sépare. L'an passé, déjà, ils échangeaient des répliques aigres, des horions [2] sournois ; maintenant le silence, à tout

moment, tombe entre eux si lourdement qu'ils préfèrent une bouderie à l'effort de la conversation.

Colette, *Le Blé en herbe*, © Éditions Flammarion, 1937.

1. havenets : filet pour pêcher la crevette.
2. horions : coup violents donnés à quelqu'un.

QUESTIONS *(4 points)*

1. *Relevez les trois phrases interrogatives et dites quels interlocuteurs elles impliquent.* ⬚ *2 pts*
2. *Relevez et classez les oppositions de la ligne 15 à la fin.* ⬚ *2 pts*

COMMENTAIRE COMPOSÉ *(16 points)*

Vous ferez de ce texte un commentaire composé.

—— *Pour approfondir* ——

Questions supplémentaires

1. Relevez une métaphore dans le deuxième paragraphe et analysez l'effet produit.

2. Observez le jeu des couleurs dans les paragraphes 2 et 3.

3. Étudiez les temps verbaux dans les paragraphes 3 et 4.

4. Comment Colette suggère-t-elle que les relations entre les deux aldolescents ne se limiteront sans doute pas à la camaraderie ?

LA PESTE SUR LA SCÈNE

Liban, L-ES-S, juin 2000

*La peste s'est déclarée à Oran : elle désorganise toute la vie économique et décime la population. Cependant une partie de la ville se tient à l'écart de l'épidémie et veut oublier la menace en s'étourdissant dans le jeu, le luxe, la fête. Deux amis, Cottard et Tarrou, vont à l'opéra assister à la représentation d'*Orphée et Eurydice*, opéra de Gluck. À partir du 3ᵉ acte, le chanteur qui joue le rôle d'Orphée s'effondre, victime de la maladie.*

Il fallut le grand duo d'Orphée et d'Eurydice au troisième acte (c'était le moment où Eurydice échappait à son amant) pour qu'une certaine surprise courût dans la salle. Et comme si le chanteur n'avait attendu que ce mouvement du public, ou, plus certainement encore, comme si la rumeur venue
5 du parterre l'avait confirmé dans ce qu'il ressentait, il choisit ce moment pour avancer vers la rampe d'une façon grotesque, bras et jambes écartés dans son costume à l'antique, et pour s'écrouler au milieu des bergeries du décor qui n'avaient jamais cessé d'être anachroniques mais qui, aux yeux des spectateurs, le devinrent pour la première fois, et de terrible façon. Car,
10 dans le même temps, l'orchestre se tut, les gens du parterre se levèrent et commencèrent lentement à évacuer la salle, d'abord en silence comme on sort d'une église, le service fini, ou d'une chambre mortuaire après une visite, les femmes rassemblant leurs jupes et sortant tête baissée, les hommes guidant leurs compagnes par le coude et leur évitant le heurt des strapon-
15 tins. Mais, peu à peu, le mouvement se précipita, le chuchotement devint exclamation et la foule afflua vers les sorties et s'y pressa, pour finir par s'y bousculer en criant. Cottard et Tarrou, qui s'étaient seulement levés, restaient seuls en face des images de ce qui était leur vie d'alors : la peste sur la scène sous l'aspect d'un histrion¹ désarticulé et, dans la salle, tout un
20 luxe devenu inutile sous la forme d'éventails oubliés et de dentelles traînant sur le rouge des fauteuils.

Albert CAMUS, *La Peste*, © Éditions Gallimard, 1947.

1. Histrion : mauvais acteur.

QUESTIONS D'OBSERVATION *(4 points)*

1. *Quels sont les deux champs lexicaux dominants dans les lignes 9 à 17 ?* [2 pts]

2. *Relevez deux figures de style expressives dans les lignes 17 à 21, et justifiez leur emploi.* [2 pts]

COMMENTAIRE COMPOSÉ *(16 points)*

Vous ferez de ce texte un commentaire composé.

———— *Pour approfondir* ————

Questions supplémentaires

1. Pourquoi le narrateur n'a-t-il pas employé le mot « mort » ?

2. Comment interprétez-vous l'attitude de Tarrou et de Cottard ?

3. Étudiez le rythme de l'avant-dernière phase : « Mais, peu à peu […] en criant ».

4. Dégagez la signification symbolique des « éventails oubliés » et des « dentelles traînant sur le rouge des fauteuils ».

AVANT LE LEVER DU RIDEAU

National, L-ES-S septembre 1999

Maintenant, la salle [1] resplendissait. De hautes flammes de gaz allu-
maient le grand lustre de cristal d'un ruissellement de feux jaunes et roses,
qui se brisaient du cintre [2] au parterre en une pluie de clarté. Les velours
grenat des sièges se moiraient de laque, tandis que les ors luisaient et que
5 les ornements vert tendre en adoucissaient l'éclat, sous les peintures trop
crues du plafond. Haussée, la rampe [3], dans une nappe brusque de lumière,
incendiait le rideau, dont la lourde draperie de pourpre avait une richesse de
palais fabuleux, jurant avec la pauvreté du cadre, où des lézardes montraient le plâtre sous la dorure. Il faisait déjà chaud. À leurs pupitres, les
10 musiciens accordaient leurs instruments, avec des trilles légers de flûte,
des soupirs étouffés de cor, des voix chantantes de violon, qui s'envolaient
au milieu du brouhaha grandissant des voix. Tous les spectateurs parlaient,
se poussaient, se casaient, dans l'assaut donné aux places ; et la bouscu-
lade des couloirs était si rude, que chaque porte lâchait péniblement un flot
15 de monde, intarissable. C'étaient des signes d'appel, des froissements
d'étoffe, un défilé de jupes et de coiffures, coupées par le noir d'un habit ou
d'une redingote.

Zola, *Nana* (chapitre 1), 1879.

1. *La salle :* il s'agit de la salle du théâtre des Variétés, juste avant que ne commence le
spectacle.
2. *Cintre :* partie du théâtre située au-dessus de la scène.
3. *Rampe :* rangée de lumière sur le devant de la scène.

QUESTIONS *(4 points)*

1. *Quelle opposition remarquez-vous aux lignes 7-8 ? Quelle est sa
portée ?* $\boxed{2\,pts}$

2. *Comment sont évoqués les spectateurs dans les lignes 13 à 15 (« Tous
les spectateurs... intarissable.») ?* $\boxed{2\,pts}$

COMMENTAIRE COMPOSÉ *(16 points)*

Vous présenterez un commentaire composé de ce texte.

—— *Pour approfondir* ——

Questions supplémentaires

1. Étudiez le champ lexical de la lumière.

2. Que relève le jeu des couleurs ?

3. « Chaque porte lâchait péniblement un flot de monde » : quelle figure de style identifiez-vous dans cette phrase ? Relevez-en un autre exemple dans le texte.

SCÈNE DE LA VIE MONDAINE

Amérique du Nord, L-ES-S, juin 1998

Tropismes est composé de courts textes indépendants qui évoquent des personnages pris sur le vif dans des scènes de la vie quotidienne.

Dans l'après-midi elles sortaient ensemble, menaient la vie des femmes. Ah ! cette vie était extraordinaire ! Elles allaient dans des « thés »[1], elles mangeaient des gâteaux qu'elles choisissaient délicatement, d'un petit air gourmand : éclairs au chocolat, babas et tartes.

5 Tout autour c'était une volière pépiante, chaude et gaiement éclairée et ornée. Elles restaient là, assises, serrées autour de leurs petites tables et parlaient.

Il y avait autour d'elles un courant d'excitation, d'animation, une légère inquiétude pleine de joie, le souvenir d'un choix difficile, dont on doutait 10 encore un peu (se combinerait-il avec l'ensemble bleu et gris ? mais si pourtant, il serait admirable), la perspective de cette métamorphose, de ce rehaussement subit de leur personnalité[2], de cet éclat.

Elles, elles, elles, elles, toujours elles, voraces, pépiantes et délicates.

Leurs visages étaient comme raidis par une sorte de tension intérieure, 15 leurs yeux indifférents glissaient sur l'aspect, sur le masque des choses, le soupesaient un seul instant (était-ce joli ou laid ?), puis le laissaient retomber. Et les fards leur donnaient un éclat dur, une fraîcheur sans vie.

Elles allaient dans des thés. Elles restaient là, assises pendant des heures, pendant que des après-midi entières s'écoulaient.

Nathalie SARRAUTE, *Tropismes*, © Éditions de Minuit, 1939.

1. Des « thés » : des salons de thé.
2. Rehaussement subit de leur personnalité : cette expression signifie qu'elles se sentent plus importantes.

QUESTIONS D'OBSERVATION *(4 points)*

1. *Quelle métaphore désigne les femmes ? où apparaît-elle dans le texte ?*
2 pts

2. *À qui pourrait-on attribuer les phrases entre parenthèses (lignes 10-11 et ligne 16) ? Justifiez votre réponse.*
2 pts

COMMENTAIRE COMPOSÉ *(16 points)*

Vous ferez de ce texte un commentaire composé.

─────── *Pour approfondir* ───────

Questions supplémentaires

1. Comparez le dernier paragraphe avec le premier. Que remarquez-vous ?

2. « Ah ! cette vie était extraordinaire ! » : qui parle ici et dans quel type de « discours » ou de « style » ?

3. À quels indices voyez-vous que l'auteur porte un jugement sur les faits qu'il évoque ?

UNE ATTAQUE NOCTURNE

Inde, L-ES-S, avril 1997

Le roman de Victor Hugo Quatre-Vingt-Treize *met en scène la terreur révolutionnaire qui cherche à anéantir les derniers partisans de l'Ancien Régime. Dans cet extrait, les deux forces s'affrontent : les Blancs, qui comptent 6 000 paysans vendéens, viennent de se rallier à Dol où ils bivouaquent avant de reprendre leur route ; les Bleus surgissent tout à coup dans la ville ensommeillée.*

Le premier moment fut terrible. Rien de tragique comme le fourmillement d'une foule foudroyée. Ils se jetèrent sur leurs armes. On criait, on courait, beaucoup tombaient. Les gars, assaillis, ne savaient plus ce qu'ils faisaient et s'arquebusaient [1] les uns les autres. Il y avait des gens ahuris
5 qui sortaient des maisons, qui y rentraient, qui sortaient encore, et qui erraient dans la bagarre, éperdus. Des familles s'appelaient. Combat lugubre, mêlé de femmes et d'enfants. Les balles sifflantes rayaient l'obscurité. La fusillade partait de tous les coins noirs. Tout était fumée et tumulte. L'enchevêtrement des fourgons et des charrois s'y ajoutait. Les chevaux ruaient. On marchait
10 sur des blessés. On entendait à terre des hurlements. Horreur de ceux-ci, stupeur de ceux-là. Les soldats et les officiers se cherchaient. Au milieu de tout cela, de sombres indifférences. Une femme allaitait son nouveau-né, assise contre un pan de mur auquel était adossé son mari qui avait la jambe cassée et qui, pendant que son sang coulait, chargeait tranquillement sa
15 carabine et tirait au hasard, tuant devant lui dans l'ombre. Des hommes à plat ventre tiraient à travers les roues des charrettes. Par moments il s'élevait un hourvari [2] de clameurs. La grosse voix du canon couvrait tout. C'était épouvantable.

Ce fut comme un abattis d'arbres ; tous tombaient les uns sur les autres.

Victor HUGO, *Quatre-Vingt-Treize*, 1874, IIIᵉ partie, Livre 2, chapitre 3.

1. *Arquebuser :* tirer sur quelqu'un à coup d'arquebuse.
2. *Hourvari :* grand tumulte. À l'origine, terme servant à désigner les cris des chasseurs et les sonneries de trompes pour ramener les chiens.

QUESTIONS *(4 points)*

1. *Étudiez les pluriels du texte et commentez leur emploi.*   2 pts

2. *Observez la longueur et la succession des phrases. Qu'en déduisez-vous ?*   2 pts

COMMENTAIRE COMPOSÉ *(16 points)*

Vous ferez un commentaire composé de ce texte.

————— *Pour approfondir* —————

Questions supplémentaires

1. Quel est le sens du mot « tragique » (ligne 1) ? Comment est-il justifié dans le reste du texte ?

2. Relevez trois groupes binaires : quel est l'effet produit ?

3. En quoi la phrase : « Une femme... l'ombre » (lignes 12 à 15) se détache-t-elle du contexte ? Par quoi s'y rattache-t-elle ?

4. À quels indices identifiez-vous la présence du narrateur ?

72 LA PEUR

Inde, L-ES-S, avril 2000

Gédémus et Arsule, sa compagne, perdus sur un plateau désertique de
Haute Provence, se réfugient dans une petite grange pour y passer la
nuit. « *Tout à coup, ils se sont réveillés.* »

Il y avait dessous la porte une épaisse barre d'argent large de quatre
travers de doigt, et c'était la lumière de la lune. Il était venu un vent de forte
haleine ; il galopait bride abattue à travers tout le plateau, il avait un long
gémissement comme pour boire tout le ciel. La gineste [1] craquait sous ses
5   pieds, les genévriers écrasés criaient ; les figuiers griffaient les murs et leurs
grandes souches grondaient dans la terre sous les pierres. Il y avait tous
ces bruits, mais ce n'était pas ça qui les avait réveillés : c'était le bruit d'un
pas et d'un claquement d'étoffe :
– Tu entend ?
10   – Oui, souffle Arsule.
– Ne bouge pas.
C'était à côté. Ça tâte les murs. Une pierre tombe.
– Ne bouge pas, répète doucement Gédémus à Arsule qui ne bouge
pas.
15   Ça passe à travers le fouillis des figuiers. On s'arrête pour décrocher
l'étoffe. Puis le pas. Ils sont serrés l'un contre l'autre. Ils ne bougent pas. Il
ne faut pas que la paille craque. Par leur bouche grande ouverte, ils font
passer de longs morceaux de leur respiration, doucement, longuement,
sans bruit. Il faut qu'ils soient là, dans le milieu de l'ombre, muets, immobiles,
20   comme de l'ombre. Il le faut. Ce n'est plus pour rire. Et, tout d'un coup, il le
faut tellement qu'ils arrêtent leur souffle.
Une ombre a éteint la barre d'argent qui luit sous la porte. Ça y est. C'est
du bon cette fois, c'est là devant. Un bruit de rien frôle la porte, tâte le bois.
Il semble que c'est une main qui s'appuie sur le vantail pour voir si c'est
25   fermé. C'est fermé. La grosse pierre qui tient fermé a un peu bougé. Elle a
grincé. Tout léger que c'est, c'est quand même une force qui est là, qui est
venue voir, qui a tâté...

Jean GIONO, Regain, © Éditions Grasset, 1930.

1. La gineste : en langue provençale, le genêt, arbrisseau que l'on trouve communément
dans la garrigue.

QUESTIONS *(4 points)*

1. *Identifiez deux registres de langue différents. Relevez, dans le texte, un exemple pour chacun.* 2 pts

2. *« Il y avait dessous la porte une épaisse barre d'argent... » (l. 1) « Une ombre a éteint la barre d'argent qui luit sous la porte. » (l. 22) : comparez l'emploi des temps dans les deux phrases* 2 pts .

COMMENTAIRE COMPOSÉ *(16 points)*

Vous présenterez un commentaire composé de ce texte. 16 pts

─────── **Pour approfondir** ───────

Questions supplémentaires

1. Comment la nature est-elle personnifiée dans le premier paragraphe ?

2. Relevez et classez les sensations auditives.

3. Commentez les trois emplois du mot « ombre ».

4. Étudiez la dynamique du texte.

DANS UN JARDIN

National, L-ES-S, juin 1998

Le héros-narrateur, Aldo, raconte une des promenades matinales dont il est coutumier.

Je descendais déjà les dernières marches de mon belvédère [1] préféré quand une apparition inattendue m'arrêta, dépité et embarrassé : à l'endroit exact où je m'accoudais d'habitude à la balustrade se tenait une femme. Il était difficile de me retirer sans gaucherie, et je me sentais ce matin-là
5 d'humeur particulièrement solitaire. Dans cette position assez fausse, l'indécision m'immobilisa, le pied suspendu, retenant mon souffle, à quelques marches en arrière de la silhouette. C'était celle d'une jeune fille ou d'une très jeune femme. De ma position légèrement surplombante, le profil perdu se détachait sur la coulée de fleurs avec le contour tendre et comme aérien que
10 donne la réverbération d'un champ de neige. Mais la beauté de ce visage à demi dérobé me frappait moins que le sentiment de *dépossession* exaltée que je sentais grandir en moi de seconde en seconde. Dans le singulier accord de cette silhouette dominatrice avec un lieu privilégié, dans l'impression de présence entre toutes appelée qui se faisait jour, ma conviction se renforçait que
15 *la reine du jardin* venait de prendre possession de son domaine solitaire. Le dos tourné aux bruits de la ville, elle faisait tomber sur ce jardin, dans sa fixité de statue, la solennité soudaine que prend un paysage sous le regard d'un banni ; elle était l'esprit solitaire de la vallée, dont les champs de fleurs se colorèrent pour moi d'une teinte soudain plus grave, comme la trame de l'or-
20 chestre quand l'entrée pressentie d'un thème majeur y projette son ombre de haute nuée. La jeune fille tourna soudain sur ses talons tout d'une pièce et me sourit malicieusement. C'est ainsi que j'avais connu Vanessa.

Julien GRACQ, *Le Rivage des Syrtes*, © José Corti, 1951.

1. Belvédère : d'un mot italien signifiant belle vue ; pavillon, plate-forme ou terrasse sur un lieu élevé dominant un beau panorama.

QUESTIONS *(4 points)*

1. *Quelle valeur prennent dans le texte « dépossession » (ligne 11) et « reine du jardin » (ligne 15) à cause de la mise en italique ?* ⟦ *1 pt* ⟧

2. *Par quelles notations le narrateur donne-t-il progressivement consistance à la jeune inconnue (de la ligne 4 à la fin) ?* ⟦ *2 pts* ⟧

3. *Justifiez l'emploi du plus-que-parfait dans la dernière phrase.* ⟦ *1 pt* ⟧

COMMENTAIRE COMPOSÉ *(16 points)*

Vous présenterez un commentaire composé de ce texte.

Pour approfondir

Questions supplémentaires

1. Relevez les indications relatives à la position respective des deux personnages. Que remarquez-vous ?

2. Commentez la comparaison : « comme la trame de l'orchestre [...] haute nuée » en observant le jeu des correspondances (lignes 19 à 21).

3. Que révèlent, à la fin du texte, le mouvement et le sourire de la jeune fille ?

SÉRIES STT-STI-STL-SMS

CHEZ LE DENTISTE

Centres étrangers I, STT-STI-STL-SMS, juin 2000

Vaguement il se souvenait de s'être affaissé, en face d'une fenêtre, dans un fauteuil, d'avoir balbutié, en mettant un doigt sur sa dent : « Elle a été déjà plombée ; j'ai peur qu'il n'y ait rien à faire.»

L'homme avait immédiatement supprimé ces explications, en lui enfon-
5 çant un index énorme dans la bouche ; puis, tout en grommelant sous ses moustaches vernies, en crocs, il avait pris un instrument sur une table.
Alors la grande scène avait commencé. Cramponné aux bras du fauteuil, des Esseintes avait senti, dans la joue, du froid, puis ses yeux avaient vu trente-six chandelles et il s'était mis, souffrant des douleurs inouïes, à
10 battre des pieds et à bêler ainsi qu'une bête qu'on assassine.
Un craquement s'était fait entendre, la molaire se cassait, en venant ; il lui avait alors semblé qu'on lui arrachait la tête, qu'on lui fracassait le crâne ; il avait perdu la raison, avait hurlé de toutes ses forces, s'était curieusement défendu contre l'homme qui se ruait de nouveau sur lui comme s'il voulait
15 lui entrer son bras jusqu'au fond du ventre, s'était brusquement reculé d'un pas, et levant le corps attaché à la mâchoire, l'avait laissé brutalement retomber, sur le derrière, dans le fauteuil, tandis que, debout, emplissant la fenêtre, il soufflait, brandissant au bout de son davier[1] une dent bleue où pendait du rouge !
20 Anéanti, des Esseintes avait dégobillé du sang plein une cuvette, refusé, d'un geste, à la vieille femme qui rentrait, l'offrande de son chicot qu'elle s'apprêtait à envelopper dans un journal et il avait fui, payant deux francs, lançant, à son tour, des crachats sanglants sur les marches, et il s'était retrouvé, dans la rue, joyeux, rajeuni de dix ans, s'intéressant aux moindres
25 choses.
– Brou ! fit-il, attristé par l'assaut de ces souvenirs.

J.K. Huysmans, *À rebours*, 1984.

1. Davier (l. 18) : instrument de chirurgie dentaire.

QUESTIONS D'OBSERVATION *(8 points)*

1. *Quels sont les indices prouvant qu'il s'agit d'un souvenir ?* $2\,pts$

2. *Relevez les verbes d'action dans le passage allant de « il avait perdu la raison » à « où pendait du rouge » (l. 13 à l. 19), en les classant selon leurs sujets grammaticaux. Que constatez-vous ?* $3\,pts$

3. *Identifiez les procédés de style marquant l'exagération dans le paragraphe allant de « Alors la grande scène » à « ainsi qu'une bête qu'on assassine » (l. 7 à 10).* $3\,pts$

QUESTION D'ANALYSE, D'INTERPRÉTATION OU DE COMMENTAIRE *(12 points)*

1. *Comment le romancier évoque-t-il la violence de cette intervention ?* $6\,pts$

2. *De quelle manière l'auteur parvient-il à transformer cette consultation en scène comique ?* $6\,pts$

─────── *Pour approfondir* ───────

Questions supplémentaires

1. Étudiez les sonorités de la première phrase jusqu'à « sur sa dent ».

2. Comment le portrait du dentiste (deuxième paragraphe) est-il composé ?

3. Analysez la métamorphose de des Esseintes dans les deux derniers paragraphes (« Anéanti [...] souvenirs »).

4. Par quels procédés narratifs l'expression « la grande scène » est-elle justifiée ?

LA MORT DE LA LISON

Groupe I, STT-STI-SMS-STL, juin 1997

Une locomotive à vapeur, la Lison, affronte une tempête de neige.

Cependant, la Lison filait à une vitesse moyenne, n'ayant plus rencontré d'obstacle. On avait, par précaution, laissé allumés les feux d'avant et d'arrière ; et le fanal blanc, à la base de la cheminée, luisait dans le jour, comme un œil vivant de cyclope. Elle roulait, elle approchait de la tranchée,
5 avec cet œil largement ouvert. Alors, il sembla qu'elle se mît à souffler d'un petit souffle court, ainsi qu'un cheval qui a peur. De profonds tressaillements la secouaient, elle se cabrait, ne continuait sa marche que sous la main volontaire du mécanicien. D'un geste, celui-ci avait ouvert la porte du foyer, pour que le chauffeur avivât le feu. Et, maintenant, ce n'était plus une queue
10 d'astre incendiant la nuit, c'était un panache de fumée noire, épaisse, qui salissait le grand frisson pâle du ciel.

La Lison avançait. Enfin, il lui fallut entrer dans la tranchée. À droite et à gauche, les talus étaient noyés, et l'on ne distinguait plus rien de la voie, au fond. C'était comme un creux de torrent, où la neige dormait, à pleins
15 bords. Elle s'y engagea, roula pendant une cinquantaine de mètres, d'une haleine éperdue, de plus en plus lente. La neige qu'elle repoussait, faisant une barre devant elle, bouillonnait et montait, en un flot révolté qui menaçait de l'engloutir. Un instant, elle parut débordée, vaincue. Mais, d'un dernier coup de reins, elle se délivra, avança de trente mètres encore.
20 C'était la fin, la secousse de l'agonie : des paquets de neige retombaient, recouvraient les roues, toutes les pièces du mécanisme étaient envahies, liées une à une par des chaînes de glace. Et la Lison s'arrêta définitivement, expirante, dans le grand froid. Son souffle s'éteignit, elle était immobile, et morte.

Émile ZOLA, *La Bête humaine*, 1890.

QUESTIONS D'OBSERVATION *(8 points)*

1. *Nommez et étudiez la figure de style qui caractérise la machine dans le premier paragraphe.* 2 pts

2. *Dans le second paragraphe, à quelles images la neige est-elle associée ?* 3 pts

3. *Dans le second paragraphe, étudiez le temps des verbes et dites quelle est la valeur de ces temps.* 3 pts

QUESTIONS D'ANALYSE, D'INTERPRÉTATION OU DE COMMENTAIRE *(12 points)*

1. *En vous fondant sur une analyse précise du second paragraphe, sans oublier le rythme et la progression du récit, vous étudierez la lutte de la machine.* ⟨6 pts⟩

2. *En étudiant avec précision les procédés employés par Zola, et notamment les images, les rythmes de certaines phrases et les sonorités de ce texte, vous montrerez ce qui, dans cette scène, dépasse la dimension réaliste.* ⟨6 pts⟩

Pour approfondir

Questions supplémentaires

1. Identifiez deux figures de style différentes dans « ainsi qu'un cheval qui a peur » (l. 6) et « elle se cabrait » (l. 7). Expliquez leurs ressemblances et leurs différences.

2. Quelle est ici la signification du mot « barre » (l. 17) ?

3. Quelle opposition structure le deuxième paragraphe ?

4. Étudiez le jeu des sonorités dans les deux dernières phrases et montrez comment il renforce le sens.

RÊVE D'AMOUR

Antilles-Guyane, STT-STI-SMS-STL, septembre 1999

Le narrateur, adolescent timide et myope – il voit le monde « à peu près » –, pensionnaire dans un ennuyeux internat, se réfugie dans un univers imaginaire, « loin du dortoir et des intempéries ».

Et, ce soir, j'ai une invitée : la sœur de mon camarade m'a rejoint dans une cabane en planche bâtie tout exprès au sommet d'un arbre planté au milieu d'une île où, retirés du reste du monde, nous pouvons nous blottir l'un contre l'autre. De l'amour je n'imagine pas au-delà d'osés baisers sur
5 la bouche, et me contente de longues et tendres étreintes, de mots doux et de regards échangés. Pour les besoins de mon cinéma intérieur j'ai apporté quelques retouches : je me suis grandi d'une tête, de manière à pouvoir regarder mon aimée dans les yeux sans avoir à me hisser sur la pointe des pieds, et bien entendu j'ai une vue perçante qui me dispense de porter des
10 lunettes. (J'en suis donc réduit à réinventer l'horizon, remplaçant une sorte de méli-mélo comateux par un trait net, comme un coup de lame de rasoir à la jointure supposée entre le ciel et l'eau – mais c'est une construction purement formelle qui ne m'est d'aucun usage, jamais mon invitée n'aurait l'indélicatesse de me pointer le lointain en me disant : est-ce que tu vois ce
15 que je vois ?). Je porte également des mocassins blancs qui m'ont paru très chic aux pieds d'un grand de terminale qui traversait la cour du collège d'une foulée ample et légère (je m'y suis essayé sans grand succès, pous- sant sur ma jambe arrière ainsi qu'on s'évertuait à nous l'expliquer pendant le cours d'éducation physique, déroulant consciencieusement le pied, mais
20 l'impulsion, mal dosée sans doute, se transformait en une force verticale qui me faisait faire à chaque pas un saut de cabri, me donnant la sensation élastique de fouler au ralenti le sol lunaire). Quant à elle, elle ne se ronge plus les ongles, ce qui me permet d'y appli- quer un beau rouge qui lui donne un côté femme. J'ai même pensé à lui
25 rajouter une légère vague bleue sur la paupière, mais dans l'ensemble elle est tout à fait reconnaissable.

Jean ROUAUD, *Le Monde à peu près*, © Éd. de Minuit, 1996.

QUESTIONS D'OBSERVATION *(8 points)*

1. *Quel est le pronom personnel le plus fréquemment employé ? Commentez l'utilisation de ce pronom.* 3 pts

2. *Dans la première parenthèse (l. 10 à 15), à quelles transformations le narrateur procède-t-il ? Justifiez votre réponse.* 3 pts

3. *Que signifie la répartition des temps du présent et de ceux du passé dans le passage des lignes 15 à 22 (de « Je porte également... » à « ... sol lunaire ») ?* 2 pts

QUESTIONS D'ANALYSE, D'INTERPRÉTATION
OU DE COMMENTAIRE *(12 points)*

1. *Analysez la confrontation entre les images stéréotypées de la rêverie et la présence de la réalité.* 6 pts

2. *Comment se manifeste l'humour du narrateur, également metteur en scène, régisseur, maquilleur, acteur de son « cinéma intérieur »* 6 pts

---

—— *Pour approfondir* ——

Questions supplémentaires

1. Combien de registres de langue discernez-vous dans ce texte ?

2. Commentez l'emploi de la parenthèse dans ce texte.

3. Analysez et commentez l'ordre des mots dans la troisième phrase : « De l'amour [...] regards échangés » (l. 4 à 6).

RENCONTRE NOCTURNE

Antilles-Guyane, STT-STI-SMS-STL, juin 1997

Nous sommes au début du roman. Claude, le héros, est peintre.

Claude passait devant l'Hôtel de Ville, et deux heures du matin sonnaient à l'horloge, quand l'orage éclata. Il s'était oublié à rôder dans les Halles, par cette nuit brûlante de juillet, en artiste flâneur, amoureux du Paris nocturne. Brusquement, les gouttes tombèrent si larges, si drues, qu'il prit
5   sa course, galopa dégingandé, éperdu, le long du quai de la Grève. Mais, au pont Louis-Philippe, une colère de son essoufflement l'arrêta : il trouvait imbécile cette peur de l'eau ; et, dans les ténèbres épaisses, sous le cinglement de l'averse qui noyait les becs de gaz, il traversa lentement le pont, les mains ballantes.
10   Du reste, Claude n'avait plus que quelques pas à faire. Comme il tournait sur le quai de Bourbon, dans l'île Saint-Louis, un vif éclair illumina la ligne droite et plate des vieux hôtels rangés devant la Seine, au bord de l'étroite chaussée. La réverbération alluma les vitres des hautes fenêtres sans persiennes, on vit le grand air triste des antiques façades, avec des
15   détails très nets, un balcon de pierre, une rampe de terrasse, la guirlande sculptée d'un fronton. C'était là que le peintre avait son atelier, dans les combles de l'ancien hôtel du Martoy, à l'angle de la rue de la Femme-sans-Tête. Le quai entrevu était aussitôt retombé aux ténèbres, et un formidable coup de tonnerre avait ébranlé le quartier endormi.
20   Arrivé devant sa porte, une vieille porte ronde et basse, bardée de fer, Claude, aveuglé par la pluie, tâtonna pour tirer le bouton de la sonnette ; et sa surprise fut extrême, il eut un tressaillement en rencontrant dans l'encoignure, collé contre le bois, un corps vivant. Puis, à la brusque lueur d'un second éclair, il aperçut une grande jeune fille, vêtue de noir, et déjà trempée,
25   qui grelottait de peur. Lorsque le coup de tonnerre les eut secoués tous les deux, il s'écria :
«Ah bien, si je m'attendais… ! Qui êtes-vous ? Que voulez-vous ? »
Il ne la voyait plus, il l'entendait seulement sangloter et bégayer.

Émile ZOLA, *L'Œuvre*, 1886.

QUESTIONS D'OBSERVATION *(8 points)*

1. *Relevez et classez les indications qui précisent les circonstances de l'action.* ☐ *2 pts*

2. *Relevez deux réseaux lexicaux significatifs qui s'opposent dans ce texte.* ☐ *3 pts*

3. *Relevez et classez les éléments qui permettent de présenter la jeune fille.* ☐ *3 pts*

QUESTIONS D'ANALYSE, D'INTERPRÉTATION OU DE COMMENTAIRE *(12 points)*

1. *Vous montrerez comment l'auteur réussit à créer une atmosphère particulière dans ce début de roman.*
Quelles attentes cela suscite-t-il chez le lecteur ? ☐ *6 pts*

2.. *À l'aide d'observations précises, montrez que l'auteur nous amène à découvrir partiellement le personnage de Claude.*
Quel intérêt peut avoir une telle présentation dans un début de roman ? ☐ *6 pts*

78 | «LE BRUIT DE LA DYNAMO»

Antilles-Guyane, STT-STI-STL-SMS, juin 2000

Ce petit frôlement qui freine et frotte en ronronnant contre la roue. Il y avait si longtemps que l'on n'avait plus fait de bicyclette entre chien et loup [1] !
Une voiture est passée en klaxonnant, alors on a retrouvé ce vieux geste : se pencher en arrière, la main gauche ballante, et appuyer sur le bouton-
5 poussoir – à distance des rayons, bien sûr. Bonheur de déclencher cet assentiment docile de la petite bouteille de lait [2] qui s'incline contre la roue. Le mince faisceau jaune du phare fait aussitôt la nuit toute bleue. Mais c'est la musique qui compte. Le petit frr frr rassurant semble n'avoir jamais cessé. On devient sa propre centrale électrique, à pédalées rondes. Ce n'est pas
10 le frottement du garde-boue qui se déplace. Non, l'adhésion caoutchoutée du pneu au bouchon rainuré de la dynamo donne moins la sensation d'une entrave que celle d'un engourdissement bénéfique. La campagne alentour s'endort sous la vibration régulière.

Remontent alors des matinées d'enfance, la route de l'école avec le sou-
15 venir des doigts glacés. Des soirs d'été où on allait chercher le lait à la ferme voisine – en contrepoint le brinquebalement de la boîte de métal dont la petite chaîne danse. Des aubes en partance de pêche, avec derrière soi une maison qui dort, et les cannes de bambou légères entrechoquées. La dynamo ouvre toujours le chemin d'une liberté à déguster dans le presque
20 gris, le pas tout à fait mauve. C'est fait pour pédaler tout doux, tout sage, attentif au déroulement du mécanisme pneumatique. Sur fond de dynamo, on se déplace rond, à la cadence d'un moteur de vent qui mouline avec l'air de rien des routes de mémoire.

Philippe DELERM, *La Première Gorgée de bière*
et autres plaisirs minuscules, © Éditions Gallimard, 1997.

1. Entre chien et loup : à la tombée de la nuit.
2. Bouteille de lait : la dynamo par sa forme et celle de son « bouchon rainuré » rappelle celle d'une petite bouteille de lait.

QUESTIONS D'OBSERVATION *(8 points)*

1. *Étudiez dans ce texte un allitération et une assonance particulière-ment expressives.* | 2 pts |

2. *Quelles sont les perceptions sensorielles évoquées dans ce texte ? Relevez, en les présentant de manière organisée, les éléments et les pro-cédés qui les expriment.* | 4 pts |

3. *Quelles remarques pouvez-vous faire sur la construction des phrases, au second paragraphe ?* $\boxed{2\ pts}$

QUESTIONS D'ANALYSE, DE COMMENTAIRE ET D'INTERPRÉTATION *(12 points)*

1. *Comment comprenez-vous, à la lumière du texte, l'expression finale « des routes de mémoire »* $\boxed{6\ pts}$

2. *Dans un développement composé, vous mettrez en évidence la dimension poétique du texte.* $\boxed{6\ pts}$

———— Pour approfondir ————

Questions supplémentaires

1. Observez la structure interne du premier paragraphe en faisant la part de la description et de la narration.

2. Commentez l'alliance du concret et de l'abstrait dans une expression de votre choix.

3. Identifiez un procédé grâce auquel l'auteur donne l'impression qu'il n'y a pas de solution de continuité entre le passé et le présent.

4. Relevez et commentez un échantillon de notation de couleur que Verlaine n'aurait pas désavouée, lui qui préconisait dans son *Art poétique* :

« Rien de plus cher que la chanson grise
Où l'indécis au précis se joint. »

L'ODEUR DES POMMES

Polynésie, STT-STI-STL-SMS, septembre 1999

On entre dans la cave. Tout de suite, c'est ça qui vous prend. Les pommes sont là, disposées sur des claies [1] – des cageots renversés. On n'y pensait pas. On n'avait aucune envie de se laisser submerger par un tel vague à l'âme. Mais rien à faire. L'odeur des pommes est une déferlante.
5 Comment avait-on pu se passer si longtemps de cette enfance âcre et sucrée ?
Les fruits ratatinés doivent être délicieux, de cette fausse sécheresse où la saveur confite semble s'être insinuée dans chaque ride. Mais on n'a pas envie de les manger. Surtout ne pas transformer en goût identifiable ce pou-
10 voir flottant de l'odeur. Dire que ça sent bon, que ça sent fort ? Mais non. C'est au-delà... Une odeur intérieure, l'odeur d'un meilleur soi. Il y l'automne de l'école enfermé là. À l'encre violette on griffe le papier de pleins, de déliés. La pluie bat les carreaux, la soirée sera longue.
Mais le parfum des pommes est plus que du passé. On pense à autre-
15 fois à cause de l'ampleur et de l'intensité, d'un souvenir de cave salpêtrée [2], de grenier sombre. Mais c'est à vivre là, à tenir là, debout. On a derrière soi les herbes hautes et la mouillure du verger. Devant, c'est comme un souffle chaud qui se donne dans l'ombre. L'odeur a pris tous les bruns, tous les rouges, avec un peu d'acide vert. L'odeur a distillé la douceur de la peau, son
20 infime rugosité. Les lèvres sèches, on sait déjà que cette soif n'est pas à étancher. Rien ne se passerait à mordre une chair blanche. Il faudrait devenir octobre, terre battue, voussure [3] de la cave, pluie, attente. L'odeur des pommes est douloureuse. C'est celle d'une vie plus forte, d'une lenteur qu'on ne mérite plus.

Philippe DELERM, *La Première Gorgée de bière*
et autres plaisirs minuscules, © Éditions Gallimard, 1997.

1. *Claies :* étagères en bois sur lesquelles on met les fruits à sécher.
2. *Salpêtrée :* qui a l'odeur du salpêtre, c'est-à-dire une forte odeur de moisi.
3. *Voussure :* courbure du plafond en forme de voûte.

QUESTIONS D'OBSERVATION *(8 points)*

1. *Vous appréciez, par un relevé méthodique et organisé, l'importance accordée aux sensations.*　4 pts

2. *Que représentent les pronoms « on » et « vous » ? Quel intérêt présente leur emploi ?*　2 pts

3. *Dans le premier paragraphe, relevez et expliquez les termes métaphoriques qui expriment l'effet irrésistible de l'odeur des pommes.*

2 pts

QUESTIONS D'ANALYSE, D'INTERPRÉTATION OU DE COMMENTAIRE *(12 points)*

1. *Quels sont les divers pouvoirs attribués à l'odeur des pommes ?*
Votre réponse se fondera sur une analyse précise du texte et de sa progression

6 pts

2. *Dans un développement composé, vous montrerez comment la sensation fait naître une méditation sur la vie et le temps.*

6 pts

— *Pour approfondir* —

Questions supplémentaires

1. Comment comprenez-vous la phrase : « Mais c'est à vivre là, à tenir là, debout. » (1.16) ?

2. Observez les phrases interrogatives du texte.

3. Relevez un terme rare et un terme technique. Justifiez leur emploi.

4. Examinez la longueur des paragraphes. Que remarquez-vous ?
Pouvez-vous établir une relation entre la longueur et le contenu des paragraphes ?

PORTRAIT D'UNE CHARCUTIÈRE

Sportifs de haut niveau, STT-STI-SMS-STL, octobre 1999

Florent, intellectuel idéaliste, évadé du bagne de Cayenne, a été recueilli par son frère à Paris. Ici, il est assis dans la charcuterie de sa belle-sœur Lisa, qu'il contemple avec curiosité.

Ce jour là, elle avait une fraîcheur superbe ; la blancheur de son tablier et de ses manches continuait la blancheur des plats, jusqu'à son cou gras, à ses joues rosées, où revivaient les tons tendres des jambons et les pâleurs des graisses transparentes. Intimidé à mesure qu'il la regardait, inquiété par
5 cette carrure correcte, Florent finit par l'examiner à la dérobée, dans les glaces, autour de la boutique. Elle s'y reflétait de dos, de face, de côté ; même au plafond, il la retrouvait, la tête en bas, avec son chignon serré, ses minces bandeaux [1], collés sur les tempes. C'était toute une foule de Lisa, montrant la largeur des épaules, l'emmanchement puissant des bras,
10 la poitrine arrondie, si muette et si tendue, qu'elle n'éveillait aucune pensée charnelle et qu'elle ressemblait à un ventre. Il s'arrêta, il se plut surtout à un de ses profils, qu'il avait dans une glace, à côté de lui, entre deux moitiés de porcs. Tout le long des marbres et des glaces, accrochés aux barres à dents de loup [2], des porcs et des bandes de lard à piquer pendaient ; et le
15 profil de Lisa, avec sa forte encolure, ses lignes rondes, sa gorge qui avançait, mettait une effigie de reine empâtée, au milieu de ce lard et de ces chairs crues.

ZOLA, *Le Ventre de Paris.*

1. *Bandeaux :* cheveux qui serrent le front et les tempes dans une coiffure féminine à cheveux longs.
2. *Dents de loup :* rangées de crocs pour suspendre la viande.

QUESTIONS D'OBSERVATION *(8 points)*

1. *Comment s'exprime l'abondance ?* 　　　　　 3 pts

2. *Repérez et classez les lignes et les formes. À quels effets visent-elles ?*
　　　　　　　　　　　　　　　　　　　　　 3 pts

3. *Relevez deux rythmes ternaires et dites quels effets ils produisent.*
　　　　　　　　　　　　　　　　　　　　　 2 pts

221

QUESTIONS D'ANALYSE, D'INTERPRÉTATION
OU DE COMMENTAIRE *(12 points)*

1. *Quels rapports voyez-vous entre la description de la charcuterie et le portrait de Lisa ?* 6 pts

2. *Comment le regard de Florent porté sur Lisa la transforme-t-elle ? Comment dépasse-t-on le simple réalisme ?* 6 pts

---

____ *Pour approfondir* ____

Questions supplémentaires

1. Relevez une allitération et montrez l'effet que le narrateur en tire.

2. Commentez l'expression : « une effigie de reine empâtée ».

3. Observez le champ lexical de l'animalité.

4. Étudiez l'art du portrait dans ce passage.

«LA PREMIÈRE PLUIE DE SEPTEMBRE»

National, STT-STI-SMS-STL, juin 1998

Le narrateur évoque les souvenirs de son enfance à Alger.

Pendant des semaines, l'été et ses sujets se traînaient ainsi sous le ciel lourd, moite et torride, jusqu'à ce que fût oublié jusqu'au souvenir des fraîcheurs et des eaux de l'hiver, comme si le monde n'avait jamais connu le vent, ni la neige, ni les eaux légères, et que depuis la création jusqu'à ce jour de
5 septembre il n'ait été que cet énorme minéral sec creusé de galeries surchauffées, où s'activaient lentement, un peu hagards, le regard fixe, des êtres couverts de poussière et de sueur. Et puis, d'un coup, le ciel contracté sur lui-même jusqu'à l'extrême tension s'ouvrait en deux. La première pluie de septembre, violente, généreuse, inondait la ville. Toutes les rues du quar-
10 tier se mettaient à luire, en même temps que les feuilles vernissées des ficus, les fils électriques et les rails du tramway. Par-dessus les collines qui dominaient la ville, une odeur de terre mouillée venait des champs plus lointains, apporter aux prisonniers de l'été un message d'espace et de liberté. Alors les enfants se jetaient dans la rue, couraient sous la pluie dans leurs
15 vêtements légers et pataugeaient avec bonheur dans les gros ruisseaux bouillonnants de la rue, plantés en rond dans les grosses flaques, se tenant aux épaules, le visage plein de cris et de rires, renversés vers la pluie incessante, foulaient en cadence la nouvelle vendange pour en faire jaillir une eau sale plus grisante que le vin.

Albert CAMUS, *Le Premier Homme*, © Gallimard, 1959, publié en 1994.

QUESTIONS D'OBSERVATION *(8 points)*

1. *Étudiez les oppositions lexicales dans la première phrase (lignes 1 à 7).* | 3 pts |

2. *Justifiez le temps de « s'ouvrait » dans la phrase « Et puis, d'un coup, ... s'ouvrait en deux » (lignes 7-8).* | 2 pts |

3. *D'après les lignes 8 à 19, quels sont les sens sollicités par « la première pluie de septembre » ?* | 3 pts |

QUESTIONS D'ANALYSE, D'INTERPRÉTATION
OU DE COMMENTAIRE *(12 points)*

1. *Quels sont les pouvoirs de l'eau suggérés par la description que fait Camus ?*

6 pts

2. *En vous fondant sur l'ensemble du texte, commentez l'expression :*
« *apporter aux prisonniers de l'été un message d'espace et de liberté* »
(lignes 13).

6 pts

Pour approfondir

Questions supplémentaires

1. Étudiez la syntaxe et le rythme de la première phrase.

2. Observez le lexique du mouvement dans la dernière phrase.

3. Relevez une métaphore filée dans la dernière phrase. À quoi sert-elle ?

UNE FORÊT SOUS LA NEIGE

Nouvelle-Calédonie, STT-STI-SMS-STL, décembre 1997

Hiver 1940 : quelques hommes gardent à la frontière belge un poste d'observation situé sur le plateau des Ardennes, surnommé ici le Toit.

La neige prêtait à cette forêt basse et rustaude[1] de l'Ardenne un charme que n'ont pas même les futaies de montagne, ni les sapinières des Vosges sous leurs chandelles de glace. Sur les ramilles courtes et roides de ses taillis, où le vent n'avait pas de prise, les chenilles blanches s'accrochaient
5 pendant des semaines sans s'écrouler, soudées à l'écorce par de minces berlingots de glace qui étaient les gouttes du dégel reprises toutes vives par le froid des nuits longues : des jours entiers, dans l'air décanté par le gel, le Toit s'encapuchonnait des housses, des paquets légers et lourds, des fils de la Vierge et des longs filigranes[2] blancs d'un matin de givre. Un ciel d'un bleu
10 violent éclatait sur le paysage de fête. L'air était acide et presque tiède ; à midi, quand on marchait sur la laie[3], on entendait de chaque layon[4], dans les tombées de soleil qui faisaient étinceler la neige, monter le gras bruit d'entrailles du dégel, mais dès que l'horizon de la Meuse rosissait avec la soirée courte, le froid posait de nouveau sur le Toit un suspens magique : la forêt
15 scellée devenait un piège de silence, un jardin d'hiver que ses grilles fermées rendent aux allées et venues de fantômes.

Julien GRACQ, *Un balcon en forêt*, © Éditions José Corti, 1958, p. 107.

1. Rustaude : lourde, sans élégance.
2. Filigranes : au sens propre, ouvrage fait de fils de métal ou de verre entrelacés.
3. Laie : chemin forestier.
4. Layon : sentier.

QUESTIONS D'OBSERVATION *(8 points)*

1. *De quel type de texte s'agit-il ? Justifiez votre réponse par des indices précis relevés dans le passage.* 4 pts

2. *Dégagez deux champs lexicaux et montrez-en l'intérêt.* 4 pts

QUESTIONS D'INTERPRÉTATION *(12 points)*

1. *Analysez les moyens d'expression qui permettent à l'auteur de rendre le paysage vivant.* 6 pts

2. *Montrez comment l'auteur propose ici une vision de paix presque irréelle alors même que la guerre menace.* | 6 pts |

N.B. : *Toutes vos réponses seront rédigées.*

━━━━━ *Pour approfondir* ━━━━━

Questions supplémentaires

1. Combien de mots rares trouvez-vous dans ce passage ? Quelle remarque vous inspire cet inventaire ?

2. Relevez une métaphore filée, expliquez-la, puis dégagez son sens.

3. Identifiez et commentez un exemple de personnification de la nature.

4. Quels sens sont sollicités dans cet extrait ?

Dissertation littéraire

Le roman naturaliste : un roman de Guy de Maupassant ou d'Émile Zola *(toutes séries)*

L'HOMME ET LA SOCIÉTÉ DANS LE ROMAN NATURALISTE

SUJET **83**

Amérique du Nord, ES-S, juin 2000

Dans son essai intitulé *Le Roman expérimental*, Zola écrit à propos de certains romanciers : « Ils sont grands parce qu'ils ont peint leur époque, et non parce qu'ils ont inventé des contes. »

SUJET **84**

Antilles-Guyane, STT-STI-STL-SMS, juin 2000

Estimez-vous qu'on puisse reprocher à Zola ou à Maupassant, comme l'ont fait leurs adversaires, de se complaire dans la peinture de ce qu'il y a de plus sordide dans la réalité et de plus bestial dans l'homme ?

Vous appuierez votre réflexion sur l'œuvre du programme que vous avez étudiée.

SUJET **85**

Inde, STT-STI-STL-SMS, avril 2000

Selon Maurice Nadeau, « à travers le roman se voient et se cachent les maladies du corps social. D'une société et d'une époque il figure assez bien la feuille de température ».

Vous vous demanderez dans quelle mesure vous pouvez appliquer ces propos au roman naturaliste que vous avez lu et étudié cette année et aux lectures complémentaires que vous avez pu faire.

JET **86**

Polynésie, STT, STI, STL, SMS, juin 2000

Dans les *Notes sur la marche de l'œuvre*, Zola écrit :
« Mon étude est un simple coin d'analyse du monde tel qu'il est. Je constate purement : c'est une étude de l'homme placé dans un milieu social, sans sermon. »
En vous aidant de références précises au roman naturaliste étudié cette année, vous direz si cette définition vous semble en rendre un compte exact et suffisant.

JET **87**

Sujet type

Vous ferez la part du réalisme social et du réalisme psychologique dans le roman de Zola ou de Maupassant que vous avez lu cette année.

LE ROMAN NATURALISTE
ENTRE LA VÉRITÉ ET LA POÉSIE

JET **88**

National, STT-STI-STL-SMS, juin 2000

Zola présente un de ses romans comme une « œuvre de vérité ».
Cette définition s'applique-t-elle à l'œuvre de Zola ou de Maupassant que vous avez étudiée ?

JET **89**

Antilles-Guyane, ES-S, juin 2000

« Je garde et j'observe pour créer, non pour copier », a dit un romancier. Le roman naturaliste que vous avez étudié correspond-il à cette définition ?

SUJET 90

Liban, ES-S, juin 2000

« Ce roman est un roman vrai », affirment les frères Goncourt dans leur Préface à *Germinie Lacerteux* (1865).

Dans quelle mesure ce jugement peut-il s'appliquer au roman naturaliste que vous avez étudié cette année ?

SUJET 91

Sujet type

Vous ferez la part du réalisme et de la poésie dans le roman naturaliste que vous avez étudié cette année.

SUJET 92

Sujet type

Pour Maupassant, l'écrivain « réaliste » n'a pas « à nous montrer la photographie banale de la vie, mais à nous en donner la vision plus complète que la réalité même ».

Vous commenterez et, s'il y a lieu, vous discuterez cette affirmation en vous appuyant sur le roman étudié cette année.

SUJET 93

Sujet type

Dans son essai *Les Romanciers naturalistes*, Zola affirme : « Le premier caractère du roman naturaliste, dont *Madame Bovary* est le type, est la reproduction exacte de la vie, l'absence de tout élément romanesque. »

Quelles réflexions vous inspirent ces propos ? Vous les appliquerez au roman de Zola ou de Maupassant que vous avez lu cette année.

SUJET 94

Sujet type

Dans son roman *L'Œuvre* (1886), Zola campe un écrivain naturaliste appelé Sandoz, auquel il prête les propos suivants :

« Oui, notre génération a trempé jusqu'au ventre dans le romantisme, et nous en sommes restés imprégnés quand même, et nous avons eu beau nous débarbouiller, prendre des bains de réalité violente, la tache s'entête, les lessives du monde n'en ôteront pas l'odeur » (chap. XII). Quel éclairage ces propos donnent-ils, selon vous, du roman naturaliste ? Vous vous appuierez, dans votre réponse, sur un roman de Zola ou de Maupassant.

 SUJET **95**

Sujet type

Dans quelle mesure le sous-titre « L'humble vérité » donné par Maupassant à son premier roman, *Une Vie*, peut-il s'appliquer au roman naturaliste que vous avez lu cette année ?

LA FONCTION DU ROMAN
ET DU ROMANCIER NATURALISTES

SUJET **96**

National, ES-S, juin 2000

Nana, le personnage de Zola, éprouvait « une répugnance indignée contre cette littérature immonde, dont la prétention était de rendre la nature ; comme si l'on pouvait tout montrer ! Comme si un roman ne devait pas être écrit pour passer une heure agréable ! En matière de livres et de drames, Nana avait des opinions très arrêtées : elle voulait des œuvres tendres et nobles, des choses pour la faire rêver et lui grandir l'âme. »
Vous discuterez cette conception de la littérature en vous appuyant sur le roman naturaliste que vous avez étudié.

SUJET **97**

Asie, L, juin 2000

Selon Maupassant, « les grands artistes sont ceux qui imposent à l'humanité une vision personnelle du monde ».
Pensez-vous que ce jugement soit applicable au roman naturaliste que vous avez étudié ?

SUJET **98**

Centres étrangers I, STT-STI-STL-SMS, juin 2000

Selon Maupassant, certains lecteurs attendent du roman un réconfort : « Eh bien, si la vie est triste, je veux être consolé, et non pas désespéré ; je veux qu'on voile mes misères, qu'on me donne des illusions, qu'on me trompe enfin. » Dans quelle mesure le roman de Zola ou de Maupassant que vous avez étudié satisfait-il à ces exigences ?

SUJET **99**

Inde, L-ES-S, avril 2000

Le 5 juin 1883, dans *Gil Blas*, gazette de l'époque, Maupassant écrit que le rôle du romancier « se borne à observer et à décrire, suivant son tempérament, selon les limites de son talent ». Êtes-vous d'accord avec cette affirmation ? Vous répondrez dans un développement argumenté et illustré de références précises au roman naturaliste que vous avez étudié cette année.

SUJET **100**

Sujet type

« Le romancier naturaliste affecte de disparaître complètement derrière l'action qu'il raconte. » Pouvez-vous appliquer au roman de Zola ou de Maupassant lu cette année le principe défini par Zola dans son essai *Les Romanciers naturalistes* ?

SUJET **101**

Sujet type

« N'allons pas faire de Zola l'imitateur maladroit des savants de son temps. S'il est vrai qu'il a voulu donner à son œuvre un substrat scientifique qui lui permette de serrer du plus près possible la réalité, il n'est pas prisonnier de principes dont la rigueur limiterait les forces de l'imagination créatrice. » Voilà ce qu'écrit Michel Décaudin dans son *Histoire de la littérature française* à propos du chef de file de l'école naturaliste. Vous vous demanderez dans quelle mesure vous pouvez appliquer ces propos au romancier naturaliste étudié cette année, en vous appuyant sur votre connaissance d'une ou plusieurs de ses œuvres.

Sujet type

« Le rêve d'impartialité et d'enquête scientifique, que comportait la théorie du roman naturaliste, était une gageure impossible. Documentaire ou non, le roman n'avait rien à voir avec la science. »
Partagez-vous cette opinion exprimée par Pierre Martino dans un ouvrage intitulé *Le Naturalisme français* ? Vous fonderez votre réponse sur une analyse et des références précises au roman de Zola ou de Maupassant étudié cette année.

Maîtres et valets dans la comédie du XVIIIe siècle (séries L-ES-S)

UN JEU OU UN RAPPORT DE FORCE ?

National, L, juin 2000

Selon le metteur en scène Jean-Pierre Vincent, « le valet est d'abord un vengeur. Il nous venge de tout ce que nous n'osons ou ne pouvons pas faire, comme battre son maître, mentir effrontément pour s'en tirer, être désintéressé, faire des actes gratuits, n'être que du jeu… ».
En vous appuyant sur des exemples précis, vous vous demanderez si la comédie du XVIIIe siècle que vous avez étudiée cette année vérifie cette affirmation.

Asie, ES-S, juin 2000

Qu'est-ce qui est finalement plus difficile à vivre dans la comédie du XVIIIe siècle : les rapports entre maîtres et valets ou ceux entre hommes et femmes ?

Vous vous appuierez, pour votre argumentation, sur la comédie que vous avez étudiée cette année.

Centres étrangers I, ES-S, juin 2000

En mécanique, on appelle couple un système composé de deux forces égales, parallèles et dirigées en sens contraire l'une de l'autre.
Cette définition s'applique-t-elle au couple « maître-valet » dans la comédie du XVIIIe siècle que vous avez étudiée ?

Polynésie, ES-S, juin 2000

À propos d'une comédie du XVIIIe siècle traitant de la relation maîtres et valets, il a été dit : « C'est un jeu qui n'est pas sans enjeu. »
Cette formule vous paraît-elle convenir à la pièce que vous avez étudiée ?

Sujet type

Le couple formé par le valet et son maître vous paraît-il indispensable à la comédie d'intrigue ?

Sujet type

Vous commenterez et, s'il y a lieu, vous discuterez l'affirmation suivante :
« Tout rentre dans l'ordre à la fin, c'est-à-dire que chacun reprend sa place et sa condition », comme l'écrit Pierre Larthomas dans *Le Théâtre en France au XVIIIe siècle*.

Sujet type

Définiriez-vous la comédie du XVIIIe siècle comme une comédie d'intrigue où un valet imaginatif, de métamorphoses en déguisements, tire les ficelles et dupe les maîtres » ?

Sujet type

Qui est le maître de l'intrigue dans la comédie que vous avez étudiée cette année : le valet ou le maître ?

Sujet type

Dans l'avant-propos de son ouvrage, *La Conquête de la liberté de Scapin à Figaro* (1981), Yves Moraud définit le valet du XVIIIᵉ siècle comme suit : « On le croirait simple ; il est complexe et ambigu, car à travers lui se mène le permanent débat entre la tradition et l'histoire, le type et la personne, la fantaisie et la réalité, le jeu et le sérieux. »
Cette définition peut-elle s'appliquer au valet de comédie étudié cette année ?

LE REGARD CRITIQUE

Sujet type

« Ce qui entre en jeu », affirme un critique contemporain à propos des relations entre le maître et le valet, « ce ne sont pas seulement les notions d'égalité et de justice sociales, c'est une certaine idée de l'homme ».
Dans quelle mesure pouvez-vous appliquer ce jugement à la comédie étudiée cette année ?

Sujet type

Analysant l'évolution du valet dans la comédie du XVIIIᵉ siècle, un critique contemporain écrit : « Le mérite personnel et l'ascension sociale qu'il permet sont revendiqués pour dépasser un statut injustement échu à la naissance. »

SUJET 114

Sujet type

Dans son *Télémaque travesti* Marivaux écrit : « Il n'y a qu'une peau chez les hommes : le portier d'un ministre et lui-même, quand ils sont tous deux dans l'eau, se ressemblent comme des jumeaux ».
La comédie que vous avez étudiée cette année vous permet-elle de vérifier cette affirmation ?

SUJET 115

Sujet type

Le valet a-t-il, selon vous, un rôle démystificateur ?

SUJET 116

Sujet type

On a dit que le fondement idéologique de la relation entre le maître et son serviteur, qui supposait une exemplarité et une supériorité du maître, est inversée dans la comédie du XVIIIe siècle.
Partagez-vous cet avis ?

SUJET 117

Sujet type

Parlant de son maître, le comte Almaviva, Grand d'Espagne, Figaro le juge comme suit : « un homme assez ordinaire ! tandis que moi, morbleu ! perdu dans la foule obscure, il m'a fallu déployer plus de science et de calculs pour subsister seulement, qu'on n'en a mis depuis cent ans à gouverner toutes les Espagnes » (*Le Mariage de Figaro*, V, 3).
Quelles réflexions vous inspire cette comparaison, faite par le valet, entre le valet et son maître ?

SUJET 118

Sujet type

Le valet cherche-t-il à faire son bonheur ou celui de son maître ?

Sujet type

Peut-on dire que dans la comédie du XVIIIe siècle le mérite est l'apanage du serviteur ?

Sujet type

Pensez-vous que la comédie du XVIIIe siècle remette en cause, à travers la représentation des rapports entre les maîtres et les valets, les structures de la société et l'inégalité des conditions ?

Un recueil de poèmes du XIXe ou du XXe siècle (série L)

LE POÈTE ET SON PUBLIC

Sujet type

Pierre Loti écrit : « Les vrais poètes, dans le sens le plus libre et le plus général du terme, naissent avec deux ou trois chansons qu'il leur faut à tout prix chanter, mais qui sont toujours les mêmes : qu'importe, du reste, s'ils chantent chaque fois avec tout leur cœur... »

Vous commenterez et discuterez cette affirmation en vous appuyant sur des exemples empruntés au recueil poétique étudié cette année.

Sujet type

Selon Paul Éluard, « le poète est celui qui inspire bien plus que celui qui est inspiré ». Vous commenterez et discuterez cette définition du poète à la lumière du recueil poétique étudié cette année.

SUJET

Sujet type

« Poète – synonyme (noble) de nigaud (rêveur).
POÉSIE (la) – EST tout à fait inutile : passée de mode. »
Telles sont les définitions que Flaubert note avec ironie dans son *Dictionnaire des idées reçues.*
Votre expérience de lecteur vous incite-t-elle à partager l'ironie de Flaubert ou à approuver ces idées reçues ? Vous répondrez à cette question en vous appuyant sur le recueil poétique étudié cette année.

SUJET

Sujet type

Lamartine écrit dans son roman de jeunesse, *Graziella* : « La poésie n'a pas d'écho plus sonore et plus prolongé que le cœur de la jeunesse où l'amour va naître. Elle est comme le pressentiment de toutes les passions. »
Que pensez-vous de ce jugement ? Vous vous appuierez, dans votre réponse, sur le recueil poétique étudié cette année.

SUJET

Sujet type

« Un beau poème récité, lu ou recopié change aussitôt le paysage des pensées », écrit Alain dans ses *Propos.*
Partagez-vous cette opinion ? Vous fonderez votre argumentation sur des exemples puisés dans le recueil poétique étudié cette année.

SUJET **126**

Sujet type

Nerval pensait que ses poèmes « perdraient leur charme à être expliqués, si la chose était possible ».
Vous vous demanderez, à la lumière du recueil poétique étudié cette année, si l'on peut expliquer la poésie.

ESSENCE ET MISSION DE LA POÉSIE

Adapté de Inde, 1994

Lamartine définit la poésie comme « la langue complète, la langue par excellence, qui saisit l'homme par son humanité tout entière, idée pour l'esprit, sentiment pour l'âme, image pour l'imagination et musique pour l'oreille ». Cette définition rejoint-elle la conception que vous avez pu vous faire de la poésie d'après le recueil poétique étudié cette année ? Vous fonderez votre analyse sur des exemples précis.

Sujet type

« Autrefois on croyait que la canne à sucre seule donnait le sucre, on en tire à peu près de tout maintenant ; il en est de même de la poésie : extrayons-la de n'importe quoi car elle gît en tout et partout », écrit Flaubert dans une lettre à Louise Colet (21.3.1863).
Vous commenterez ces propos à la lumière du recueil poétique étudié cette année.

Sujet type

En 1916, Tristan Tzara disait : « La poésie n'est pas uniquement un produit écrit, une succession d'images et de sons, mais une manière de vivre. »
Comment avez-vous perçu cette association de l'esthétique et de l'éthique dans le recueil étudié cette année ?

Sujet type

« Les chants désespérés sont les chants les plus beaux, Et j'en sais d'immortels qui sont de purs sanglots », écrit Alfred de Musset dans *Les Nuits*.
Dans quelle mesure la souffrance constitue-t-elle une source d'inspiration dans le recueil de poèmes que vous avez étudié ? De quelle façon l'œuvre poétique transcende-t-elle le réel pour répondre à un idéal de beauté ?

SUJET **131**

Sujet type

Pierre Seghers écrit dans sa Préface au *Livre d'or de la poésie française* : « Le poème est un cri d'alarme : il appelle à une mystérieuse communion, il cherche involontairement une autre voix, une autre moitié qui est vous-même. »

Vous vous demanderez, à la lumière du recueil poétique étudié cette année en quoi consiste pour vous cette communion et comment elle s'accomplit.

SUJET

Sujet type

« Il faut, autrement dit, réinventer un espoir. Dans l'espace secret de notre approche de l'être, je ne crois pas que soit de poésie vraie qui ne cherche aujourd'hui et ne veuille chercher jusqu'au dernier souffle, à fonder un nouvel espoir » (*L'Improbable*, 1959).

Vous confronterez avec le recueil que vous avez étudié cette affirmation du poète contemporain Yves Bonnefoy sur le rôle de la poésie.

SUJET

Sujet type

Pourriez-vous appliquer au recueil poétique étudié cette année ces propos de Sully Prudhomme : « Il me semble qu'il n'y a dans le domaine de la pensée rien de si haut et si profond à qui le poète n'ait mission d'intéresser le cœur » ?

SUJET **134**

Sujet type

« La poésie s'adresse à la sensibilité, non au savoir, à la connaissance intuitive, non à la raison discursive, à l'imagination, non à la logique. Elle s'efforce, non de prouver, mais d'émouvoir et d'éveiller dans le cœur des échos prolongés. »

Quelles réflexions vous inspirent ces propos de Victor Hugo ?

ET **135**

Sujet type

« Pour que le sortilège des beaux vers s'accomplisse, il y faut du rêve et de l'au-delà, de la pénombre morale et du mystérieux. »
Partagez-vous cette affirmation de Paul Bourget ?

ET **136**

Sujet type

Dans *L'Amour fou*, le surréaliste André Breton a déclaré que dans ses poèmes, il entendait « préconiser [...] le comportement lyrique tel qu'il s'impose à tout être, ne serait-ce qu'une heure, durant l'amour [...] ».

Vous discuterez cette conception de la poésie en vous appuyant sur le recueil de poèmes que vous avez étudié.

Annexes

TABLEAU D'HISTOIRE LITTÉRAIRE

LE MOYEN ÂGE

Chanson de Roland	**v. 1070**	
	1095	Première croisade
Tristan et Yseut	v. 1160	
Le Roman de Renart	v. 1170	
Les romans de Chrétien de Troyes	1170-1185	
	1226-1270	RÈGNE DE SAINT LOUIS
	1337-1475	Guerre de Cent Ans
	1429-1431	Épopée de Jeanne d'Arc
F. Villon *(Le Testament)*	v. 1431-1465+	
	1453	Prise de Constantinople par les Turcs

LE XVIᵉ SIÈCLE
La Renaissance - L'humanisme

1494-1559		Guerres d'Italie
	1515-1547	RÈGNE DE FRANÇOIS Iᵉʳ
	1530	Création du Collège de France
Rabelais : *Pantagruel*	1532	
	1539	**Édit de Villers-Cotterêts** : le français devient langue officielle
Du Bellay : *Défense et illustration*	1547-1589	Règnes des derniers Valois
de la langue française	**1549**	(Henri II, puis ses trois fils)
Ronsard *(Les Amours, Sonnets pour Hélène)* et Du Bellay *(Les Antiquités de Rome, Les Regrets)*.	1552-1578	
	1562-1598	Guerres de religion
	1572	Massacre de la Saint-Barthélemy
Montaigne : première édition des *Essais*	**1580**	
	1589-1610	RÈGNE DE HENRI IV (dynastie des Bourbons)
	1598	Édit de Nantes

LE XVIIe SIÈCLE

Le baroque. La préciosité. Le classicisme

Malherbe (1558-1628), d'Urfé	1610-1643	RÈGNE DE LOUIS XIII :
(1567-1625 ; *L'Astrée* : 1607-1627),		Richelieu
Corneille (1606-1684), Pascal	1643-1661	RÉGENCE d'A. d'Autriche :
(1623-1662) : *Pensées,* (posth.).		Mazarin
Corneille : *Le Cid,* La Fontaine	1635	Fondation de l'Académie
(1621-1695), Molière (1622-1673),		française
Racine (1639-1699), La Bruyère	**1637**	
(1645-1696).	1661-1715	RÈGNE DE LOUIS XIV
Molière : *Tartuffe*	1664	Arrestation de Fouquet
Racine : *Phèdre*	1677	
Mme de La Fayette : *La Princesse*	**1678**	
de Clèves	1685	Révocation de l'Édit de
		Nantes

LE XVIIIe SIÈCLE

Les Lumières. L'éveil de la sensibilité. Le préromantisme.

Montesquieu : *Lettres persanes*	**1721**	1715-1723 : RÉGENCE
Marivaux (1688-1763), Montesquieu	1723-1774	RÈGNE DE LOUIS XV
(1689-1755), Voltaire (1694-1778),		
Rousseau (1712-1778), Diderot (1713-		
1784), Beaumarchais (1732-1799).		
Prévost : *Manon Lescaut.*	1731	
Montesquieu : *De l'esprit des lois*	1748	
l'*Encyclopédie*	1750-1772	
Rousseau : *Discours sur l'inégalité*	1755	Tremblement de terre à Lisbonne
Voltaire : *Candide*	**1759**	
Rousseau : *La Nouvelle Héloïse*	**1761**	
Rousseau : *Du contrat social*	1762	
	1763	Traité de Paris : la France
		perd l'Inde et le Canada.
	1774-1793	RÈGNE DE LOUIS XVI
	1776	Indépendance
		des États-Unis
Laclos : *Les Liaisons dangereuses*	1782	
	1789	RÉVOLUTION FRANÇAISE

HISTOIRE LITTÉRAIRE

LE XIXᵉ SIÈCLE

Le romantisme. Le réalisme. Le symbolisme. Le naturalisme

Chateaubriand (1768-1848)	1795-1804	DIRECTOIRE, CONSULAT
Chateaubriand : *René*	**1802**	
Stendhal (1783-1842),	1804-1814	L'EMPIRE
Lamartine (1790-1863),	1815	Bataille de Waterloo
Vigny (1797-1863),	1814-1830	LA RESTAURATION
Balzac (1799-1850),		
Hugo (1802-1885),		
Musset (1810-1857).		
Bataille d'*Hernani*	**1830**	
Stendhal :		
Le Rouge et le Noir	1830-1848	MONARCHIE DE JUILLET
Balzac : **Le Père Goriot**	**1833**	
Musset : *Lorenzaccio*	1834	
La poésie parnassienne	1842-1899	
Baudelaire (1821-1867),	2 déc. 1851	Coup d'État de Louis-Napoléon
Flaubert (1821-1880),	1852-1870	SECOND EMPIRE
Zola (1840-1902),		
Verlaine (1844-1896).		
Baudelaire : **Les Fleurs du mal**	**1857**	
Hugo : **Les Misérables**	**1862**	
	1870	La IIIᵉ RÉPUBLIQUE. Guerre : la France perd l'Alsace-Lorraine.
Zola : **L'Assommoir**	**1877**	
Rimbaud : *Illuminations*	1886	
	1891-1907	**L'Affaire Dreyfus**
	1898	Zola : *« J'accuse »*

LE XXᵉ SIÈCLE

Le surréalisme. Le nouveau roman. Le théâtre de l'absurde

Apollinaire : *Alcools*	**1913**	
Proust (1871-1922) : *À la recherche du temps perdu*	**1913-1927**	
Claudel (1868-1961), Gide (1869-1951), Colette (1873-1954).	1914-1918	PREMIÈRE GUERRE MONDIALE
1ᵉʳ *Manifeste du surréalisme* Les poètes : Breton, Desnos, Aragon, Eluard	**1924**	Mort de Lénine
Le théâtre : Claudel, Giraudoux.	1929	Staline devient le maître de l'URSS
Le roman : Gide, Mauriac, Giono		
Céline : *Voyage au bout de la nuit*	**1932**	
Malraux : *La Condition humaine*	**1933**	Hitler devient chancelier
Sartre (1905-1980), S. de Beauvoir (1908-1986), Camus (1913-1960).	1939-1945	SECONDE GUERRE MONDIALE
Camus : *L'Étranger*	**1942**	
La poésie : Supervielle, Prévert, Saint-John Perse, Michaux, Ponge, Char	1947	Indépendance de l'Inde
Le Nouveau Roman : Robbe-Grillet, Butor, N. Sarraute, M. Duras	à partir de 1950	Mouvements indépendantistes dans les colonies
Le théâtre de l'absurde : Ionesco	1954-1962	Guerre d'Algérie
L'autobiographie. Sartre : *Les Mots*	1964	
Le roman contemporain : Cohen, Yourcenar, Tournier, *Perec*, *Modiano*, *Le Clézio*.	**1968**	Événements de mai

HISTOIRE LITTÉRAIRE

abstrait : qui désigne une qualité générale ou une relation commune à toute une catégorie d'êtres. S'oppose à concret, qui qualifie des objets ou êtres réels, perçus par les sens.

abîme (mise en) : expression empruntée à la science du blason pour désigner une technique picturale, consistant à placer dans un tableau un miroir reflétant l'ensemble de la scène peinte, ou romanesque, consistant à insérer *un roman dans le roman.*

allégorie (une) : métaphore prolongée, suite d'éléments descriptifs ou narratifs qui sert à communiquer une vérité abstraite.

allitération : répétition d'une consonne au début de deux mots qui se suivent. Ex. : *sans souci et sans songes* (Chateaubriand).

anaphore (une) : répétition du même mot au début des divers membres d'une phrase.

antihéros : personnage qui est au centre d'une intrigue romanesque malgré un statut médiocre. Ex. : Meursault, dans *L'Étranger* de Camus.

antithèse (une) : figure* rapprochant deux mots de sens opposé.

aphorisme (un) : maxime, pensée énonçant une morale.

archétype (un) : type primitif ; original qui sert de modèle.

l'art pour l'art : théorie selon laquelle l'art ne vise qu'à produire une émotion esthétique, sans nul souci utilitaire ou moral.

assonance : répétition d'une même voyelle auprès de deux consonnes différentes. Ex. : *belle* et *guerre*.

bon sauvage : homme « primitif », doué d'une bonté naturelle. Introduit par Montaigne, le personnage est devenu un mythe littéraire au XVIIIᵉ siècle.

burlesque : d'un comique outré et trivial.

césure (une) : coupe forte, marquée par une pause, dans un vers. Dans l'alexandrin classique, la césure est à l'hémistiche (= au milieu du vers, après la 6ᵉ syllabe).

champ lexical : ensemble des mots (nom, verbes, adjectifs…) désignant un même secteur de réalité. Ex. : le champ lexical de la mort.

clé (mot) : mot dont la fréquence dans un passage permet d'identifier le thème.

cliché : mot péjoratif désignant une image stéréotypée. Ex. : *le blanc manteau* (= la neige).

connecteurs logiques : conjonctions et adverbes établissant une relation logique (cause, conséquence, opposition…).

connotation : tout ce qu'un mot suggère, au-delà du sens dénoté. Les connotations de *ruines* peuvent être mort, décadence, silence, fragilité de l'homme, etc.

couleur locale : ensemble des éléments extérieurs caractérisant les personnes et les choses dans un lieu et à une époque donnés.

cynique (n. : le cynisme) : qui méprise ce qui est moral et qui affiche ce mépris.

dialectique (la) : ensemble des stratégies argumentatives utilisées dans la discussion.

didactique : qui vise à instruire. La fable est un genre didactique.

dramatique : 1. qui met en valeur l'action : la structure dramatique d'une fable, d'un poème ; 2. qui est susceptible d'intéresser vivement le spectateur. Ne pas confondre avec **tragique**, qui fait intervenir les notions de fatalité et de mort.

ellipse (une) : omission volontaire d'une expression ou d'un élément narratif.

enjambement : Ex. : *Dans l'escalier/ Dérobé*. Cet enjambement déclencha la bataille d'*Hernani* : le groupe syntaxique est réparti entre la fin d'un vers et le début du vers suivant. *Dérobé* est un rejet*.

emphatique : qui est outré dans l'expression.

engagement : ce terme a été introduit en littérature par analogie avec l'engagement politique. On dit d'un auteur qu'il est engagé s'il défend de manière notoire des causes philosophiques, politiques ou autres. On dit, de même, d'une œuvre qu'elle est engagée si elle est orientée par de telles thèses.

éponyme : se dit d'un personnage qui donne son nom à l'œuvre : Ruy Blas, Chatterton.

épopée (adj. épique) : récit qui exalte un héros ou de grandes entreprises collectives.

essai : ouvrage en prose traitant librement d'un sujet qu'il ne prétend pas épuiser.

exotisme (adj. exotique) : goût pour les paysages ou les mœurs des pays étrangers, surtout ceux situés en Orient ou sous les tropiques.

fatalité : puissance surnaturelle qui détermine d'avance tout ce qui arrive.

figure de style ou **de rhétorique** : procédé expressif (antithèse, métaphore…).

focalisation : choix d'un point de vue narratif. On distingue la focalisation zéro (le narrateur est omniscient), interne (il adopte le point de vue d'un personnage), externe (il se borne à enregistrer les faits).

humour (adj. : humoristique) : « forme d'esprit qui dénonce sans agressivité les travers d'un comportement » (J. Tardieu).

hypallage (un) : transfert d'épithète.

idéologie : ensemble d'idées propres à un groupe ou à une société. Ce mot est très souvent péjoratif.

incantatoire : qui opère un charme, un sortilège, comme des paroles magiques.

introspection : examen de conscience, analyse que l'on fait de ses propres sentiments.

ironie : manière de railler en affirmant le contraire de ce qu'on pense.

leitmotiv (mot allemand ; pl. leitmotive) : phrase ou thème revenant avec insistance.

lieu commun : idée banale.

lyrisme (adj. : lyrique) : expression poétique de sentiments personnels.

mal du siècle : état d'âme de la génération arrivée à l'âge adulte après la chute de l'Empire. Il se caractérise par le désenchantement, la crise de la volonté, le narcissisme.

manichéisme (adj. : manichéen) : doctrine partageant le monde entre deux forces également puissantes, le Bien et le Mal. Ex. : le manichéisme de Victor Hugo.

merveilleux (le) : intervention, dont on ne s'étonne pas, de puissances surnaturelles.

métaphore (une) : figure de style qui substitue une réalité à une autre en se fondant sur leur ressemblance ; comparaison qui supprime le terme comparé. Ex. : *un teint de cendre*.

LEXIQUE

métaphysique (la) : partie de la philosophie ayant pour objet les questions auxquelles la science n'apporte pas de réponse, comme l'immortalité de l'âme, l'existence de Dieu.

monologue intérieur : discours qu'un personnage se tient à lui-même.

mythe : 1. récit fabuleux visant à éclairer des aspects de la condition humaine (le mythe d'Icare exprime le rêve de voler dans les airs) ; 2. projection des désirs ou des angoisses d'un groupe humain (le mythe politique de l'homme providentiel).

narcissisme (de Narcisse, mythol. grecque) : tendance à la contemplation de soi.

néologisme : mot nouveau, forgé par l'écrivain.

oxymore (un) : antithèse* imagée et particulièrement frappante. Ex. : *Cette <u>obscure clarté</u> qui tombe des étoiles.*

pamphlet : bref écrit satirique et polémique, souvent très violent.

paradoxe (un) : opinion contraire aux idées reçues.

parodie (une) : imitation, dans une intention de raillerie.

paronyme (un) : mot présentant des ressemblances de forme avec un autre. Ex. : *l'amour/l'amer.* Le rapprochement intentionnel de tels mots s'appelle la paronomase.

parataxe (la) : omission volontaire des liaisons (coordination ou subordination) entre les phrases.

paratexte (le) : ensemble des informations organisées autour du texte littéraire : le nom de l'auteur, le titre du livre, la préface (l'avant-propos) ou la postface, la table des matières, les notes et commentaires, la quatrième de couverture (pour les livres contemporains).

pathétique : qui touche au point d'arracher des larmes.

périphrase (une) : groupe de mots remplaçant le mot propre. Ex. : *la gent qui porte crête* = les coqs (La Fontaine).

persiflage : raillerie fondée sur l'ironie.

personnification : métaphore assimilant un objet inanimé et une personne. Ex. : *l'étoile du soir, ma compagne assidue* (Chateaubriand).

pittoresque : qui dépeint les choses d'une manière colorée, imagée, expressive.

point de vue : voir **focalisation.**

polémique : qui manifeste de l'agressivité et un vif esprit de combat.

prose poétique : prose dont les images, les rythmes et la musicalité sont semblables à ceux de la poésie.

protagoniste : personnage qui tient le premier rôle.

réalisme : 1. toute forme d'art visant à représenter le réel, même dans ses aspects les plus grossiers ; 2. école littéraire du XIXᵉ siècle qui, dans le roman, vise à peindre fidèlement les milieux et présente des personnages ordinaires ou médiocres.

rejet : mot placé au début d'un vers, mais lié au vers précédent par le sens. Voir **enjambement.**

registres ou **niveaux de langue** : caractéristiques d'une expression marquée par le niveau social et culturel : vulgaire, populaire, trivial, familier, courant, soutenu, littéraire, noble.

romantisme : mouvement littéraire du XIXᵉ siècle (1820-1850), caractérisé par l'exaltation de la sensibilité, l'hypertrophie du moi, la primauté de la passion sur la raison.

satire (une) : écrit visant à railler et à critiquer les travers des individus ou de la société.

sophisme (un) : raisonnement faux, par lequel on défend indifféremment une cause, juste ou injuste.

suggestif : qui représente par l'évocation et non par la description.

symbole : analogie entre une réalité concrète et une réalité abstraite ; le signe de cette analogie (la balance pour la justice). Litt. : élément descriptif ou narratif suggérant l'invisible derrière le visible.

ternaire : se dit d'un rythme à trois éléments. Cf. *binaire*, pour deux éléments.

tragique : qui évoque, dans la tragédie ou dans d'autres genres, une situation où l'homme prend douloureusement conscience d'un destin ou d'une fatalité qui pèse sur sa vie. Ex. : le tragique dans les romans de Malraux.

N° de projet 10077049 (1) 31,5 (OSB2 80) C.2000 – Août 2000
Imprimé en France par Maury-Eurolivres – 45300 Manchecourt